THOMSON REUTERS
ProView

Para baixar seu livro eletrônico:

1. Acesse o link www.livrariart.com.br/proview
2. Digite seu nome, seu e-mail e o CÓDIGO DE ACESSO que se encontra na etiqueta adesiva colada neste livro.
3. Você receberá no e-mail informado a validação do código de acesso.
4. Se você já é usuário ProView, seu livro aparecerá em sua biblioteca. Caso ainda não seja, siga os passos do e-mail que recebeu para criar seu usuário OnePass, um sistema de login que permite o acesso a vários sites da Thomson Reuters com um único nome de usuário e senha.
5. Faça seu cadastro no OnePass e em seu primeiro acesso ao ProView, digite a chave que recebeu por e-mail.

Aproveite seu livro eletrônico!

Esperamos que tenha uma ótima experiência!

Obrigado por escolher a Thomson Reuters!

CB062030

THOMSON REUTERS

ELEMENTOS DA
ANÁLISE ECONÔMICA DO
DIREITO DE DANOS

THOMSON REUTERS PROVIEW™
ACESSO AO LIVRO ELETRÔNICO DA OBRA

978-85-203-5454-4

ELEMENTOS DE ANÁLISE ECONÔMICA DO DIREITO DE DANOS
Autor: Hugo A. Acciarri
Coord.: Marcia Carla Pereira Ribeiro

RASPE AQUI SEU CÓDIGO DE ACESSO:

Para acessar seu livro eletrônico vá para www.livrariart.com.br/proview e digite seu CÓDIGO DE ACESSO

Diretora Responsável
Marisa Harms

Diretora de Operações de Conteúdo
Juliana Mayumi Ono

Editores: Cristiane Gonzalez Basile de Faria, Danielle Oliveira, Iviê A. M. Loureiro Gomes e Luciana Felix

Assistente Editorial: Karla Capelas

Produção Editorial
Coordenação
Juliana De Cicco Bianco

Analistas Editoriais: Amanda Queiroz de Oliveira, Andréia Regina Schneider Nunes, Danielle Rondon Castro de Morais, Flávia Campos Marcelino Martines, George Silva Melo, Luara Coentro dos Santos, Maurício Zednik Cassim e Rodrigo Domiciano de Oliveira

Analistas de Qualidade Editorial: Maria Angélica Leite e Samanta Fernandes Silva

Assistentes Documentais: Beatriz Biella Martins, Karen de Almeida Carneiro e Victor Bonifácio

Capa: Adriana Martins

Administrativo e Produção Gráfica
Coordenação
Caio Henrique Andrade

Analista Administrativo: Antonia Pereira

Assistente Administrativo: Francisca Lucélia Carvalho de Sena

Analista de Produção Gráfica: Rafael da Costa Brito

Dados Internacionais de Catalogação na Publicação (CIP)
(Câmara Brasileira do Livro, SP, Brasil)

Acciarri, Hugo A.

Elementos da análise econômica do direito de danos / Hugo A. Acciarri ; coordenação da edição brasileira Marcia Carla Pereira Ribeiro. – São Paulo : Editora Revista dos Tribunais, 2014.

Título original: Elementos de análisis económico del derecho de daños.
Bibliografia
ISBN 978-85-203-5453-7

1. Danos (Direito civil) 2. Danos (Direito civil) – Brasil 3. Direito civil – Legislação 4. Responsabilidade (Direito) I. Ribeiro, Marcia Carla Pereira. II. Título.

14-07033　　　　　　　　　　　　　　　　　　　　　　　　　　　　　CDU-347.426

Índices para catálogo sistemático: 1. Danos : Direito das obrigações : Direito civil 347.426

HUGO A. ACCIARRI

ELEMENTOS DA
ANÁLISE ECONÔMICA DO
DIREITO DE DANOS

Coordenação da Edição Brasileira
MARCIA CARLA PEREIRA RIBEIRO

THOMSON REUTERS
REVISTA DOS TRIBUNAIS™

HUGO A. ACCIARRI

**ELEMENTOS DA
ANÁLISE ECONÔMICA DO
DIREITO DE DANOS**

Coordenação da Edição Brasileira
MARCIA CARLA PEREIRA RIBEIRO

Título original:
ELEMENTOS DE ANÁLISIS ECONÓMICO
DEL DERECHO DE DAÑOS

THOMSON REUTERS
ProView™
INCLUI VERSÃO
ELETRÔNICA DO LIVRO

© desta edição [2014]

EDITORA REVISTA DOS TRIBUNAIS LTDA.

MARISA HARMS
Diretora responsável
Rua do Bosque, 820 – Barra Funda
Tel. 11 3613.8400 – Fax 11 3613.8450
CEP 01136-000 – São Paulo, SP, Brasil

TODOS OS DIREITOS RESERVADOS. Proibida a reprodução total ou parcial, por qualquer meio ou processo, especialmente por sistemas gráficos, microfílmicos, fotográficos, reprográficos, fonográficos, videográficos. Vedada a memorização e/ou a recuperação total ou parcial, bem como a inclusão de qualquer parte desta obra em qualquer sistema de processamento de dados. Essas proibições aplicam-se também às características gráficas da obra e à sua editoração. A violação dos direitos autorais é punível como crime (art. 184 e parágrafos, do Código Penal), com pena de prisão e multa, conjuntamente com busca e apreensão e indenizações diversas (arts. 101 a 110 da Lei 9.610, de 19.02.1998, Lei dos Direitos Autorais).

CENTRAL DE RELACIONAMENTO RT
(atendimento, em dias úteis, das 8 às 17 horas)
Tel. 0800.702.2433
e-mail de atendimento ao consumidor: sac@rt.com.br
Visite nosso *site*: www.rt.com.br
Impresso no Brasil [08-2014]
Profissional
Fechamento desta edição: [12.08.2014]

EDITORA AFILIADA

ISBN 978-85-203-5453-7

PREFÁCIO À PRIMEIRA EDIÇÃO EM ESPANHOL

O convite para preparar um livro que iniciou esta coleção foi dirigido a reunir em um único volume um grupo de artigos já publicados, que tratavam todos eles, sobre temas relativos à Análise Econômica do Direito de Danos.

No entanto, ao começar a tarefa surgiram algumas variantes sobre a intenção original. A principal foi à modificação da maioria dos textos para procurar montá-los minimamente em um corpo mais orgânico do que resultaria da sua simples justaposição.

O mesmo propósito determinou a introdução de algumas páginas inteiramente novas, que chegaram a formar alguns capítulos. No entanto, pode ainda observar a independência original de cada um dos textos.

A organização do material também merece um comentário. A visão tradicional do *Civil Law* provavelmente teria levado outra disposição: por exemplo, seria de se esperar começar por tratar os elementos do dever de responder (pelo menos, o dano, a antijuridicidade – caso se considere um requisito desse dever –, a relação de causalidade e o fato de atribuição), para logo passar para instituições especiais (tais como seguros), ou a problemas processuais (o processo e a incidência da taxa de juros em sua duração) e, ainda, certas questões que carecem de tratamento sistemático na perspectiva clássica da matéria (a insolvência, ou as medidas que geram esse efeito preventivo especial para o qual se manteve a denominação *specific deterrence*). No entanto, as bases da análise econômica de cada uma destes aspectos me convenceram de que é preferível uma ordem diferente, por várias razões. Por exemplo: uma das estratégias para abordar o dano moral, a partir da análise econômica, consiste em analisar a situação do ponto de vista de uma hipotética vontade de garantia. Em seguida, sugere-se tratar primeiro o seguro ao invés do dano moral. O estudo do seguro, por sua vez, pode ser dividido em seguros voluntários ou obrigatórios. E uma das razões que frequentemente se invocam para instituir estes últimos, é a insolvência dos hipotéticos causadores de danos (os chamados *judgment proofs*). Assim, pode resultar útil tratar este problema antes de abordar o campo dos seguros. Não obstante tudo isso, não guardo outra fé na ordem dos itens, que a relacionada com a possibilidade de facilitar a compreensão, e não participo da convicção de que exista alguma ordem natural a ser respeitada.

Quanto ao conteúdo deste livro, creio que é importante enfatizar duas questões. A primeira é substancial: da leitura do material incluído resultará possível observar um nível de análise diferente entre capítulos distintos.

A razão básica para essa diversidade encontra sua explicação na origem da obra, que expus no início dessas linhas. Alguns dos trabalhos que compõem o material que inspirou seu conteúdo eram meramente introdutórios (o exemplo mais claro disso pode ser visto no primeiro capítulo) e outros contêm alguns desenvolvimentos originais com respeito ao estado da teoria básica da disciplina. Contudo, mesmo nestes últimos casos, procurou-se expor o estado da questão em termos simples e somente depois passar a introduzir algumas inovações (como no que se refere à influência da taxa de juros na demora dos juízos), ou apenas sugeri-las (como em relação à distribuição da responsabilidade com base na contribuição causal de cada um dos sujeitos envolvidos).

A segunda questão é formal: o uso de fórmulas muitas vezes é um impedimento para a leitura, pelo menos para os diplomados do ensino jurídico tradicional na área de direito na Europa continental. Nesse sentido, tentei adotar diferentes estratégias para minimizar o seu impacto (que assumi sempre negativo a este respeito). Um deles, seguindo a decisão do clássico texto de Steven Shavell, foi relegar alguns desenvolvimentos formais para um apêndice independente do texto principal, e assim o fiz em alguns capítulos. Em outros, no entanto, considerei que as fórmulas eram suficientemente simples ou bastante inseparáveis do texto. Em todos os casos, tentei explicar em palavras as mesmas idéias que as fórmulas expõem de modo formal. Deste modo é possível, em boa medida dispensar-se de sua leitura, salvo se se requer maior precisão.

A maioria dos artigos originais que serviram de para este trabalho foram realizado em coautoria com alguns integrantes do meu grupo de pesquisa da Universidade Nacional del Sur, Bahía Blanca, Argentina. Então, agradeço aos meus colegas Andrea Barbero, Andrea Castellano, Fernando Tohmé, Matías Irigoyen Testa, Pamela Tolosa e Melisa Romero.

Também sou grato a Carla Merlini, sem cuja inteligente e laboriosa colaboração na edição e correção desse conjunto de textos dispersos sobre os quais começou o seu trabalho, este livro não teria sido possível.

Correspondentes agradecimentos também para Juan Javier del Granado, autor da idéia iniciadora desta coleção e aos membros do Comitê Executivo da Associação Latinoamericana e do Caribe de Direito e Economia (Alacde), que a tornaram possível: Robert Cooter, Alfredo Bullard González, Edgardo Buscaglia, Andrew Guzman, Rafael Mery, Andres Roemer, Flavia Santinoni Vera e Luciano Benetti Timm.

A Silvia Dionigi, a María e a Paula Acciarri, devo agradecer pelo tempo roubado, pelo seu apoio permanente, e por muitas coisas mais do que qualquer livro poderia conter.

Hugo A. Acciarri

PREFÁCIO À EDIÇÃO BRASILEIRA

Embora reste ainda um longo caminho a percorrer, o interesse pela Análise Econômica do Direito tem crescido notavelmente na América Latina nos últimos anos. De todos os países que a compõem, o Brasil tem sido, sem dúvida, o país que apresenta o maior crescimento nesta área. Há pouco mais de uma década, embora com muitas honrosas e valiosas exceções, eram escassos os trabalhos destinados ao tema que provinham de autores ou universidades Brasileiras. Particularmente – e apesar de sua juventude como uma instituição – durante as primeiras conferências da Associação Latino-americana e do Caribe de Direito e Economia, poucos eram os trabalhos que provinham do Brasil.

Essa situação mudou rapidamente. Somente para identificar um sinal de que a velocidade da mudança, na Conferência Anual da Alacde de 2012, que se realizou em Lima, os trabalhos de autores Brasileiros quase igualaram a totalidade dos trabalhos apresentados por autores de outros países latino-americanos e do resto do mundo, somados.

Este crescimento pode ser observado também em outras circunstâncias de índole diversa. O Brasil, ao contrário de outros países, não só conta com uma Associação Nacional de Direito e Economia, senão de várias Associações Regionais tais como, por exemplo, a Adepar – Associação Paranaense de Direito e Economia, AMDE – Associação Mineira de Direito e Economia, e o Instituto de Direito e Economia do Rio Grande do Sul. Em suas universidades se oferecem cursos e carreiras de pós-graduação completas destinadas a disciplina. Possui revistas científicas destinadas ao tema, e talvez o mais importante, o número de jovens pesquisadores que se interessam pela matéria cresce a cada ano.

Este livro que se apresenta hoje ao público do Brasil nasceu como uma obra destinada a estudar, a partir da perspectiva da Análise Econômica do Direito, o Direito de Danos latino-americano e foi pensada para leitores latino-americanos, com a educação jurídica que tradicionalmente se oferece na América Latina. Os problemas mais frequentes que teve e que ainda apresenta a disseminação da Análise Econômica do Direito, nesse continente, tem uma forte relação com a linguagem. A literatura original da matéria está escrita em inglês, usa abundantemente a matemática e estuda as instituições jurídicas anglo-saxônicas. Tanto o idioma inglês quanto a matemática são manifestações da linguagem. As instituições jurídicas que procuram explicar, nesse contexto, seu objeto.

A intenção inicial deste livro foi tentar superar, na medida do possível, os problemas que impediram a propagação deste tipo de pensamento entre advogados, juízes, servidores públicos, pesquisadores e professores de Direito. Com esse objetivo em mente, a redação original em espanhol e o objeto de estudo (as instituições de raiz romano-germânicas que tem vigência nesses países) pareciam condições necessárias para superar um problema crucial da maioria das traduções de obras de língua inglesa. Enquanto traduzir um texto de economia ou de outra ciência requer, em geral, apenas uma variação de idioma, traduzir um texto jurídico entre idiomas correspondentes a tradições diferentes, requer algo muito diferente. Os mercados, a escassez e as decisões são equivalentes, como objeto de estudo, em países que utilizam línguas diferentes. As instituições jurídicas, não o são. Por essa simples razão, são frequentes os casos em que, mais do que encontrar uma palavra com o mesmo significado, deve-se explicar integralmente uma instituição desconhecida. Todavia ainda assim, o resultado pode ser previsivelmente, pobre. É muito frequente que um leitor, nestes casos, perca o interesse por uma explicação que parece útil apenas para um sistema que lhe é estranho.

Essa dificuldade não existe, felizmente, quando se trata de países que partilham uma tradição jurídica comum, apesar de utilizarem idiomas que, apesar de sua semelhança, são diferentes, assim como ocorre com o espanhol, em suas variantes latino-americanas, e o português, em sua versão brasileira.

A matéria de estudo deste livro, em síntese, mesmo com as peculiaridades que apresenta o Direito de cada país com respeito aos outros, é comum no âmbito jurídico brasileiro e ao dos países americanos de língua espanhola. Isto é estritamente assim em nível de generalidade com que é apresentado cada um dos temas: o objetivo deste trabalho não é estudar os detalhes diferenciais de cada ordenamento jurídico dentro da matéria, mas as linhas gerais que todos os sistemas da região e da Europa Continental, compartilham.

Neste ponto corresponde realizar uma advertência sobre a matéria abordada neste livro. Para alguns, se popularizou a denominação Direito de Danos como uma área do Direito de grande importância teórica e prática. No entanto, não há um consenso preciso sobre o seu conteúdo. Alguns entendem que se trata unicamente de outro nome para a responsabilidade civil extracontratual. Outros, sem fazer disto uma questão de princípios senão de mera utilidade prática, utilizam essa denominação para abranger, junto a responsabilidade civil extracontratual, outras instituições que a excedam, e que tem, todas elas, um incidência significativa na geração ou prevenção de danos. Qualquer que seja a decisão a respeito, é possível dizer que o Brasil, talvez junto com a Argentina, constitui um dos países da região em que a matéria, mesmo em sua versão tradicional, tem despertado mais interesse teórico e prático.

Por todas estas razões constitui um grande prazer e uma honra, buscar, a partir desta perspectiva, contribuir ao estudo dessas questões no âmbito brasileiro.

Para esta edição brasileira, devo manifestar o meu mais profundo agradecimento a Profa. Márcia Carla Ribeiro Pereira, que teve o encargo de supervisionar a tradução e a edição geral da obra, ambas tarefas, que cumpriu com lucidez, conhecimento e sabedoria, e ao Prof. Luciano Benetti Timm, que além de brindar-me com seu encorajamento contínuo, contribuição intelectual e amizade, dirigiu a tradução de uma parte importante da obra. Devo estender meu agradecimento a todas as pessoas que colaboraram com eles na tradução e edição deste trabalho.

O Direito não é um jogo intelectual, mas uma prática social que pode melhorar as relações entre os seres humanos e, em geral, as vidas de pessoas. Sua criação, estudo e aplicação não são obras individuais, mas o resultado combinado das contribuições infinitesimais de uma quantidade enorme e indeterminada de pessoas. Se este livro conseguiu ser a menor das contribuições para um objetivo tão importante, sua finalidade estaria amplamente cumprida.

Hugo A. Acciarri

Bahia Blanca, Agosto de 2014.

APRESENTAÇÃO À EDIÇÃO BRASILEIRA

O presente trabalho consiste na versão brasileira, traduzida e revisada do livro de Hugo A. Acciarri sob o título "Elementos de análisis econômico del Derecho de Daños", inicialmente publicada, em 2009, pela Associação Latino-americana e do Caribe de Direito e Economina (Alacde) e pela George Mason University, *Law and Economics Center*, Berkeley, Califórnia.

Hugo A. Acciarri é considerado uma autoridade no Direito em matéria de Responsabilidade Civil. Formou-se em primeiro lugar pela Universidade Nacional de La Plata, na Argentina. É Doutor *summa cum laude* pela Universidade de Buenos Aires. Atuou como Diretor Acadêmico na Universidade Nacional de La Plata e na Universidad Nacional Del Sur, em Bahia Blanca, Argentina, onde leciona Direito Civil e Análise Econômica do Direito.

Também atuou como professor visitante na Real Colegio Complutense (RCC), criada em 1990 por um convênio único do gênero entre a Universidade de Harvard e a Universidade Complutense de Madri (UCM), Espanha, tendo suas atividades e programas aprovados pelo Conselho Acadêmico, Copresidido pelo Presidente da Universidade de Harvard e pelo Reitor da UCM. Ainda, atuou como professor visitante pela Universidade Autônoma de Madre, Universidade Carlos III, Universidade de Rioja e pela Universidade de Granada, na Espanha. É professor de pós-graduação na Universidade de Buenos Aires.

O trabalho do autor foi destaque na InDret, Revista de Direito de Danos, em espanhol, mais prestigiada do mundo que ressaltou a obra como uma das mais brilhantes referências latino-americanas, utilíssima e usada na melhores Universidades do Conesul.

Marcia Carla Pereira Ribeiro

Curitiba, Agosto de 2014.

NOTA DOS REVISORES

O maior desafio no empenho dedicado à tradução desta edição brasileira foi conciliar o aspecto linguístico com o aspecto técnico, tanto jurídico como econômico, em razão da forte relação com a linguagem imposta pela Análise Econômica do Direito. Buscou-se, assim, manter as características originais da obra, principalmente nos aspectos específicos de expressões consagradas em outros idiomas, principalmente o inglês, com o cuidado de não comprometer a sua estilística.

Evidentemente nada disso seria possível sem a inestimável colaboração de várias pessoas que se dispuseram a enfrentar esse desafio e contribuíram para alcançar esse resultado. Dentre elas, nossos agradecimentos a Luciano Benetti Timm e Gabriel Sperotto Anawate, pela primeira fase dos trabalhos de tradução. Também a Daniel Antônio de Aquino Neto, Mestre em Direito Ambiental pela Universidade do Estado do Amazonas e Professor da Universidade do Estado do Amazonas; Fabrício Soares de Melo, Mestrando em Direito Ambiental pela Universidade do Estado do Amazonas; Ana Luísa Souza Faria, Caroline Barbolsa Contente Nogueira, Doutoranda pela Pontifícia Universidade Católica do Paraná.

Em especial nossos agradecimentos a Danielle de Ouro Mamed, pela Pontifícia Universidade Católica do Paraná, pela tradução e revisão do primeiro capítulo bem como dos cinco capítulos finais.

Finalmente, coube a Marcia Carla Pereira Ribeiro e a Osdimar O. Gonçalves, Mestrando em Direito pela Pontifícia Universidade Católica do Paraná, juntamente com Hugo A. Acciarri, a revisão final e adaptações ao original em espanhol que contribuíram sobremaneira para a concretização desta obra.

Curitiba, Agosto de 2014.

SUMÁRIO

Prefácio à primeira edição em espanhol 7
Prefácio à edição brasileira 9
Apresentação à edição brasileira 13
Nota dos revisores 15

Capítulo I
ANÁLISE ECONÔMICA DO DIREITO DOS DANOS – UMA ABORDAGEM GERAL

1. Preliminar 21
2. O Juiz Hand e a definição econômica da culpa 25
3. Pigou e externalidades 26
4. Coase e a reciprocidade 29
5. Calabresi e o custo dos acidentes 33
6. Posner e Shavell: Os modelos consagrados 35
7. Algumas reflexões finais (que não importam em conclusão) 46

Capítulo II
A ANÁLISE ECONÔMICA DA RESPONSABILIDADE CIVIL PELOS PRODUTOS

1. A localização do problema 51
2. A teoria básica e as particularidades da responsabilidade pelos produtos sob o ponto de vista da análise econômica 52
3. Responsabilidade objetiva ou subjetiva pelos produtos? 55
4. O problema dos danos vinculados aos produtos, globalmente considerado 59

Capítulo III
A PREVENÇÃO: *SPECIFIC DETERRENCE* E *GENERAL DETERRENCE*

1. A prevenção e o Direito de Danos 63
2. A prevenção especial na área penal e a *specific deterrence* 64
3. A *specific deterrence*, o processo civil e o Direito de Danos 67

4. As consequências diferenciais da *general* e *specific deterrence* 68
Apêndice.. 70

Capítulo IV
O PROBLEMA DA INSOLVÊNCIA NO DIREITO DE DANOS

1. Introdução 77
2. Uma caracterização institucional dos agentes insolventes 78
3. O problema dos insolventes nos modelos usuais................................ 81
4. A qualidade de insolvente como uma possibilidade de decisão racional 84
5. Conclusões 88

Capítulo V
SEGUROS VOLUNTÁRIOS E OBRIGATÓRIOS DE RESPONSABILIDADE CIVIL

1. O seguro obrigatório de responsabilidade civil para a condução de automóveis   91
2. A análise econômica do seguro de responsabilidade civil. Modelos, elementos e relações básicas 94
3. O dever jurídico de assegurar-se e alguns refinamentos sobre o modelo básico.. 99
4. Um problema de detalhe (e de execução)... 107
5. Relações teóricas, condições empíricas relevantes e diretrizes para o projeto de sistemas reais para contextos altamente imperfeitos 112
6. Considerações finais 118
Apêndice.. 120

Capítulo VI
A ANÁLISE ECONÔMICA DO DANO MORAL

1. Introdução 125
2. O conceito de dano moral e dano extrapatrimonial........................... 127
3. A quantificação na evidência empírica 128
4. As estratégias de aproximação ao dano extrapatrimonial na análise econômica. 130
5. Uma análise crítica 137
6. Reflexões finais 144
Apêndice.. 153

Capítulo VII
A RELAÇÃO DE CAUSALIDADE

1. Os problemas causais na responsabilidade por danos 159
2. O tratamento básico dos problemas causais no AED 161

3. Incerteza e custos administrativos	168
4. Incerteza sobre a identidade das vítimas	169
5. Incerteza sobre a identidade do agente do dano. Dano de autor anônimo dentro de um grupo identificável e dano causado por grupos de risco	170
6. O problema da contribuição causal da vítima	173
7. As críticas à teoria causal da Law & Economics	175
8. Na face positiva	176
9. Na face negativa	176
10. Algumas observações críticas à teoria e a seus opositores	178
11. Alguns elementos mínimos e preliminares para um conjunto aberto de diretivas tendentes à maximização de custos sociais na ária dos vínculos causais	191

Capítulo VIII
JUROS NA INDENIZAÇÃO POR DANOS EXTRACONTRATUAIS E EM SITUAÇÕES NEGOCIAIS

1. As questões relacionadas aos juros na investigação jurídica e o direito prático	195
2. Espécies de situações em que aparecem questões vinculadas aos juros	196
3. O Direito e as "classes naturais"	198
4. Situações em que existem taxas convencionadas	205
5. A taxa de juros não pactuada	212
6. Como conclusão	219

Capítulo IX
O PROCESSO DE DANOS: A TAXA DE JUROS JUDICIAL E SUA INFLUÊNCIA NA DEMORA DO PROCESSO

1. Introdução	221
2. A análise econômica do processo judicial por danos	223
3. A demora dos processos e seus custos sociais	227
4. A taxa de juros judicial e a decisão de atrasar o processo	229
5. Comentários finais	233

Capítulo X
APLICAÇÕES NA LEGISLAÇÃO: OS CRITÉRIOS DE EFICIÊNCIA COMO FUNDAMENTO PARA A REFORMA DO DIREITO PRIVADO NA AMÉRICA LATINA

1. Introdução	239
2. A obrigação tácita de segurança no novo contexto do sistema tradicional de responsabilidade civil	240
3. Conclusões	245

Capítulo XI
APLICAÇÕES JURISPRUDENCIAIS:
A FÓRMULA DE *HAND* E O *CHEAPEST COST AVOIDER*
NO DIREITO DE DANOS ARGENTINO

1. A sentença 247
2. A fórmula de Hand, o "cheapest cost avoider" e o conceito econômico de culpa... 248
3. A título de conclusão provisória.. 252

Capítulo I
ANÁLISE ECONÔMICA DO DIREITO DOS DANOS – UMA ABORDAGEM GERAL*

1. Preliminar

O conteúdo e localização da Análise Econômica Direito em geral, e da Análise Econômica do Direito dos Danos[1] em particular, não costumam ser temas óbvios no ensino jurídico tradicional na Europa e na América Latina. Não raro, tais termos são uma fonte de perplexidade ou confusão, e várias são as razões que motivam essas hesitações. Em primeiro lugar, não é fácil delimitar o que se deseja exprimir mediante essas denominações.[2] É bastante comum, por exemplo, encontrar po-

---

* Esta seção reproduz livremente as ideias contidas no artigo El Análisis Económico del Derecho de Daños. *Lexis-Nexis Jurisprudencia Argentina*, edição especial sobre *Derecho y Economía*. Buenos Aires, 2006. p. 20-36.

1. O termo "Derecho de Daños" hoje tem uma ampla difusão em países de língua espanhola, mas ainda não há consenso quanto à conveniência de sua introdução, nem sobre o conteúdo do campo que abrange. Não obstante, unicamente por uma decisão no tocante ao alcance deste capítulo, vou abster-me agora de debruçar-me sobre tais distinções. Em geral – abrindo mão da precisão –, farei referência (por enquanto) ao *"Derecho de Daños"* como um instituto praticamente equivalente à responsabilidade civil extracontratual. Também tomarei como equiparados este termo ao que no Direito anglo-saxão se conhece como "Accident Law" (e mais tradicionalmente, "Tort Law"), embora exista uma questão interessante, concernente à relação entre os campos da responsabilidade civil *contratual e extracontratual* do *Civil Law*, com aquelas categorias do mundo da *Common Law*. Do mesmo modo, usarei como sinônimos os termos "responsabilidade civil" e "responsabilidade de direito privado". Nos próximos capítulos (capítulos III, IV e V, por exemplo), não obstante, adicionarei alguns esclarecimentos ao conteúdo da noção "Direito de Danos", e tratarei – correlativamente – instituições diversas da responsabilidade civil que incidem na produção de danos, entendida esta como um fenômeno social.

2. CHIASONI, P. Analisi economica del diritto, formularismo, realismo *Analisi e Diritto. Ricerche di Giurisprudenza analítica*. Giappichelli Editore, distingue, por exemplo, sete diferentes significados do termo "law and economics", em geral, mas combinando seu alcance, também podem aplicar-se a esta questão específica. São eles: (a) "law" e "economics" como disciplinas autônomas; (b) qualquer abordagem interdisciplinar entre estas

sições que dão por firmado que a Análise Econômica do Direito dos Danos (mais adiante também, AEDD – e AED, para a Análise Económica do Direito, em geral) é algo que se define por seus *objetivos*: julgar diferentes possibilidades de regulação legal nesta área para escolher e apontar aquela que seja mais adequada para atingir objetivos de eficiência (o que quer que signifique esta expressão para aqueles que a invocam),[3] independentemente de quaisquer outros valores envolvidos. Outras vezes, por outro lado, se põe ênfase em certas questões de método: em geral, em algumas suposições iniciais são usadas como pontos de partida para a função de análise, função esta desempenhada normalmente por certas suposições sobre como se comportam indivíduos. Neste sentido, se costuma ter por pressuposto, por exemplo, que a AED – para ser verdadeiramente real – deve assumir que o comportamento humano responde a algum tipo específico de egoísmo, ou que todas as pessoas têm informação perfeita sobre o mundo e o resultado de suas ações. Não faltam, tampouco, aqueles que entendem que ambas as condições – as concernentes ao objetivo e aquelas relativas ao método – são conjuntamente necessárias para caracterizar este tipo de análise.

De uma forma bem geral, muitas vezes é dito que a AED implica um tipo de análise própria de uma disciplina (Economia), projetada sobre assuntos ou objetos próprios de outra (Direito). Contudo, afirmar que esse é o sentido da análise não esclarece muito sobre o assunto. Ainda que se assuma que o interlocutor conheça razoavelmente o que é o Direito – o qual é reconhecidamente difícil – não é menos exigente estabelecer os limites da Economia. Neste campo, há questões que são tradicionalmente consideradas características desta disciplina e outras que só recentemente passaram a ocupar os economistas. Embora sejam motivo de sua preocupação, não são o dinheiro, o comércio ou a produção industrial seus únicos

---

áreas; (c) qualquer disciplina que tenha como objeto a interação dos fenômenos jurídicos e econômicos; (d) um movimento especial de pensamento, vigente entre a metade do 50 e o início de 70; (e) uma escola de pensamento ("nova" lei e economia) que teve início nos anos 70; (f) nome de um curso universitário; (g) instruções para abordagem de problemas jurídicos, utilizadas pelo "novo" *law and economics*. No que diz respeito à expressão "economic analysis of law", a mesma compartilha os significados anteriores (d), (e), (f) e (g) e agrega mais um: é usada para denotar o produto da utilização dos conceitos, o modo de pensar, métodos ou critérios econômicos para enfrentar questões legais. Esta classificação tem sido questionada por ser desnecessariamente detalhada. No entanto, é útil referir-se a ela para alertar sobre os riscos de comentar sobre questões que não são idênticas, apesar de compartilharem o mesmo rótulo. Intencionalmente, dado os propósitos deste trabalho, a seguir utilizarei de um modo mais amplo este tipo de rótulos.

3. O uso deste termo é frequentemente uma fonte de mal-entendidos, pois, por vezes se confundem alguns dos sentidos do termo "eficiência", termo que é usado na linguagem cotidiana, com significados técnicos específicos que emprega o mesmo termo nos desenvolvimentos teóricos. Voltarei brevemente a esse ponto.

interesses, mas seu espectro é – atualmente – muito maior e crescente.[NT1] Atualmente, na prática, não é fácil saber se um conceito, um tipo de comportamento ou modo de tratar certas questões, podem ser integradas ou não à área de interesse da Economia. Toda resposta negativa a respeito deve ser encarada com suspeita.

Mas, se os campos em cada um dos assuntos envolvidos são difíceis de definir, é ainda mais complexo entender o tipo de relação que se pretende estabelecer entre ambas as disciplinas. Essas interações podem ser, por certo, de tipos muito diferentes. Imaginemos, por exemplo, que um crítico de arte se proponha a realizar uma análise *artística ou estética* da agricultura e, para esse fim, avalia os objetos relacionados de algum modo a esta atividade. Pensemos em campos cultivados: tomando como referência algum padrão aceitável de sua especialidade, encontrar plantações mais coloridas do que outras, algumas mais elogiáveis e outras carentes de valor. Mas seria difícil que este hipotético analista pensasse que está fazendo algo que vai servir às tarefas do campo. Seria demasiado otimista de sua parte acreditar que os agricultores vão mudar o que vinham fazendo assim que um especialista em arte lhes mostrasse, com clareza suficiente, as consequências de suas decisões sobre questões de interesse para as artes plásticas. Pensemos no crítico-analista falando a um agricultor nos seguintes termos: "Você, até então, está cultivando a soja. Eu posso advertir que a história das artes plásticas não mostra um registro abundante de bons quadros inspirados nesse cultivo. Mas, por outro lado, há obras-primas que pintam campos de girassol ou culturas de trigo. Espero que esta conclusão lhe sirva, mesmo parcialmente, para futuras decisões".

No exemplo acima se vê que nem toda análise que se faça a partir de uma disciplina sobre assuntos concernentes a outras atividades humanas, pode ter a pretensão de ser útil para as atividades objeto desta análise. A AED, no entanto, tem se mostrado no geral como um método de estudo que tenta ser operacional ou influente sobre a disciplina analisada. Isto resulta em que o meio jurídico a veja com desconfiança, com base no que alguns percebem como uma subordinação do Direito à Economia.

Torna-se interessante observar, contudo, que os tipos de consequências que a Economia tenta prever ou avaliar não são indiferentes aos profissionais do Direito. Mesmo que o agricultor talvez não tenha muita preocupação com as implicações estéticas de suas atividades, não parecem totalmente alheias à preocupação dos juristas as consequências sociais das diferentes possibilidades de regulação de uma disciplina ou mesmo da interpretação e aplicação das normas que a compõem.

NT1   O autor alude à utilização de teoria econômica para situações que, a princípio, estariam fora do escopo da Economia, como é o caso de criminalidade, planejamento familiar, políticas públicas (mesmo de natureza não econômica). Tal campo começou a ser desbravado na década de 50 pelos estudos de Gary Becker (Nobel de Economia em 1992).

Entre tantos outros, os mal-entendidos entre economistas e juristas podem ter uma explicação em parte, talvez, no modo de estudo que marca sua formação. No âmbito anglo-saxão, adverte-se que o ensino da Economia parte de uma teoria geral e transcorre até exemplos particulares, enquanto, nesses países, o Direito é ensinado a partir de casos reais *sem nunca chegar a uma teoria geral*.[4] Em países com uma tradição romano-germânica, porém, os diferentes ramos do Direito são ensinados de uma maneira diferente, que poderia *assemelhar-se* à exposição de uma teoria geral: é ensinado, por exemplo, o que é a responsabilidade por danos, seus elementos etc., e em seguida se passa para os casos particulares de responsabilidade, e dentro deles, algumas variantes de interesse. No entanto, a principal diferença entre este método e aquele com os quais são formados os economistas, é que – fora das disciplinas que se ocupam da história do pensamento econômico e certos eventos econômicos relevantes – a *teoria econômica* é ensinada de modo ahistórico, como um produto acabado e unitário, com uma ideia de *corrente principal* de pensamento fortemente definida e um rol muito secundário para as ideias divergentes ou que são consideradas particularizações ou *elaborações mais específicas*.

No ensino usual do Direito Romano-Germânico, em vez disso, é frequente começar com a evolução histórica de cada instituto e continuar por meio de muitas discussões sobre diferentes aspectos (seu enquadramento entre gêneros mais abrangentes de instituições, seus elementos constitutivos etc.) revisando-se as posições contrapostas sem que haja uma decisão final e completa sobre coisa alguma. A justificativa das posições rivais em cada aspecto particular, por sua vez, baseia-se normalmente em fundamentos variados: às vezes se invoca razões de natureza dedutiva ("se x é um contrato e os contratos criam obrigações, então x cria obrigações"), mesmo quando significa assumir certas posições que seriam muito estranhas para o cidadão comum, como por exemplo, que "o legislador" não se equivoca – assumindo, ainda, que há sempre uma maneira de "descobrir" que essa autoridade legislativa mantém a consistência de sua produção. Outras vezes, porém, invocam-se ideias mais ou menos intuitivas de justiça e se afirma, por exemplo, que deve exigir-se determinado requisito para considerar configurada a responsabilidade de um sujeito, porque isto resulta em ser *justo*, ainda que esta exigência não surja à primeira vista. Às vezes, em particular, presume-se que uma certa interpretação das normas vigentes favoreceria a realização de certas condutas que se consideram imorais ou inadequadas, e portanto, devem ser descartadas, para dar espaço para outra interpretação diferente. Em algumas situações, todavia, se dá por subentendido que diferentes formas de justificar uma interpretação dão resultados necessariamente idênticos – resultados que, ainda, podem coincidir com as valorações de quem os expõe.[5]

---

4. COOTER, R.; ULEN, T. *Law & economics*. 2. ed. Addison Wesley, 1997, p. IX, Prefácio.
5. Tem-se observado que alguns métodos de interpretação de nosso direito positivo, muitas vezes são uma boa desculpa para impor os valores do intérprete, mas sem dizê-lo e nem

Não é o objetivo desses parágrafos refletir sobre a vantagem dos métodos de ensino em qualquer de ambas as disciplinas. No entanto, parece interessante assinalar que estes modos de expor e justificar os conhecimentos jurídicos talvez induzam a uma rejeição visceral por parte de muitos juristas, contra o quê se observa como uma construção teórica, rígida, unívoca e justificação unitária, como se vê – justa ou injustamente – para a Economia.

Consequentemente, acredita-se que a exposição histórica das ideias constitui uma abordagem mais familiar para os profissionais do Direito, sugerindo identificar pelo menos alguns marcos no desenvolvimento da teoria, em vez de começar pelo estado atual da questão. Vou tentar fazê-lo de forma breve.

2. O Juiz Hand e a definição econômica da culpa

É possível encontrar, em todas as épocas, sentenças judiciais que contêm ideias aproximadamente relacionadas às noções econômicas fundamentais. Não obstante, parece imprescindível mencionar um marco na história da jurisprudência norte-americana que emprega um raciocínio básico do pensamento econômico como fundamento da sua decisão, argumento este que, ainda hoje, é parte importantíssima do Direito vigente dos EUA.[6]

O caso começou em razão da perda de uma barcaça e sua carga no porto de Nova York. Um conjunto de barcos estava amarrado – mediante uma única linha de cordas – às docas deste porto quando a empresa proprietária de um deles contratou a demandada (uma empresa de reboque marítimo) a fim de movê-lo para fora da área do cais. O barco em questão se encontrava sem tripulação a bordo, os empregados da empresa de reboque procederam, por sua conta, de forma a soltá-lo e reajustar toda a linha de cordas que o amarrava. Esta operação se realizou de modo inadequado e uma das barcaças, movida pelo vento e correnteza, rompeu suas amarras, chocou-se contra outro barco e afundou com a carga. O proprietário do barco naufragado demandou a empresa de rebocadores pela negligência de seus trabalhadores na operação. A demandada, por sua vez, contestou alegando que o demandante fora também negligente, porque nenhum empregado da empresa estava a bordo da embarcação no momento em que a tripulação do rebocador deveria manipular os cabos. Se a operação tivesse contado com a presença de um agente capacitado – sustentou a demandada – poderia ter-se realizado corretamente. O magistrado entendeu que não havia nenhuma norma específica que determinasse se era ou não obrigatório que houvesse um agente da empresa autora da ação em

---

justificá-lo. NINO, C. S. *Introducción al Análisis Filosófico del Derecho*. 2. ed., 7. tir. Buenos Aires: Astrea, 1995. p. 326 e ss.

6. O caso em questão é o famoso "United States v Carroll Towing" (159 F.2d 169 [2d Cir.1947]).

sua embarcação nessas condições e, por isso, só restava estabelecer se essa ausência era ou não culpável de acordo com as normas gerais, e que a decisão sobre este ponto definiria a questão.

O Juiz Learned Hand sustentou a respeito:

> (...) a obrigação do proprietário em tomar as medidas contra danos resultantes é uma função de três variáveis: (1) a probabilidade de que o barco se solte de sua amarra, (2) a gravidade do dano resultante caso este ocorra, (3) o custo de adoção das precauções adequadas. Possivelmente seria conveniente expressar essa noção em termos algébricos: se chamamos P a probabilidade, L os danos e B o custo da adoção das medidas de precaução, a responsabilidade depende de que B seja menor do que L multiplicado por P, isto é, se B<PL (esta ação será culpável) (...).

No caso, concluiu-se que a omissão da autora, que deixou amarrada sua embarcação sem pessoal a bordo, nessas condições devia ser considerada, efetivamente, culpável. Esta formulação resulta, por certo, surpreendente. Quando se tenta compreender o que é e quando se verifica a *culpa*, o ensino jurídico tradicional transcorre por largas explicações sobre padrões ("omissão relativamente às diligências que decorrem da natureza da obrigação, e que corresponderam às circunstâncias das pessoas, da época e do lugar (...)") e comparações com certos modelos ideais de conduta ("bonus pater familiae", "buen comerciante" etc.), que, no entanto, podem parecer incertos no momento de julgar situações concretas distanciadas de extremos. Esta solução, que se expressa como "há culpa quando o investido em prevenção é menor do que os danos esperados", ou "há culpa se B<PL", parece um meio muito diferente de valorar as condutas envolvidas. No entanto, esta conclusão ainda está longe de constituir uma *teoria*.[NT2]

3. Pigou e externalidades

Um par de décadas antes do julgamento de Hand, integrou-se à teoria econômica um conceito que iria ter um papel importante no assunto que nos ocupa. Um marco da chamada *Economia do Bem-Estar*, Pigou dirigiu sua atenção a um certo tipo de fenômeno que guarda uma forte relação com os atos danosos que tradicionalmente ocupam o Direito.[7] Em concreto, observa que, se as ações que efetua um sujeito projetam benefícios ou prejuízos contra terceiros (por vias distintas ao

---

NT2 A expressão "teoria" não é utilizada aqui no mesmo significado que ganhou no Brasil, em que a palavra é empregada comumente como antônimo de "prática". No sentido estrito e científico do termo, contudo, teoria é um sistema explicativo que sustenta uma prática científica.

7. PIGOU, A. C. *The Economics of Welfare*. 4. ed. Londres: Macmillan and Co., 1932, (1. t., 1920).

mercado), o preço dos bens que se produzem nessas condições não refletirão sua escassez relativa.

Aqui convém fazer uma pequena digressão sobre a ideia de eficiência. No que diz respeito à atribuição de recursos em uma sociedade, em Economia se entende como *eficiente no sentido de Pareto*[8] uma situação na qual não se pode *melhorar* um dos sujeitos envolvidos sem *prejudicar* a outro. Uma melhora paretiana é uma mudança mais modesta: uma variação que melhora ao menos um sujeito, sem prejudicar a nenhum outro ainda que exista a possibilidade de melhorar mais a situação desse mesmo sujeito, ou a algum outro, sem prejudicar a ninguém. Pode decidir-se que o resultado de uma mudança desse tipo, é um estado *Pareto-superior* ("superior" com relação ao estado anterior). Logo, aquela situação em que não é deixada margem para qualquer melhoria de Pareto, é o que se denomina "ótima" ou em que se considera que foi alcançada uma alocação de recursos *eficiente no sentido de Pareto*.

O critério de Pareto, muitas vezes é considerado demasiado exigente para julgar decisões sociais, quando basta que uma certa ação cause um mínimo dano a alguém, ainda que gere enormes benefícios sociais, para que não se possa considerar *eficiente*. Logo, se pode recorrer a critérios denominados potenciais de Pareto para descrever aquelas situações nas quais há indivíduos inicialmente prejudicados pela mudança, mas o benefício daqueles que foram favorecidos é tal que seria suficiente para compensar integralmente os prejuízos dos desfavorecidos, e, contudo deixar os "vencedores" em uma situação melhor do que antes.[9] Se essa compensação for feita, poder-se-ia dizer que ao final desse processo se chegaria a uma melhora paretiana efetiva (com relação à situação anterior à mudança inicial), já que ninguém terminaria perdendo e ao menos alguns sairiam ganhando. Não obstante, estes critérios são classificados de *potenciais*, dado que não se exige que essa compensação se realize efetivamente, mas somente que seja possível.

---

8. O critério de eficiência ou optimalidade de Pareto, deve seu nome ao economista e sociólogo italiano Vilfredo Pareto (Paris, 1848 – Celigny, Suíça, 1923).

9. A descrição corresponde melhor a *um* destes critérios potenciais de Pareto: introduzido por KALDOR, N. Welfare Propositions and Interpersonal Comparisons of Utility. *Economic Journal*, vol. 49, 1939. É relativamente assimilável – *e certamente suficientemente assimilável para os fins deste trabalho* – o critério proposto por HICKS, J. R. The Valuation of Social Income. *Economica*, 7, p. 105-124, 1940. Para fazer referência a situações que usem simultaneamente ambos os critérios, utiliza-se o termo *critério de Kaldor-Hicks*. Para uma exposição didática de ambos os critérios, os paradoxos que surgem (basicamente, os chamados *paradoxos de Scitovsky e de Samuelson*) e as extensões sobre critérios alternativos de eficiência, está disponível em espanhol CASAHUGA, A. *Fundamentos Normativos de la Acción y Organización Social*. Barcelona: Ariel, 1985. p. 16 e ss.

Voltemos à Pigou. A economia de sua época sustentava que, dadas certas condições,[10] os mercados conduzem a uma alocação eficiente no sentido de Pareto. Pigou introduz a ideia de que, quando se dá este tipo de efeito externo, isto pode não ocorer. Esta noção foi incorporada à teoria econômica com o nome de externalidades e constitui uma nova condição obstativa a que os mercados alcancem a otimização paretiana.[11]

O trabalho de Pigou tem em vista, especificamente, os problemas de poluição ambiental e não persegue objetivos de justiça retributiva ou comutativa, mas tem um objetivo significativo: a otimização na alocação de recursos. Por isto é compreensível que sua proposta não enfatize as vítimas das externalidades negativas, mas a distorção de custos que esses efeitos externos introduzem no mercado. Imaginemos, por exemplo, que um construtor de casas rouba impunemente os tijolos que usará em sua tarefa. Logo, o custo das casas que edifique será inferior ao que enfrentaria se devesse pagar por este insumo. Isto faria com que o preço de suas casas, nessas condições, seja inferior ao preço que surgiria a partir da alienação no mercado de todos os fatores de produção. De tal modo, este preço (e consequentemente, a quantidade de casas fabricadas e vendidas) não refletiria a escassez relativa dos recursos empregados para produzí-las. Nos casos em que Pigou ocupou-se diretamente, algo semelhante acontece: se uma fábrica polui o ar e, assim, prejudica outros sujeitos, operam-se as mesmas consequências: a empresa utiliza um recurso que não é adquirido através do mercado – o ar puro, um insumo pelo qual não se paga – e se pode reproduzir os mesmos raciocínios. O tipo de preocupação de Pigou, e as bases de sua análise, explicam as soluções propostas para este problema, que consistem basicamente em conceber impostos (chamados logo, "pigouvianos"),[NT3] que buscarão onerar o poluidor no preço do recurso que de outro modo não pagaria.

---

10. Para se referir às mesmas se recorre ao modelo do *mercado de concorrência perfeita*, que não é mais do que um ente ideal. É bem conhecido que as variações de algumas destas condições são geralmente estudados como falhas de mercado.
11. A noção de externalidades negativas é muito importante para o assunto em questão, pois se trata de conceito econômico mais próximo ao de "dano jurídico". Existem, certamente, diferenças, principalmente quanto a que, no contexto da Economia em que trabalhou Pigou, o único juiz de seu bem-estar (o único que pode identificar o que representa uma perda no seu bem-estar e avaliá-la) é o próprio indivíduo afetado, enquanto no Direito os elementos que geralmente são exigidos na caracterização da lesão compensável são de natureza objetiva, superando a mera avaliação subjetiva.
NT3 No Direito Tributário brasileiro, os tributos pigouvianos seriam chamados de tributos extrafiscais. Esta denominação alude à classificação dos tributos quanto ao escopo. Os fiscais têm a função de arrecadar recursos para o Estado, enquanto os extrafiscais funcionam como mecanismos de regulação econômica, seja visando onerar atividades consideradas nocivas (vide a alta tributação sobre a indústria tabagista)

4. Coase e a reciprocidade

Em 1960, Ronald Coase publicou um trabalho que desencadeou uma revolução – ainda inacabada – na Economia e que é geralmente identificado como um dos alicerces da *Law & Economics*. Este artigo intitulado "O Problema de Custo Social",[12] também é considerado o ponto de partida da *Nova Economia Institucional*, cujo enquadramento no pensamento econômico vigente implica uma questão interessante, dado que para alguns representa um novo paradigma na disciplina, e para outros, meramente um ajuste gradual nas ideias neoclássicas. É possível afirmar, não obstante, que as derivações das ideias introduzidas por Coase não parecem, todavia, estar totalmente assimiladas pela Economia convencional e – infelizmente – também tampouco estão completamente assimiladas ao ensino geral da disciplina, pelo menos na América Latina. Quase 30 anos depois da aparição de "O problema ...", esta situação levou seu autor a afirmar que suas ideias *não havíam gerado consenso e que seu argumento central, em geral, não havia sido compreendido pelos economistas*.[13]

A discussão das ideias de Coase e suas influências é certamente fascinante, mas absolutamente excessiva para a finalidade destas linhas. Embora seja arriscado, é possível, no entanto, tentar resumir dois aspectos fundamentais.

Por um lado afirma que, quando se dá esse tipo de efeito danoso que se identificou com o nome de externalidade, o problema envolvido é de natureza recíproca. Se

---

ou estimular atividades economicamente benéficas (como por vezes ocorre na redução de IPI para a indústria automobilística).

12. COASE, R. The Problem of Social Cost. *Journal of Law & Economics*, p. 1-44, 1960.
13. COASE, R. *The Firm, the Market and the Law*. Chicago: University of Chicago Press, 1988. p. 174-175, assinalou: "(...) My point of view has not in general commanded assent, nor has my argument, for the most part, been understood. No doubt inadequacies in my exposition have been partly responsible for this and I am hopeful that this introductory essay which deals with some of the main pointes raised by commentators and restates my argument will help to make my position more understandable. But I do not believe that a failure of exposition is the main reason why economists have found my argument so difficult to assimilate. As the argument in these papers is, I believe, simple, so simple indeed as almost to make their propositions fall into the category of truths which can be deemed self-evident, their rejection or apparent incomprehensibility would seem to imply that most economists have a different way of looking at economic problems and do not share my conception of the nature of the subject. (...) Economists, following Pigou whose work has dominated thought in this area, have consequently been engaged in an attempt to explain why there were divergences between private and social costs and what should be done about it, using a theory in which private and social costs were necessarily always equal. It is therefore hardly surprising that the conclusions reached were often incorrect. The reason why economists went wrong was that their theoretical system did not take into account a factor which is essential if one wishes to analyze the effect of a change in the law on the allocation of resources. The missing factor is the existence of transaction costs (...)".

a atividade de A (causador do dano, no sentido jurídico) causar danos à B (vítima), proibir tal atividade para evitar danos a B, implica causar danos a A. A diferença do que sustenta a Economia convencional, sua posição não se dá por certa que seja preferível proibir ou onerar com impostos a A (o que seria uma outra forma de limitar a sua atividade), mas que, segundo seu argumento, o que realmente precisa ser resolvido é *se deve se permitir a A prejudicar a B ou se deve se permitir a B "prejudicar" a A*. O critério que deve nortear esta decisão, se se almeja a eficiência, é de evitar o *dano (custo) mais grave ou, num sentido mais amplo, minimizar o dano (custo) conjunto*. Em outras palavras, sua proposta normativa consiste em assegurar que se continue realizando a atividade que resulte mais valiosa, às expensas de seu rival.

Por outro lado, analisa como incidem nesse objetivo os sistemas de responsabilização, mas o faz de uma maneira muito particular. Começa distinguindo duas situações conceitualmente diferentes: uma em que não existem *custos de transação* e outra na qual existem esses tipos de custos. Essa ideia de *custos transação* é central no seu pensamento. No seu famoso artigo "A natureza da firma", de 1937,[14] identificava este conceito com o custo de usar o sistema de preços como um mecanismo para alocação de recursos, e considerava incluídos dentro de seu escopo, o custo de descobrir os preços relevantes, o custo de negociação e os de celebrar contratos juridicamente eficazes. Em "O problema ...", *se refere especificamente aos custos de transação como os custos para descobrir com quem negociar, de informar o que deseja negociar* – e de acordo com que termos – de conduzir as negociações até chegar a um acordo, de elaboração do contrato, de fiscalizar oportunamente se os termos do contrato estão sendo respeitados etc.

No entanto, em um mundo *sem custos de transação*, pode-se concluir – em termos gerais e de acordo com suposições usuais da economia padrão de sua época –, que a alocação inicial dos direitos na propriedade sobre os bens não irá afetar a utilização final dos mesmos: pelo contrário, qualquer que seja a atribuição de direitos, os bens se destinarão às suas finalidades mais valiosas. A simplificação de um caso real que é usado por Coase pode ilustrar isto.[15] Imaginemos que C é um padeiro-confeiteiro e M, um médico, que ocupam imóveis contínuos, e que o ruído que produzem as máquinas de C não permite que M possa desempenhar sua profissão. Imaginemos agora que a atividade do médico M lhe dá um ganho líquido de 10 e que a do doceiro C, lhe proporciona, pelo mesmo período uma renda de 7.[16] Se nos colocarmos em

---

14. COASE, R. H. The Nature of the Firm. *Economica*, p. 336, 1937.
15. Refiro-me a "Sturges v Bridgman", (1 H. D. 852-1879). As referências a esse caso, porém, apenas o tomam como história para mostrar um tipo de relação.
16. Na verdade, por razões de simplificação na exposição, não se explicita outras hipóteses. A mais óbvia é, talvez, presumir que o médico não pode mudar-se e tampouco clinicar em outro lugar. Também não se incluem outros aspectos teoricamente mais sutis como a possibilidade de comportamento estratégico das partes (a esse respeito, COOTER, R. The Cost of Coase. *Journal of Legal Sudies*, 11, p. 1 e ss., 1982). Para descartar esta e

um mundo sem custos de transação e as partes negociarem livremente, poderia haver duas situações extremas relacionadas com a responsabilidade dos envolvidos: Se o sistema legal vigente não considera que C deve compensar M pelas inconveniências que provoca, então M, buscando seu próprio benefício, pagaria a C mais de 7 para deixar de produzir. C preferiria fechar sua confeitaria, já que ganharia mais assim do que trabalhando. E, finalmente, a única das atividades conflituosas que continuaria ocorrendo seria a do médico M, que é a mais valiosa.

Se, no entanto, o ordenamento obrigar o confeiteiro C a ressarcir o médico M, o primeiro deveria, igualmente, fechar a sua confeitaria, dado que se veria na obrigação de pagar mais (10, que são os danos do médico por não poder clinicar) que seu ganho (7), com o qual não poderia, racionalmente, seguir produzindo. Logo, também assim, prevaleceria a atividade mais valiosa de M à custa da remanescente.

Em um mundo com custos de transação positivos, no entanto, a situação seria diferente. Imaginemos, simplesmente, que a negociação entre ambos os participantes exige um custo de algo mais de 3 e isto seria suficiente para impedir que fosse levado a cabo este tipo de acordo mutuamente benéfico referido no primeiro ponto. Sob estas condições, *o que disponha o sistema de responsabilidade legal será relevante com relação ao uso final dos recursos envolvidos*: Se o ordenamento jurídico prevê que o doceiro C deve indenizar, se realizará efetivamente a atividade mais benéfica. Se por outro lado – por qualquer ordem de razões – se determina que C não deve compensar a M, terminará se realizando unicamente a atividade *menos valiosa*: a do ruidoso doceiro C, e será impossível que o médico M clinique.

Que conclusões podem ser extraídas deste exercício? Esta questão motivou, para além do protesto de Coase, um árduo debate.[17] Até hoje, os economistas costumam chamar esse hipotético mundo sem custos de transação de "mundo coasiano", o qual pode sugerir alguma simpatia do autor com esse tipo de descrição do mundo. Pelo contrário, essa invocação de seu nome o levou a escrever "(...) o mundo dos custos de transação zero tem sido muitas vezes descrito como um mundo coasiano. Nada poderia estar mais longe da verdade. Esse é o mundo da teoria econômica moderna, o qual, tive esperanças de persuadir os economistas a abandonar (...)".[18]

---

outras possibilidades é que eu me referi às suposições padrão para a época do aparecimento de "O Problema ...".

17. Para uma excelente discussão sobre o assunto, MEDEMA, S. E.; ZERBE, R. The Coase Theorem. In: BOUCKAERT, B.; DE GEEST, G (eds.). *Encyclopedia of Law and Economics*. Publ. por Edward Elgar.y da Universidade de Ghent, Bélgica, 2000. Disponível em: [http://encyclo.findlaw.com/tablebib.html documento]. 0730.

18. "(...) The world of zero transaction costs has often been described as a Coasian world. Nothing could be further from the truth. It is the world of modern economic theory, one which I was hoping to persuade economists to leave (...)". COASE, R. H. *The Firm* ... cit., 1988, p. 174.

A interpretação que fizeram alguns economistas – e que levou à sua queixa – é bastante surpreendente, pois entenderam que Coase havia demonstrado que o Direito (em particular o Direito dos Danos), *não tem grande relevância na alocação de bens*. Tais ideias dirigem-se, talvez, a entender que o mundo *relevante* para a análise econômica é e *deve ser* um em que não são considerados custos de transação. Numa versão menos drástica, outros tinham como certo que a proposta era só pedir ao sistema jurídico uma definição "clara"[19] dos direitos de utilizar os recursos, assumindo que essa condição era suficiente para reproduzir o efeito de um mundo sem custos de transação. Numa possibilidade mais modesta – mas ainda analiticamente inexata – outros entenderam que Coase mostrou que, para alcançar a eficiência, o Direito devia limitar-se a *reduzir* custos de transação e, em seguida admitir as transações voluntárias.

Esta última proposta tampouco é inteiramente consistente com o objetivo de eficiência que alega perseguir. No exemplo anterior, suponhamos que os custos de transação envolvidos são de 6 e que uma mudança no sistema legal pode reduzi-los a 4. Nestas circunstâncias, o Direito *terá reduzido* os custos de transação (conforme solicitado), mas – sem responsabilização legal –, persistirá ainda a situação ineficiente: apenas continuará a se desenvolver a atividade menos benéfica do confeiteiro, às expensas da mais valiosa do médico. Logo, nestas condições, seria melhor estabelecer a responsabilização do confeiteiro do que reduzir em 2 os custos de transação, uma vez que esta redução será impotente para atingir a meta de eficiência. Por outro lado, poderia decidir-se que reduzir os custos de transação será um instrumento consistente com o resultado eficiente *quando essa redução seja tal que permita – neste caso, através da negociação – a realização da atividade mais valiosa*. Não o oposto.

A contribuição de Coase foi o ponto de partida para análises mais refinadas sobre o efeito que as diferentes regras de responsabilidade têm sobre o comportamento humano em relação ao objetivo de eficiência econômica. No entanto, simultaneamente ao aparecimento de "O problema ...", um autor proveniente – fundamentalmente – do meio jurídico, atualmente juiz de um Tribunal Federal de Apelações dos Estados Unidos e ex-diretor da Faculdade de Direito da Univer-

---

19. Fala-se muitas vezes de uma "correta" definição dos direitos. Nem sempre é definido, no entanto, o que se entende por "correta". Logo, esta qualificação pode ser entendida em sentidos distintos, que vão desde (a) *clareza e/ou precisão na alocação de prerrogativas*, passando por outros significados do termo que denotam (b) *concentração de muitas prerrogativas em uma só pessoa*, ou finalmente, (c) *um meio de alocar os direitos a convergir para uma solução eficiente, dada uma certa estrutura dos custos de transação*. São passíveis de crítica essas posições – infelizmente muito frequentes – que, mediante a rápida invocação à "correta alocação de direitos", assumem que as hipóteses (a) ou (b) levam a resultados eficientes em universos com custos de transação positivos, qualquer que seja a categoria ou magnitude destes custos.

sidade de Yale, expôs algumas ideias parcialmente convergentes e de importância equivalente para o assunto.

5. Calabresi e o custo dos acidentes

Em 1960, Guido Calabresi escreveu o artigo intitulado "Algumas considerações sobre a distribuição de riscos e o direito dos danos"[20] e logo publica, em 1970, *Os custos dos acidentes*.[21] Durante as décadas de 1950 e 1960 nos Estados Unidos se havia produzido uma ebulição notável de ideias em torno dos acidentes de carro e apareceram várias propostas, na forma de *planos abrangentes* projetados para lidar com esse assunto. Neste contexto, o esforço de Calabresi, sistematizado no livro já mencionado, tenta dar embasamento teórico aos distintos segmentos das propostas empíricas que se encontravam em discussão.

A obra começa por discutir o que ele chama "mitos", então em pleno vigor e que, na sua opinião, semeavam confusões sobre o assunto. Argumenta não ser verdade que a sociedade queira evitar acidentes a qualquer custo. Tampouco que haja uma lei econômica inexorável que decida o modo "certo" para alocar o custo de perdas. Também nega que, quando os doutrinadores e tribunais falam de *distribuição de risco*, tenham um objetivo específico em mente. E, finalmente, que é evidente que os custos de um evento danoso devem ser atribuídos à vítima ou ao autor de danos.

A partir daí, seu trabalho tem um caminho muito particular. Propõe-se a estudar o sistema de danos na circulação de veículos tendo em mente dois objetivos principais: primeiro, a justiça, em seguida, a redução dos custos sociais. Com relação à justiça, Calabresi entende como sendo um conceito evasivo e muitas vezes negativo. Que é mais fácil saber-se que coisas nós consideramos *injustas* de um sistema do que determinar, de forma positiva, se um sistema é justo. Que as decisões tomadas a respeito, tanto de forma "coletiva" (no sentido a que este termo se propõe),[22] como aquelas que empregam *mecanismos de mercado*, podem, ambas,

---

20. CALABRESI, G. Some Thoughts on Risk Distribution and the Law of Torts. *Yale Law Journal*, 70, p. 499, 1960.
21. CALABRESI, G. *The Costs of Accidents. A Legal and Economic Analysis*. New Haven y Londres: Yale University Press, 1970.
22. Distinguir entre decisões ou mecanismos de *specific deterrence* (que normalmente é traduzida como "*prevenção especial ou específica*" embora provavelmente estes termos em castelhano não captem exatamente todo o sentido daqueles) e *general deterrence*. Chama-se também esta última de "market deterrence" enquanto simplesmente estabelece "preços" às violações que o sujeito pode pagar, ou não. Se alguém prevê que, por realizar uma certa ação, deverá pagar uma indenização de 5, pode decidir agir ou não. Se prevê que sua atividade vá gerar-lhe uma renda de 2, provavelmente não o fará. Por outro lado, as medidas de *specifc deterrence* tendem a ser decisões que não gerem ônus para o sujeito avaliar o custo-benefício de sua ação, a menos que o Estado determine, diretamente, a impossibilidade

ser justas ou injustas e que um certo marco institucional em um setor do Direito de Danos pode ser justo, mas o mesmo tipo de instrumentos pode ser injusto em outro [setor]. Consequentemente, em que pese o valor prioritário que norteia a justiça a respeito da redução de custos, opta em postergar o tratamento da primeira e estudar, em primeiro lugar, as questões concernentes ao segundo objetivo para, finalmente, avaliar tais métodos e sistemas em termos de justiça.

Conclui-se que o objetivo geral de reduzir custos sociais pode subdividir-se em três. Em primeiro lugar, o que se denomina *redução primária* e que consiste na diminuição do número e/ou severidade dos acidentes. Isto pode ser obtido proibindo-se determinados atos ou atividades, ou tornando mais onerosas estas ditas atividades e, portanto, menos atrativas.

O que se chama *redução secundária de custos* é algo mais difícil de distinguir. Tratar-se-ia, por exemplo, dos custos sociais derivados da impossibilidade de recuperação eficaz das vítimas, caso não recebam uma compensação oportuna. Uma fratura óssea mal curada pode levar a uma deficiência. E isso pode acontecer se a vítima carece de recursos para obter o tratamento médico em tempo oportuno. Um pagamento oportuno, no entanto, poderia evitar este custo social secundário. Os meios básicos que se estuda para lidar com este efeito são a distribuição de custos ("loss spreading") e a transferência dos mesmos a uma parte que possa, realmente pagá-los ("deep pocket"). Ambos os mecanismos não são idênticos, embora – como começa a parecer – por vezes se confundem. As razões para estes dois modos de distribuição dos custos podem ser expressas em duas proposições simples:

a) Tomar uma grande soma de uma pessoa provavelmente resultará em uma distorção economicamente importante comparativamente a levar pequenas quantidades de muitos.

b) Mesmo se a distorção fosse a mesma, é mais provável que o sofrimento (cumulativo) fosse menor quando se tomam somas de dinheiro de uma pessoa mais rica, do que quando se onera com as mesmas as pessoas mais pobres.

A primeira – diz Calabresi – é uma generalização empírica, mas parece bastante razoável. A segunda é algo como decidir que é menos provável um efeito distorcivo (em termos de perdas de bem-estar) ao se impor as perdas para categorias de pessoas de grande riqueza. A diferença é que aqui o "spreading" é menor. Não obstante, alega que é preferível uma distribuição menor quando uma parte substancial das perdas se impõe às categorias de pessoas de maior riqueza.[23]

---

de realização dessa ação. Se o objetivo é a redução de custos, se pode entender que sua imposição corresponde também a um cálculo de custo-benefício, mas neste caso realizado *coletivamente* (no sentido de "pela autoridade pública"), e não pelos agentes individuais envolvidos. Tratarei com maiores detalhes destes efeitos no Capítulo III.

23. É uma aplicação da teoria da utilidade marginal decrescente do dinheiro. Esta teoria não tem validade teórica universal, mas é o fundamento de muitas políticas públicas.

Finalmente, uma outra forma de reduzir o custo social envolvido (*redução terciária*) consiste em minimizar os custos operacionais dos sistemas administrativos e judiciais da matéria. Distintos sistemas têm diferentes custos de implementação e gestão, e, portanto, o ponto é altamente relevante.

A distinção de três dimensões estreitamente relacionadas (redução de custos *primária, secundária e terciária*) correspondentes, todas em um mesmo objetivo geral (*redução de custos*) serve para Calabresi tentar o melhor tratamento possível de diferentes modos.[24] A *redução primária*, por exemplo, parece preferível quando envolvidos danos pessoais. Nestes casos, é previsível que a compensação não deixe a vítima no estado anterior ao evento danoso, de modo que não parece indiferente a alternativa entre escolher que o dano ocorra e seja compensado, por um lado, e que não se produza (o dano) de um outro. Num outro tipo de situações, todavia, essa equivalência parece possível.[25]

Para além destes objetivos, adverte o autor, poderia obter-se por meio do Direito dos Danos o saneamento de outros males da nossa sociedade. Lembre-se que ao longo da história, certos criminosos, por exemplo, eram condenados por delitos muito mais leves do que seus maiores crimes,[NT4] mas todo esse mecanismo indireto serviu, implicitamente, para o mesmo objetivo que – por razões distintas – não pode ser cumprido pelas *vias aparentemente mais diretas*. Não obstante, entenda-se, este procedimento nem sempre é mais adequado. Às vezes, por exemplo, visa promover alguma atividade se desonerando responsabilidades, como foi feito em muitos países com as companhias aéreas. Mas parece que é economicamente mais razoável subsidiar economicamente ediretamente uma atividade do que eximi-la de responsabilidades. Da mesma forma, entenda-se, não parece incondicionalmente correto tentar corrigir redistribuição de renda por meio do sistema responsabilidade por danos. No entanto, é uma boa razão para considerar injusto um sistema – e para vetá-lo – o fato de que um sistema desse tipo agrava a distribuição injusta de renda ou que favorece a formação de monopólios.

6. Posner e Shavell: Os modelos consagrados

Alguns anos após a publicação de "Os custos...", aparece o trabalho de Richard Posner intitulado *Economic Analysis of Law* [26] e mais de uma década mais tarde

---

24. Esta divisão, não obstante, é apenas indicativa. O próprio Calabresi, assinala: "(...) the differences between primary and secondary accident costs are not fixed nor are they always clear...The same is true with respect to tertiary accidents costs (...)" (*The Costs of...* cit., 1970, p. 29).
25. CALABRESI, G. *The Costs of...* cit., 1970, p. 30-31.
NT4 Vide o famoso caso de Al Capone, condenado (1931) a 8 anos de prisão por sonegação de impostos, embora seus crimes abrangessem formação de quadrilha, dano, corrupção ativa, homicídio e contrabando de bebidas.
26. POSNER, R. *Economic Analysis of Law*. Boston Little, Brown & Co., 1973.

um trabalho do mesmo autor em colaboração com William Landes, *The Economic Structure of Accidente Law*,[27] e o livro *Economic Analysis of Accident Law*[28] do atual Professor de *Law & Economics* na Faculdade de Direito da Universidade de Harvard, Steven Shavell.

A primeira destas obras objetiva ser um manual completo que compreenda, de uma maneira geral, a análise econômica de uma ampla variedade de áreas do Direito.[29] A segunda obra, e muitos trabalhos posteriores se direcionam especificamente, no entanto, a AEDD. Com diferenças importantes no modo de exposição, a novidade principal – em relação aos trabalhos de Coase e Calabresi – de que ambas compartilham, é o tratamento matemático detalhado na maior parte do tema em questão. Esse tipo de tratamento tinha sido inaugurado, na responsabilidade extracontratual, pelo trabalho de Brown, publicado em 1973.[30]

O conjunto de modelos básicos, mais frequentemente utilizado como um ponto de partida para investigadores da área, está contido nas referidas obras.[31] Um modelo, de maneira geral, não é mais do que um esquema analítico deliberadamente simplificado. Os modelos matemáticos são somente um tipo possível de modelos e, além disso, não há nenhuma razão intrínseca para que um modelo econômico deva ser matemático. No entanto, frequentemente se usam na economia atual estes modelos que consistem em conjuntos de equações projetadas para descrever uma certa estrutura.[32]

Tanto em Coase como em Calabresi, está subjacente nestes tratamentos a ideia de que os danos que ocorrem em uma sociedade não compreendem apenas um problema distributivo privado (que o autor do dano deva transferir ou não uma quantia em dinheiro, a título de compensação, à vítima), mas que também afetem a riqueza total da comunidade – que, se presume, está relacionada ao seu bem-estar. Assim, se alguém, por causa de sua atividade, incendeia uma fábrica próxima, ainda que logo depois indenize completamente o seu proprietário, determinará com sua ação uma

---

27. LANDES, W. M.; POSNER, R. *The Economic Structure of Tort Law*. Harvard University Press, 1987.
28. SHAVELL, S. *Economic Analysis of Accident Law*. Harvard University Press, Cambridge, 1987.
29. É, para muitos, a publicação individual que mais impacto teve sobre a disseminação da Law & Economics.
30. BROWN, J. P. Toward an Economic Theory of Liability. *Journal of Legal Studies*, vol. II, p. 323-349.
31. Na época próxima ao aparecimento destas obras foi publicado também um grande número de artigos específicos na área. Não obstante, as obras em questão – basicamente a de Shavell – passaram a firmar as principais ideias sobre o assunto.
32. CHIANG, A. C. *Métodos Fundamentales da Economía Matemática*. 3. ed. México: Mc Graw-Hill, 1998.

diminuição no estoque de ativos na sociedade: antes havia um bem (a fábrica) que agora terá deixado de existir. O dono perdeu, mas também, por agregação, a sociedade em geral. Não obstante, mesmo após ocorrido o evento prejudicial, a perda social é – nesse sentido – irreparável. Caso haja a possibilidade de se deparar *ex ante* com a produção de efeitos, a conduta não será igual àquela do causador do dano – então ainda *potencial* – se for possível prever quem vá responder por este fato, diferentemente da situação em que não se espera sofrer consequências desagradáveis por ações ou omissões. O cuidado tomado em sua atividade, o investimento que decida efetuar em medidas de prevenção, e na intensidade com que realize a atividade em si, não serão, provavelmente, idênticos em ambas situações.

O comportamento do provável autor do dano pode ser visto, aqui, em relação ao seu próprio interesse. Se este não responder de nenhum modo, seu interesse em prevenir previsivelmente seria (senão zero) menor do que se encarasse uma indenização. Por outro lado, se antever que deverá responder, investir em prevenção não será para esse sujeito mais que um meio destinado a evitar uma consequência desagradável (pagar uma indenização).

A partir destas afirmações podem derivar várias conclusões: em primeiro lugar, as regras de responsabilidade operam como incentivos para que as pessoas façam ou deixem de fazer certas coisas.[33] Pelo exposto, supõe-se que a conduta das pessoas pode reagir a estímulos positivos e negativos e que, portanto, se alguém pode prever que a realização de um ato ou atividade terá consequências mais nocivas que valiosas, não o executará, ou modificará suas ações, ao passo que tenderá a realizar tal ato ou atividade na condição inversa. Os sistemas de responsabilização, neste sentido, impõem (ou não) consequências indesejáveis, seja por ter que lidar com a compensação (o autor do dano) seja por ver-se impossibilitado de recebê-la, apesar de ter sofrido uma lesão (a vítima). Um sistema de responsabilização que tende à eficiência, portanto, deve alinhar os incentivos para que as ações dos indivíduos, guiados exclusivamente para seu próprio interesse, conduza por sua vez, à melhor situação possível social. O custo social será a soma dos custos privados, entendidos como aqueles que sofra qualquer dos membros da sociedade.

A análise distingue a existência de dois tipos básicos de agentes: autores e vítimas.[34] O custo social consiste, em princípio, de três elementos: a perda causada

---

33. Essa hipótese provém da análise microeconômica tradicional que supõe que os agentes econômicos se comportam *racionalmente* ao escolher a alternativa mais conveniente entre as que estão ao seu alcance. Para além desta ligeira caracterização, o âmbito exato dessas ideias é uma questão de grande complexidade e um campo inacabado de investigação.

34. Esta classificação é, obviamente, maleável, uma vez que todas as pessoas podem adotar uma ou outra qualidade, mas o que importa é que se pode estudar qual será sua conduta quando se comportam como uma vítima em potencial e quando o fazem como um potencial autor de danos.

pelo fato do dano ou impacto uma vez ocorrido,[35] o custo de prevenção[36] e o custo de administrar o sistema de responsabilidade civil.

No esquema proposto por Shavell – e de modo bastante generalizado – faz-se referência a *danos unilaterais* (ou – melhor – de causação unilateral) naqueles casos nos quais apenas o autor do dano pode influenciar na probabilidade de que ocorra o fato prejudicial e da quantidade de perdas geradas, enquanto se ambos os agentes podem influenciar na probabilidade e/ou gravidade do dano, está-se referindo a *danos bilaterais* (de causação bilateral).[37]

A versão mais simples deste tipo de modelo corresponde ao caso dos *danos extracontratuais de causação unilateral*, nos quais se considera o *nível de precaução* o único determinante do risco. Supõe-se, para começar, que ambos os agentes – autor do dano e vítima tem a informação completa sobre a probabilidade e gravidade do dano associadas com cada nível de precaução e não são considerados os custos administrativos do sistema.

Este modelo elementar pode ser representado por um simples conjunto de funções contínuas que podem se converter facilmente numa representação gráfica. A matemática, não obstante, não é geralmente uma linguagem conveniente para os profissionais do Direito em geral. No entanto, um exemplo numérico que prescinda de toda a sutileza e envolva adições, subtrações e multiplicações simples, talvez possa servir de ilustração.[38]

---

35. A *perda* pela ocorrência do evento prejudicial pode ser interpretada como o valor monetário destruído em bens de natureza patrimonial (danos materiais) ou como a perda de bem-estar de uma classe diferente (danos morais). A análise econômica deste último tipo de dano tem questões altamente complexas a que me refiro no Capítulo VI.
36. A precaução pode ser interpretada como a diminuição da quantidade consumida de um bem ou a quantidade a ser feita de uma atividade específica (neste caso, com a ressalva que vou fazer mais adiante quanto à possível distinção entre *precaução e nível de atividade*), como o esforço e atenção com que executa uma atividade, ou os gastos com medidas de segurança.
37. Em outra ocasião (ACCIARRI, H. A.; CASTELLANO A.; BARBERO, A. Análisis Económico de la Responsabilidad Civil: la Obligación Tácita de Seguridad en el Proyecto de Reforma al Código Civil Argentino de 1998. *Anales de la Asociación Argentina de Economía Política*, 1999. Disponível em: [www.aaep.org.ar/espa/anales/ pdf_99/acciarri_castellano_barbero.pdf]. Propôs-se chamá-los "causalidade unilateral" e "de causalidade bilateral" para distinguir aqueles em que duas pessoas são mutuamente autores do dano e vítimas. Se A causar danos a B e B causa a A (num caso típico de colisões entre veículos), é intuitivo falar-se sobre um caso de *danos bilaterais*, ainda que isto não seja o sentido em que é utilizado o termo nesses esquemas.
38. Para um tratamento mais técnico a partir desse ponto de vista e com referência ao Direito Argentino, ACCIARRI, H. A.; CASTELLANO, A.; BARBERO, A. Daños, Instituciones e Incentivos. Hacia un modelo unificado de responsabilidad civil contractual y extracon-

Suponha que nós consideremos que um aumento no nível de precaução reduz a probabilidade de ocorrência do evento prejudicial ou sua magnitude, e que esta maior precaução aumenta, também, o custo de prevenção. Claramente você pode gastar muito e prevenir pouco, supondo-se que o dinheiro investido em cuidados foi gasto corretamente.[39]

Imagine, então, que estamos diante de um caso em que sabemos que:

- Se o potencial autor do dano não adota qualquer cuidado, a vítima sofrerá um dano que se pode avaliar em 9.
- Adotadas certas medidas preventivas a um 5 custo, irá gerar um dano de 2.
- E, finalmente, implementado outro conjunto de medidas – a um custo de 10 –, causará um dano à vítima de apenas 1.

Ao falar sobre *custos de perdas*, pode-se fazer referência a seu *valor esperado*, entendido como uma combinação de probabilidade e magnitude. Por exemplo, uma magnitude de 200 que pode acontecer com uma probabilidade de 10%, tem um valor esperado de 20, tal como uma magnitude de perdas de 4.000 quando pode ocorrer com uma probabilidade de 0,5%. No entanto, não é necessário enfatizar este ponto para compreender o raciocínio simples que se segue.

Suponhamos, então, que estas três possibilidades de prevenção são as únicas concebíveis e que respondem aos valores retromencionados, refletida na tabela abaixo. Logo, a última coluna não é mais que a soma das anteriores e corresponde ao total dos custos suportados pela sociedade, que neste caso é limitado ao custo dos dois únicos agentes considerados (o autor do dano, que adota a precaução e a vítima, que sofre os custos do dano quando isso acontece).

Custo de prevenção	Custo das perdas	Custo social
0	9	9
5	2	7
10	1	11

O gráfico contém a representação das mesmas quantidades. O eixo horizontal (abscissa) reflete os custos das medidas preventivas, e o vertical (ordenada), o custo social, isto é, a soma dos custos de prevenção e os custos de danos.[40]

---

tractual. *Anales de la Asociación Argentina de Economía Política*. Disponível em: [www.aaep.org.ar/espa/anales/pdf_01/acciarri_castellano_barbero.pdf].

39. Um ponto muito importante aqui é o vasto campo do que é chamado de *precaução ou prevenção*. Vou estender-me um pouco mais em relação a estes aspectos quando me refiro aos resultados da aplicação de um sistema de responsabilidade objetiva sobre o exemplo.

40. Como indiquei anteriormente, trata-se unicamente de um exemplo com três possibilidades *discretas*. A suavidade da curva está apenas relacionada com a estética de sua

Custos de Prevenção e Custos Sociais dos Danos

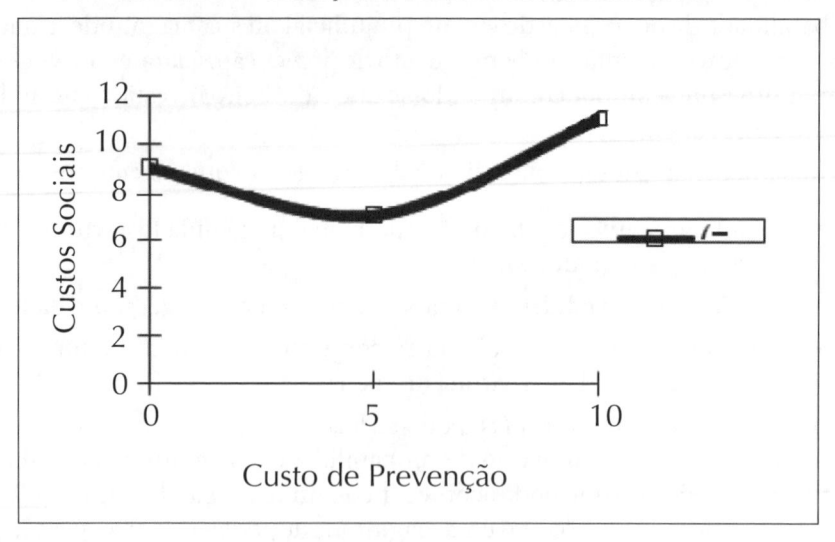

[Gráfico: eixo Y "Custos Sociais" de 0 a 12; eixo X "Custo de Prevenção" de 0 a 10; curva em U com mínimo em (5, 7), passando por (0, 9) e (10, 11).]

Se a finalidade é – unicamente – minimizar os custos sociais, o nível de precaução ótima neste caso será – claramente – de 5. Segundo as condições estabelecidas como ponto de partida, o custo dos danos dependerá exclusivamente da prevenção do causador e esse conjunto de medidas que custa 5 assegurará que o dano chegue a 2 (nem mais, nem menos do que esta quantidade), pelo qual o custo social será de 7. Mais prevenção irá reduzir o custo dos danos, mas também consumirá mais recursos, e aqui, gastar esses 5 adicionais em prevenção (para chegar a 10) apenas reduzirá em 1 as perdas (passarão de 2 para 1). Esta última possibilidade irá gerar um custo social total de 11 (o que é obviamente maior do que a primeira possibilidade, onde somente chegava a 7).

Em suma, um sistema que busca minimizar custos sociais deveria gerar os incentivos apropriados para que o potencial autor do dano adote essas medidas que custam 5. Nada mais e nada menos.

Neste estado básico da análise se pode considerar três tipos de sistemas jurídicos legais para avaliar qual deles é o melhor para atender o objetivo. A título de simplificação, não vamos considerar nenhum detalhe específico destes sistemas (como as variantes derivadas dos diferentes critérios possíveis de causalidade ou

---

representação e não indica uma função contínua. *NT: A expressão *discreta* está sendo usada no sentido estatístico da palavra, indicando possibilidades limitadas em um conjunto. Por exemplo, no conjunto discreto de 1 a 3, temos apenas três possibilidades que são os números 1, 2 e 3. Já em um conjunto de variáveis contínuas, podemos ter 1,5; 2,2; 2,91 etc.

questões relacionadas com a ilegalidade), e assumir que não haja nenhuma outra influência, seja externa a este ordenamento jurídico em geral (como por exemplo, moralidade), ou interna ao sistema em qualquer de seus ramos (normas administrativas, penais etc.) que afete a conduta do nosso abstrato autor potencial do dano.

Como um resultado:

Ausência de responsabilidade

Imagine, como primeira possibilidade, um sistema jurídico no qual não exista nenhuma responsabilidade por danos. Alguns críticos de todo desavisados em análise econômica das instituições costumam pensar que este tipo de análise conduza a proceder deste modo. Supõem que se não se tende a eliminar a responsabilidade, pelo menos, leva a reduzir o montante indenizatório a um mínimo politicamente possível na busca de produzir riqueza. No entanto, é fácil de ver que estas possibilidades são claramente ineficientes. Se o autor do dano não devesse encarar qualquer responsabilidade pela suas ações e suas motivações são aquelas que já expliquei, então o nível de precaução seria 0, o que elevaria o custo social a 9, que é, obviamente longe do ideal. Além disso, de acordo com os pressupostos gerais (usando funções contínuas das características comumente utilizadas neste fim) pode ser provado matematicamente que qualquer indenização que não corresponda ao total do dano causado irá determinar um resultado ineficiente. A observação óbvia é que a análise econômica convencional de tais situações econômicas normalmente não é o que alguns acreditam, nem chega tão facilmente aos resultados que alguns dos seus críticos temem.

Responsabilidade objetiva

Suponha-se – seguindo o raciocínio – que o caso em estudo está incluído na seara de responsabilidade objetiva. É indiferente que fator de atribuição determine esse quadro: simplesmente interessa aqui que o autor do dano, com base neste hipotético sistema que tentamos estudar, responda por todos os danos causados, independentemente da diligência com que tenha atuado.

Aqui também pode haver uma confusão muito frequente. É comum pensar-se que os sistemas de responsabilidade objetiva eliminam os incentivos para prevenção. Se, em última análise, sempre haverá responsabilização – se poderia intuir – do eventual autor do dano, este não teria nenhum interesse para investir em prevenção. Pelo contrário, pode destinar o que investe nisso para pagar as indenizações que sobre ele recaiam.

O problema com esse raciocínio é que ignora que a causa de danos em tais casos, depende *unicamente da prevenção, e prevenir menos, gerará maiores indenizações*. Logo, o autor potencial do dano, neste exemplo, preferirá assumir o menor nível de custos *totais* (custos de prevenção + indenização). Se o valor da indenização a suportar coincide com os danos causados, então o custo total a cargo do autor do dano coincidirá com o custo social, e, portanto, esse sujeito decidirá adotar o nível de prevenção que implica num custo 5. Fará isto por buscar seu próprio interesse, e com objetivos meramente "egoístas". Nestas condições e com as bases expostas, o sistema de responsabilidade objetiva será eficiente.

Responsabilidade subjetiva

Como sugeri antes, no âmbito jurídico dos países de herança romano-germânica, a caracterização da culpa não se vincula explicitamente às considerações de custo, mas sim a padrões representados por modelos ideais ("bonus pater familiae" "bom comerciante") ou por referência a conjuntos de práticas sociais ("as diligências que exigem a natureza da obrigação correspondente às circunstâncias de pessoas, tempo e lugar"). Em ambos os casos, em que pesem as divergências, subsiste a ideia de exigências mínimas. A partir deste limiar mínimo de precauções, o indivíduo que as cumpra não será culpado, independentemente de assumir diligências excessivas sobre este padrão mínimo. E se a responsabilidade – em um determinado gênero de casos – requer sua culpabilidade, essa ausência de culpa determinará a correspondente falta de responsabilidade.

Essas ideias sobre culpa podem correlacionar-se com níveis de custos, quando avaliadas como sacrifícios ou desconfortos que tendem a diminuir a probabilidade e/ou a magnitude de um dano. Às vezes podem se referir a dispositivos muito óbvios, tais como cintos de segurança ou *airbags*. Outros, no entanto, podem envolver custos mais sutis, como os atos de olhar no espelho retrovisor, acionar sinais de luz para fazer curvas ou reduzir a velocidade. Todas estas operações envolvem, por este raciocínio, "custos" visto que são encargos, inconvenientes ou sacrifícios que o agente não assumiria se não quisesse se prevenir. A avaliação monetária destes custos menos óbvios é uma questão interessante, mas independente da sua caracterização conceitual.

Duas observações podem servir para complementar essas ideias. Primeiramente, este curso de ações destinadas a prevenir a assunção de custos, para ser integrado ao raciocínio requer presumir-se que se trata de "dinheiro bem gasto":[41] se um motorista excêntrico decidiu instalar um sistema de freios de ouro, seguramente arcaria com um custo superior ao que demandaria um sistema comum, mas isto não resultaria em melhor prevenção, de modo que não pode ser considerado que a totalidade do custo do sistema se traduziria diretamente em custo prevenção. Além disso, por vezes indica-se usando termos como "imprudência" que a culpa pode também consistir em fazer mais do que se deveria. No entanto, mesmo nestes casos, o sujeito que se comporta imprudentemente, ainda

---

41. Há recursos técnicos bem mais precisos para abordar esta questão. A explicação aqui tenta ser o mais intuitiva possível.

que gaste mais por fazê-lo (por exemplo, gastaria mais combustível dirigindo a uma velocidade maior), assume custos mais baixos de prevenção em relação àqueles que gastaria para cumprir a conduta devida, dado que aquilo que se faz a mais (conduzir acima da velocidade, no exemplo anterior, ou se envolver em tarefas para as quais carece de competência etc.) tende a satisfazer os desejos particulares do sujeito que realiza, mas isso não importa em um sacrifício a seu bem-estar, sacrifício este que tende a evitar.[42]

Com essas ressalvas, parece razoável pensar em um nível dos custos de prevenção para traduzir esta ideia de mínimo exigível. Superar este mínimo – investir mais na prevenção – será sob o ponto de vista da configuração da culpa, irrelevante. Investir a menos, pelo contrário (seja qual for o montante em questão), importará na existência de culpa.

Para determinar este mínimo exigível, os analistas geralmente começam assumindo que o mesmo corresponde ao ótimo[NT5] social. Isto significaria, em nosso exemplo, que o causador do dano seria considerado culpado se não adotasse, pelo menos, essa prevenção que se traduz num custo de 5. Para além das mudanças dos conceitos usuais de culpa e custos, que esse ponto de inflexão entre *culpa e ausência de culpa* se situe em um ótimo social, deflagra uma questão complexa. Essa identidade poderia dar-se por várias circunstâncias, quer por acaso, quer pela decisão de um legislador ou um juiz eficientista que interpreta as normas sob este critério, ou porque o grau de diligência que se considera exigível na sociedade (se a culpa é determinada com base neste padrão), coincida – por algum motivo – com esse ótimo. Mas suponhamos por hora que isso assim ocorre e que o causador do dano será considerado culpado se não assume ao menos, frente às opções do exemplo, um custo de prevenção de 5.

Sob estas condições, por conseguinte, o potencial causador do dano pode adotar uma das três possibilidades.

- Se decide não investir em prevenção (investimento 0), deve responder por 9, que é o custo total a enfrentar.
- Se decide, por outro lado, investir 5, terá alcançado o nível de diligência exigido, e portanto, não se responsabiliza por quaisquer danos que possa causar, dada a sua falta de culpa, que constitui – por hipótese – uma das condições necessárias para o nascimento da responsabilidade neste sistema.
- Se finalmente investe 10, tampouco será responsável, mas terá enfrentado um custo superior ao mínimo possível: 10 contra pelo menos 5.

---

42. A discussão detalhada destas situações excede os propósitos deste trabalho.
NT5 No sentido Pareto-potencial ou de Kaldor-Hicks, já explicado.

Assim, segundo os fatores iniciais, o causador do dano se verá inclinado a adotar um nível de investimento em precaução de 5. Isto coincide com um ótimo, e portanto, o sistema chegará a um resultado eficiente.

A partir desta simples análise e segundo os pressupostos assumidos, pode concluir-se que:

- Na *ausência de responsabilidade* os autores do dano não tomarão precaução. O sistema será ineficiente.
- No sistema de *responsabilidade objetiva*, escolherão o nível de precaução socialmente ideal, pelo qual o sistema irá ser eficiente.
- No *sistema de responsabilidade subjetiva*, também escolherão o nível de precaução ideal que é o mesmo que dizer que o sistema conduz a resultados eficientes.

Estas conclusões resultam, por certo, declaradamente otimistas no que concerne à relação dos sistemas de responsabilidade e eficiência. Não obstante, uma análise mais elaborada leva a conclusões diferentes.

Um economista neoclássico poderia questionar, por exemplo, que o primeiro caso (ausência de responsabilidade) também levaria a um resultado eficiente. Isto ocorreria porque a vítima teria incentivos para pagar o causador do dano para adotar o nível ideal de cuidado. Pagaria algo mais do que 5 para que o causador do dano investisse 5 em prevenção e revertesse em seu favor alguma quantidade que seria sempre um benefício para esse causador do dano. A vítima também se beneficiaria, já que a outra alternativa seria sofrer um dano de 9, sem qualquer compensação posterior.

A este raciocínio se poderia responder que na realidade as vítimas não conseguem identificar e negociar indeterminadamente com futuros autores de danos, de uma forma razoável, pelo que esta solução é praticamente impossível. No entanto, se poderia questionar, novamente, o que há de realista, então, em pensar que o causador do dano ou o juiz podem conhecer o ponto ótimo de investimento em prevenção. As mesmas imperfeições anteriores, próprias da realidade, também afetam esta suposição.

Esses debates simples motivam, também, outro tipo de comentários. Em primeiro lugar, a identidade de resultados entre os sistemas de responsabilidade objetiva e subjetiva é apenas alocativa, mas não distributiva. Ainda que em ambos os casos o autor do dano assuma um custo de prevenção de 5 e o custo social seja de 7, sob um sistema de responsabilidade objetiva o causador suportará integralmente esse custo total, enquanto sob um sistema de responsabilidade subjetiva, somente será onerado em 5 e a vítima em 2. Os sistemas também diferem nos custos administrativos que geram a sua implementação.

Para quem se introduz neste tipo de análise, geralmente chama a atenção que, quando os modelos são mais complexos, os resultados variam diametralmente. Poderíamos estar inclinados a predizer que sucessivas elaborações fariam diferir as conclusões em aspectos de detalhe, mas o seu conteúdo básico deveria permanecer inalterado. No entanto, isto não acontece.

Uma das elaborações mais simples consiste em assumir que *também a vítima* pode influenciar o evento danoso – o que parece bastante realista. Também se pode pensar que a precaução não é uma entidade única que pode ser observada de modo completo e definitivo, mas inclui muitas circunstâncias que podem ser interpretadas como *dimensões* do mesmo problema. Na circulação de automóveis, por exemplo, podem constituir medidas de precaução tanto contar com o espelho retrovisor quanto olhá-lo com certa frequência. No entanto, a falta de um espelho é mais facilmente perceptível como um sinal de cuidado insuficiente do que sua falta de uso. Se generalizarmos este tipo de problema, pode-se sugerir que nos sistemas de responsabilidade subjetiva, todas as dimensões da culpa *só geram incentivos suficientes para controlar aquelas condutas facilmente perceptíveis*, ainda que as restantes influam, também, no resultado da conduta.

Um aspecto de particular interesse ocorre quando se distingue o *nível de atividade* dos envolvidos como uma *variável autônoma*. Nestes casos se pode observar um resultado muito interessante, enquanto o benefício (privado e, em seguida, social), em alguns casos, *aumenta* na medida em que mais atividade se leva a cabo, mas que esse *aumento é menor do que o aumento de tal atividade*. Logo, se nos situamos em um sistema de responsabilidade subjetiva e o aumento do *nível de atividade* (que consiste, por exemplo, em aumentar a distância percorrida, para um pedestre, ou a quantidade de quilômetros percorridos por um motorista) não está incluído dentro das dimensões perceptíveis de cautela esta implica que aqueles que se envolvem em tais atividades não têm nenhum incentivo para se restringir ao ideal social. Logo, nestas novas condições, os sistemas de responsabilidade subjetiva darão resultados ineficientes.[43]

Em suma, este breve apanhado de alguns refinamentos possíveis destina-se a expressar que, em certa medida, as conclusões básicas, tão otimistas em torno da eficiência de ambos os sistemas de responsabilização (objetiva e subjetiva) se enfraquecem. Basta incluir no modelo a culpa da vítima no dano e distinguir o nível de atividade como variável autônoma (ao mesmo tempo), para que as conclusões passem a ser aparentemente pessimistas em todos os casos: sob estas condições *nenhum* de ambos os sistemas usuais será eficiente.

---

43. Desenvolvemos este caso de forma mais ampla (e também, de modo formal) em ACCIARRI, H. A.; CASTELLANO, A.; BARBERO, A. Análisis Económico de la Responsabilidad Civil ... cit.

Mais ainda: outras instituições comuns, tais como seguro de responsabilidade civil, incidem de modo determinante nos aspectos previsíveis dos sistemas. A análise dessas mesmas instituições – a partir de suas versões um tanto detalhadas –, conduz a conclusões igualmente pessimistas em relação à consistência dos sistemas que as incluem e a eficiência.[44]

7. Algumas reflexões finais (que não importam em conclusão)

Os parágrafos anteriores estão longe de prover material suficiente para tirar conclusões definitivas. Podem ensejar, no entanto, alguns comentários.

Em primeiro lugar, se as consequências empíricas de normas e decisões jurídicas *importam*, parece razoável explorar as ferramentas para predizer a influência do Direito na conduta dos indivíduos. Se, entre essas consequências, se entende que a eficiência é um objetivo socialmente valioso, é útil prever que conjunto de condutas conduziu a essa meta. Esta noção de eficiência provavelmente se manifesta em muitas situações em que sentimos ser razoável ou justo exigir de alguém um esforço privado, quando esse ônus determine um benefício que estimamos superior para outros membros da sociedade. Se um professor supõe que a porta aberta da sala de aula gera uma perda de bem-estar para os ocupantes da mesma (por exemplo, porque entra uma corrente de ar frio ou um nível de ruído inconveniente), provavelmente pedirá ao aluno mais próximo que a feche e dificilmente solicitará isto a alguém localizado longe daquela porta. Essa decisão poderia ser interpretada à luz de tais ideias: há aqui um benefício previsível desta ação, que se supõe preferível ao custo envolvido para o indivíduo sujeito a executá-la. O mesmo benefício poderia ser obtido se qualquer outro aluno ou o próprio professor fechassem essa porta, mas parece razoável que o faça quem pode obter o efeito desejado com o mínimo ônus (o menor custo). O mesmo estudante provavelmente envolvido considera natural que se lhe solicite suportar este pequeno esforço exigido (suportar o custo) em tais condições.

Pode-se questionar muitos aspectos deste argumento. Pode-se pensar que esta exposição que parece justa neste caso, não pode ser generalizada para todas as situações. Que não se pode equiparar o custo de se levantar e mover uma porta com o de perder um membro ou a vida de um ente querido por causa do interesse social que se traduza, por exemplo, na produção de alguns automóveis adicionais, embora estes tenham um valor de mercado superior à indenização pelos danos pessoais envolvidos. Pode-se questionar também que o hipotético professor não pediria sempre ao aluno mais próximo esta ação, mas avaliaria outras coisas (não pediria, por exemplo, a alguém que sofre de uma deficiência motora, ainda que estivesse mais próximo da porta). Ou ainda, não se poderia saber se o desconforto subjetivo do aluno mais perto da porta não teria impacto sobre seu bem-estar, ao invés do impacto da ação de um aluno mais distante, por conta própria.

---

44. Tratarei de alguns destes aspectos com mais detalhes no Capítulo V.

Essas objeções, entretanto, não refutam a modesta premissa inicial, consistindo, simplesmente, que *em certos casos* pode ser considerado valioso *mostrar certas situações do mundo* eficientes (ou superiores a outras). E isto é suficiente para sustentar a importância de estudar as possibilidades de prever a influência das normas e decisões jurídicas, na obtenção destes estados de coisas. Numa versão modesta, pelo menos, pode-se pensar na eficiência como um objetivo desejável entre muitos, nem sequer prioritário, mas *coeteris paribus*[NT6] faria com que se preferisse um estado de coisas a outro. Se ao menos um tanto disto for real, não parece trivial estudar-se os efeitos das regras de responsabilidade frente a sua eficiência. A impossibilidade de alcançar o estado ideal por meio do funcionamento dos ordenamentos jurídicos reais, por outro lado, tampouco é uma boa desculpa para não estudar e distinguir as formas de chegar a resultados superiores e inferiores. A imperfeição da realidade e nossas limitações teóricas impedem o primeiro, mas não o suficiente para isentar-nos do último: ao contrário, é possível identificar setores ou gêneros de casos, nos quais certas restrições são mais prementes do que outros e – em uma fase diferente – consequentemente, agir.

Não obstante, ainda se descartarmos que a busca da eficiência possa resultar – em qualquer medida – proveitosa, todavia poderia ser importante prever a influência do sistema jurídico com relação *a outros* fins que se estimem desejáveis, ainda que em aspectos muito parciais do sistema. Poderia levar-se em conta, por exemplo, as diferenças entre sistemas distintos de controle de danos com relação, não à *alocação* dos recursos e esforços (problema relacionado com a eficácia), mas sim a sua *distribuição* entre vítimas e autores dos danos. Este tipo de questões, como visto numa análise simples dos sistemas de responsabilização objetiva e subjetiva, também pode ser estudado pelos métodos antes expostos.

Neste sentido, não pareceria muito razoável dizer que a *distribuição* não é objeto de análise econômica, mas uma sombra de dúvida poderia surgir com relação a outros aspectos, que – poder-se-ia – não dizem respeito à Economia. No entanto, de um modo um tanto mais sutil e mais geral, poder-se-ia observar que a referência à *Economia*, em análises semelhantes às descritas, mostra bem *um certo modo de estudar o comportamento humano e os fatores que o influenciam*. Se assim fosse, não teria lugar a objeção que imputasse que, nesses casos, não se trataria estritamente de uma forma de análise econômica.[45]

NT6 Expressão latina usual no jargão econômico, significando *tudo o mais constante*, ou seja, quando em uma determinada situação, apenas uma variável se modifica, permanecendo as demais estáveis. Tem significado oposto a *mutatis mutandi* (esta sim uma expressão comum no meio jurídico), que se refere a uma situação onde a mudança de uma variável gera mudança de outras que necessariamente acompanham a primeira.

45. É possível realizar este tipo de análise em relação a aspectos muito específicos e muito limitados. Pode coincidir, por exemplo, em que o atraso sem fim nos processos judiciais é indesejável e deixa em suspenso as razões mais profundas pelas quais consideraria

Sob um ponto de vista diferente poderiam ser questionados outros aspectos desta maneira de estudar esses problemas, independentemente da discussão sobre os objetivos que marcam a análise. Poder-se-ia criticar, inicialmente, a excessiva simplicidade ou até a ingenuidade envolvida neste modo de estudar o comportamento e o Direito. Frequentemente surgem ataques que propugnam, por exemplo, que não temos uma informação sequer próxima da perfeição e que isso é suficiente para invalidar todo o tipo de análise desta categoria. Essas objeções, no entanto, normalmente se vinculam à simplicidade *dos exemplos específicos de análise que conhece o pretenso refutador*, mais que as limitações que afetam, em geral, estes métodos de análise. Pelo contrário, essa simplicidade geralmente é muitas vezes característica das exposições básicas, enquanto os modelos avançados podem sofisticar-se indeterminadamente para tentar capturar essas imperfeições do mundo real.[46]

As motivações do comportamento humano seguramente são enormemente mais complexas do que podem captar os simples modelos expostos nos parágrafos anteriores. As correntes *neoinstitucionalistas e behavioristas* da Economia e das Ciências Sociais, por exemplo, concentram boa parte de sua preocupação nestes aspectos. Integram a AEDD essas análises que escapam tão drasticamente aos pressupostos da Economia Neoclássica ou são algo diferente? São abordagens inteiramente alternativas ou podem integrar-se, de forma complementar?[47] Voltando ao aspecto anterior, é possível pensar em AEDD sem referência, por exemplo, a objetivos

---

negativa. E a partir daí, estudar a incidência de algum fator nos incentivos de demora. No Capítulo IX, por exemplo, realizarei uma análise desse tipo.

46. A este respeito, ULEN, T. S. Rational Choice Theory in Law & Economics. In: BOUCKAERT, B.; DE GEEST, G. (eds.). *Encyclopedia of Law and Economics*, Publ. por Edward Elgar.y la Universidad de Gante, Bélgica, documento 0710 1999. Disponível em: [http://encyclo.findlaw.com/tablebib.html]. Precisamente os problemas de informação, custos de transação e restrições e imperfeições da realidade em geral, constituem áreas muito férteis de estudo – e os pesquisadores dessas áreas têm ganho uma boa parte dos prêmios Nobel de Economia entregues nos últimos anos. As exposições elementares procuram unicamente mostrar as peculiaridades mais simples de um conjunto de métodos de análise com familiaridade entre si. Mas esta simplicidade e esquematismo não é inerente a esses métodos, senão às necessidades próprias da exposição introdutória. Mais além dessa estreita fronteira existe uma abundantíssima literatura e uma oportunidade ilimitada de estudar peculiaridades dos agentes e dos sistemas.

47. JOLLS, C. Behavioral Law and Economics. *John M. Olin Center for Studies in Law, Economics, and Public Policy, Research Paper* n. 342 (2006), por exemplo, sustenta "(...) in Richard Thaler's view, the ultimate sign of success for behavioral economics will be that what is now behavioral economics will become simply 'economics'. The same observation applies to behavioral law and economics (...)".

de eficiência?⁴⁸ Provavelmente algumas respostas demasiado categóricas a essas questões envolvem uma excessiva fé nominalista, entendida como confiança em uma relação transcendente e imutável entre os nomes de coisas e as coisas. Talvez seja desinteressante pensar em distinções categóricas entre certos conjuntos de métodos de estudo que compartilham alguma *familiaridade*.

Possivelmente, no entanto, incorporar estes métodos constitua uma melhoria para o debate de algumas questões reconhecidamente relevantes no ambiente do Direito.

---

48. Uma resenha muito interessante em torno das respostas a estas perguntas podem ser encontrada em, MERCURO, N.; MEDEMA, S. *Economics and the Law. From Posner to Post-Modernism*. Princeton: Princeton University Press, 1997.

Capítulo II
A ANÁLISE ECONÔMICA DA RESPONSABILIDADE CIVIL PELOS PRODUTOS*

1. A localização do problema

A responsabilidade pelos produtos é um tema que tem uma importância própria há décadas. Dentro dos sistemas derivados da tradição romanista, os latino-americanos estão atrasados em relação aos europeus continentais, mas hoje se percebe uma tendência confluente. As questões que justificaram a diferenciação deste campo são de várias ordens e não é simples fazer uma recontagem exaustiva das mesmas, embora também não seja difícil perceber algumas muito visíveis. Nesta matéria, por exemplo, geralmente se misturam problemas de responsabilidade contratual e extracontratual: se alguém compra duas garrafas de cerveja e entrega uma a seu amigo, o primeiro terá uma relação contratual com o vendedor, mas o segundo será um terceiro. E ambos serão terceiros com relação à empresa fabricante da cerveja. Para a generalidade dos sistemas jurídicos que preveem diferenças de tratamento para a responsabilidade contratual e extracontratual, tais diferenças poderiam motivar um tratamento diferenciado que, provavelmente, se poderia estimar como não cabível nestas situações.[1] As características empíricas da matéria indicada, por sua vez, sofreram uma notória modificação no que tange os sistemas de produção, distribuição e comercialização. Sobre estas bases – e outras –, o certo é que os legisladores de

---

* O conteúdo deste capítulo reproduz livremente algumas ideias expostas em La Ley de Defensa del Consumidor y el Análisis Económico del Derecho, em coautoria com Pamela Tolosa, capítulo do livro *Ley de Defensa del Consumidor. Comentada y Anotada*. In: PICASSO, S.; VÁZQUEZ FERREYRA, R. (dir.). Buenos Aires: La Ley, 2009. p. 1-65.

1. Por exemplo, se assinalou: "(...) The traditional distinction between tort law and contract law is less obvious in the field of product liability...Both contract and tortuous claims may be possible, but the important point is that this will usually be a personal injury claim (although claims for damage to property – other than the defective product – can be claimed in tort, contract is the route to claim for the loss of the product itself) (...)". Consumer Law Enforcement Forum, Third Forum Guidelines. *Guidelines on product safety, tort law and contract law*, Jun. 2008. Disponível em: [www.clef-project.eu/media/d_guidelines3rdforummeetingFINAL_ 97418.pdf].

diversos países,[NT1] durante os últimos 20 ou 30 anos sancionaram diversas normas tendentes a criar um sistema de responsabilidade especificamente aplicável a este campo, e a diferenciá-lo do direito comum. A tendência parece ir no sentido de tratar do mesmo modo situações que antes podiam considerar-se abrangidas por diferentes áreas (por exemplo, a do produtor, distribuidor, vendedor etc. por um lado e a do consumidor-comprador e a do consumidor-não comprador, pelo outro) e estabelecer dentro dessa regulamentação comum uma responsabilidade objetiva. O fator de atribuição de responsabilidade é geralmente o "defeito" do produto, entendido como uma característica anormal ou não esperada que o torne particularmente perigoso. Logo, verificada a existência deste fator objetivo de atribuição, será irrelevante toda discussão sobre a culpa do sujeito demandado.

Apesar de se perceber uma tendência à confluência entre sistemas jurídicos nacionais e comunitários diversos, ainda subsistem diferenças mais ou menos significativas. As linhas que seguem, em consequência, procurarão tratar somente do aspecto mais geral deste campo. Isto é, procurarão distinguir os elementos básicos da análise econômica para estudar a atribuição objetiva da responsabilidade neste campo, com relação à eficiência no dispêndio de recursos ou – o equivalente – a redução de custos sociais.

2. A teoria básica e as particularidades da responsabilidade pelos produtos sob o ponto de vista da análise econômica

Vamos retornar neste ponto ao exemplo do capítulo anterior. Para lembrá-lo reiterarei o quadro que ilustrava os custos implicados.

Custo da prevenção	Custo das perdas	Custo social
0	9	9
5	2	7
10	1	11

Este sistema focava unicamente o causador do dano em potencial, visto que presumia que a única conduta que poderia influenciar nos danos da vítima era a desse sujeito. Concluía que um sistema que procura minimizar custos sociais deveria gerar os incentivos adequados para que o causador do dano em potencial adote tais medidas de prevenção que custam 5 (primeira coluna, segunda linha, excluindo a linha dos títulos das colunas).

Naquela oportunidade, explicava que, na ausência de um sistema de responsabilização (em um mundo muito diferente do que conhecemos, no qual causar danos

---

NT1 No Brasil, essa relação de consumo é regulamentada pela Lei 8.078/1980 – Código de Defesa do Consumidor.

a outrem *nunca* impusesse nenhuma consequência jurídica desfavorável) e nas condições que são assumidas para a análise (racionalidade, ausência de restrições morais, curto prazo etc.), o causador do dano iria optar em não tomar nenhuma medida de prevenção e isso levaria a uma solução socialmente ineficiente, enquanto o custo social, que poderia ter sido de 7, teria disparado para 9 por sua omissão.

No entanto, dizia que – cabe insistir *com relação ao cenário* que decorre deste modela elementar – tanto um sistema de responsabilidade objetiva, quanto um de subjetiva (o de responsabilidade "por culpa"), levavam à solução socialmente eficiente. Neste último, porque adotar as melhores precauções (5) desconsideraria qualquer culpabilidade do agente e este não responderia por nada (o que é obviamente mais benéfico do que omitir toda precaução – 0 – y arcar com uma indenização de 9). E que em um sistema objetivo, ainda que investidos 5 em medidas de prevenção não fosse eximir o causador do dano de encarar os danos – 2 –, visto que, por definição, será responsável por todos os danos que cause sem que possa alegar sua inculpabilidade para eximir-se, igualmente teria incentivos para tomar esse nível de prevenção, visto que prevenir menos – 0 – lhe resultaria mais oneroso. Se não investisse nada em prevenção, arcaria com um custo de 9, enquanto se investisse 5, assumiria um custo total de 7, composto dos 5 de prevenção mais 2 de indenização pelos danos produzidos, que precisamente diminuiriam pela função da prevenção.

Dizia também que quando se adiciona algum refinamento a este modelo a solução é diferente e não há nenhum sistema que conduza incondicionalmente ao melhor resultado. Neste ponto corresponde, em consequência, estudar se existe alguma particularidade no campo da responsabilidade pelos produtos que nos incline a pensar que é preferível optar por um sistema de responsabilidade objetiva ou um que requeira a culpa como condição de responsabilização (um sistema subjetivo), tendo em conta que nenhum sistema nos assegurará o melhor resultado.

Para analisar este campo, e por motivos de simplificação, distinguirei unicamente dois tipos de agente. Supõe-se que os *causadores de danos* são *empresas fornecedoras* e as vítimas são seus *consumidores*. Suponhamos então que os custos e danos estejam vinculados à aquisição de um produto de consumo e voltemos à tabela anterior com algumas variações.

Custo da prevenção	Custo das perdas	Preço explícito	Custo total
0	9	10	19
5	2	15	17
10	1	20	21

A terceira coluna ("preço explícito") se refere ao preço monetário que se oferece e se paga por uma unidade de produto. A quarta coluna ("custo total") introduz uma ideia diferente e é a inovação trazida nesta instância: expõe a *soma* do custo explícito (o preço explícito do produto) e *o custo dos danos que viria a sofrer a vítima, vinculados ao consumo deste produto*. Finalmente, expõe-se globalmente o custo que arcaria o consumidor ao usar o produto.

Neste novo cenário, podem-se estudar os incentivos do produtor a investir em precauções.

O interessante a esse respeito é que estes incentivos *dependerão de como o consumidor venha a perceber os riscos do produto*. Se esta percepção for exata (em termos técnicos, se o consumidor contasse com uma *informação perfeita*), nenhum sistema de responsabilidade será necessário para chegar ao ótimo social. Se, investindo 5 adicionais em precauções, o fornecedor pudesse reduzir o preço total por produto, computando ainda no preço explícito esse investimento como um custo de produção ordinário, o faria, e sempre se daria a hipótese da segunda fila do quadro anterior que expressa um custo total de 17. Mais precisamente, a *concorrência o levaria a fazê-lo*: se estivesse disponível essa possibilidade, seria "descoberta" e seguida por todos os fornecedores desse ramo e quem produzisse de um modo diferente (seja a um preço explícito de 10, mas a um custo total de 19, ou a um preço explícito de 20 e a um custo total de 21) porque, caso contrário, ficariam fora do mercado.

No entanto, as condições típicas deste tipo de mercado, na realidade, são mais complexas. Se partirmos de que o consumidor *não pode perceber corretamente o risco do produto*, ainda que exista concorrência, não haverá incentivos (para nenhum dos concorrentes) para reduzir esse componente "invisível" do custo total do produto, que é o risco do mesmo. Em outras palavras, *o investimento em precaução do produtor, não influenciará adequadamente na decisão do consumidor* e por isso sua decisão se guiará unicamente pelo componente visível desse custo total: o preço monetário explícito do produto.

Nestas condições (que se assemelham certamente à dos mercados de consumo reais) o mercado não se "ajustará" automaticamente à solução socialmente eficiente, senão que a imposição de um sistema de responsabilidade pelos danos será preferível.

Aqui merece observar-se uma exceção. Uma corrente de pensamento sustenta que não importa que cada consumidor esteja perfeitamente informado, senão que *basta um pequeno grupo de consumidores informados para corrigir o mercado* sem outra necessidade de intervenção. O raciocínio parte da assunção de que os fornecedores não poderão distinguir os consumidores bem informados dos mal informados, pelo que produzirão "como se" fossem enfrentar consumidores bem informados, sob pena de serem excluídos do mercado. É verdade que este tipo de ideia surge normalmente quando se discute se é conveniente proibir diretamente certos tipos de produtos de baixa qualidade, ou – menos drasticamente – impor garantias obrigatórias severas. Não obstante, esse mesmo tipo de fundamento, por ser correto ao extremo, deveria estender-se a este campo e conduzir à eliminação de todo tipo de responsabilidade pelos produtos.

O certo é que, ao menos neste campo (no da responsabilidade pelos produtos), essas ideias não parecem gozar de popularidade. Seja porque se entenda que não se dão as condições empíricas que conduziriam à conclusão (porque de fato não exista um grupo relevante de consumidores suficiente para alcançar esse efeito corretivo), ou porque se estime que, ainda verificando-se as mesmas, não é correto que se possa predizer esse ajuste "automático" que preveem aqueles autores, o certo é que parece existir um razoável consenso a favor da preferência de *algum* sistema de responsabilidade nos contextos sociais reais.

3. Responsabilidade objetiva ou subjetiva pelos produtos?

Contudo,[NT2] seguindo sobre essa base, ainda fica em aberto a questão inicial: se é preferível que exista *algum* sistema de responsabilidade pelos produtos ou não existir *nenhum*. *Qual sistema será preferível* nestes casos pela perspectiva da AED?

Sustentei anteriormente que, contrariamente às conclusões otimistas que surgiam do modelo mais elementar, ao se introduzir alguns refinamentos se observa que nenhum sistema conduz ao ótimo social. Isto, no entanto, não implica o agnosticismo relacionado com toda possibilidade de análise. Ao contrário, precisamente quando pensamos nestes cenários mais complexos – inversamente a algumas opiniões mais desavisadas – é onde a AED apresenta relevância. Assim, se bem que nenhum sistema leva ao ótimo, é possível encontrar sistemas *mais adequados* e outros *menos adequados*.

Em parágrafos precedentes descartei a plausibilidade das críticas que imputam que a responsabilidade objetiva leva – em todos os casos – a eliminar os incentivos para a adoção de precauções por parte dos hipotéticos causadores de danos (neste campo, as empresas fornecedoras). Pode-se estudar, então, se eliminariam os incentivos dos consumidores a usar adequadamente os produtos adquiridos, visto que, poderia se pensar, não teriam nenhuma motivação em adotar precauções já que todos seus eventuais danos seriam compensados. Esta, definitivamente, é a desvantagem mais evidente que a teoria padrão imputa a este tipo de sistema.

No entanto, existem bons motivos para pensar que esse efeito não alcança uma magnitude suficientemente relevante neste campo. Uma razão muito evidente a respeito é a subcompensação determinada pelos sistemas reais de responsabilidade quando se trata de danos pessoais. Exemplificando de um modo simples, de fato,

---

NT2 No Brasil a responsabilidade pelos produtos é objetiva, conforme previsão da Lei 8.078/1990 – Código de Defesa do Consumidor, com algumas exceções previstas na própria Lei. (Exemplo: art. 14, §§ 3.º e 4.º).

poucas pessoas preferem perder um braço ou um filho e serem indenizadas (pelo montante que determina um tribunal real, em condições reais), que não os perder (e não cobrar obviamente indenização alguma).

Se presumirmos – como usualmente se faz – que isso ocorre de fato, esta objeção perde sustentação quando estão implicados danos dessa classe. Se a indenização não substitui o bem-estar precedente ao dano, perde o sentido eludir toda a precaução diante da perspectiva de uma indenização "real" que tenda a cobrir danos pessoais, porque só os compensará parcialmente. Não é razoável pensar, por exemplo, em consumidores que usem sem cuidado medicamentos *por presumir* que, em caso de dano à sua saúde, serão integralmente compensados, ainda que existisse um sistema jurídico hipotético que assim o dispusesse.[2]

Não obstante, ainda poderia haver, em algum sistema, algum gênero de casos em que isto não ocorresse – algum em que determinados danos pessoais se compensassem de modo perfeito pelos sentimentos da vítima – ou casos em que não se prevejam danos pessoais relacionados à utilização de determinados produtos – mas sim danos de outro tipo. Mas ainda existe outro fator que atua no mesmo sentido que o anterior. Embora na teoria um sistema de responsabilidade objetiva determine a obrigação de responder por *todos* os danos causados (independentemente de haver envolvido culpa ou não por parte do causador do dano), é errôneo assumir que os sistemas jurídicos, em especial a imagem do fator objetivo de atribuição prevista pelas leis de defesa do consumidor, conduzam à imposição de responsabilidade por *todos* os danos vinculados ao consumo do produto. Muito pelo contrário, os sistemas jurídicos reais estabelecem restrições muito importantes. Em primeiro lugar, não se indenizam danos meramente vinculados aos riscos normais dos produtos. Embora as leis em questão façam referência explícita ao "risco" dos produtos ou serviços como propriedades relevantes para atribuir objetivamente a responsabilidade,[3] é duvidoso que a aplicação dessas normas fundamente sentenças que imponham aos fabricantes de automotivos a responsabilização por *todas* as batidas (visto que bater é um risco normal dos automóveis) ou aos fabricantes de armas de uso civil, a responsabilidade por *todo* ato que se cometa com as mesmas. Pelo contrário, seja por limitações no desenho específico do fator de atribuição (pelas normas de costume, que ligam a responsabilidade objetiva ao "vício" dos produtos), seja por restrições relativas à causalidade jurídica, o concreto é que no

---

2. Obviamente, é frequente observar um uso impróprio ou descuidado de medicamentos, mas que ocorrem por motivos diferentes da possibilidade de obter uma indenização.
3. É o caso da Lei argentina n. 24.999 que introduziu essa referência explícita ao "risco" no art. 40 da Ley de Defensa de los Consumidores, que originalmente só incluía o "vício ou defeito" dos produtos ou serviços como fatores relevantes para atribuir objetivamente a responsabilidade.

mundo real muitas vezes o consumidor sofrerá danos e, baseados em diferentes razões jurídicas (uso impróprio, ausência de causalidade etc.) ou empíricas (subcompensação, problemas de prova, custos administrativos da reclamação etc.), ficará sem compensação. Essas possibilidades tornam altamente improvável que a responsabilidade objetiva constitua um sistema inadequado por eliminar os incentivos à prevenção pelos consumidores.

No outro extremo da alternativa, face à responsabilidade subjetiva ou por culpa, operam uma série de fatores que são invocados para desaconselhar sua aplicação nesta área e que, consequentemente, tornam preferível a responsabilidade objetiva. Para começar, o funcionamento adequado de todo o sistema objetivo, de acordo com os propósitos da AED, requer um nível de informação que resulte mais alto que o fático. A responsabilidade subjetiva, em qualquer modelo, pressupõe que o ponto que divide a culpa da falta de culpa é o ótimo social e que *o juiz sabe qual é esse ponto e pode verificar se foi ou não alcançado no caso*. Essa suposição não corresponde com a realidade nestes casos. É verdade que existem mecanismos conhecidos para prover o juiz de informações (perícias, técnicos, testemunhas etc.), mas também que o processo privado requer a atividade das partes para promover adequadamente o emprego destes. Mais ainda: sequer estes procedimentos podem, às vezes, ter acesso facilmente à informação privada das empresas, relevante para a resolução do assunto no que tange a minimização do custo social.[4]

Outro motivo, pode-se acrescentar, é a própria caracterização jurídica de culpa nos sistemas vigentes. Sabe-se que, além das palavras da lei, a culpa é julgada com base em critérios de regularidade social: sobre a base de como regularmente se comportam *outros* sujeitos no campo que se está tratando. Este parâmetro *não é igual a verificar se foram adotadas as precauções socialmente melhores* e diverge significativamente neste campo. Se o sistema fosse subjetivo e a culpa fosse julgada à luz das precauções que *usualmente* adotam as empresas de certo ramo, logo, nenhuma teria incentivos para investir em pesquisa tendente a descobrir e aplicar medidas mais eficientes: bastaria reproduzir eternamente os padrões de seus competidores para não ser considerado culpável e, portanto, não responsável pelos danos causados ao consumidor.[5]

---

4. O manejo da informação privada nos casos das companhias de tabaco nos Estados Unidos e especialmente o tempo e o esforço que levou à sua revelação constituem um bom exemplo do que tentamos expressar nesta afirmação.
5. Continuo presumindo aqui que os consumidores não podem perceber adequadamente os riscos reais dos produtos; caso contrário, toda discussão sobre diferentes sistemas de responsabilidades seria trivial. Para quem as conheça, é fácil observar a relação entre o exposto e as ideias apresentadas por LEIBENSTEIN, H. Allocative Efficiency vs. X-Efficiency. *The American Economic Review*, vol. 56, n. 3, p. 392-415, Jun. 1966.

Ainda que se entenda que se trata de um problema causal e não estritamente relacionado com a culpa,[6] o mesmo tipo de considerações oferece uma base para que se sustente que poderia resultar adequado, sob o ponto de vista da AED e dentro dos sistemas objetivos, deixar os denominados *riscos de desenvolvimento* ao encargo das empresas.[7] Argumenta-se que seria injusto que alguém que não pode prever o resultado futuro de suas ações seja considerado causador e, por isso, responsável por este tipo de dano. Excede os objetivos propostos estender-me aqui sobre este aspecto do tema, mas é interessante observar que, sob o ponto de vista do juízo moral, é possível que a derivação desta afirmação seja *que a vítima arque com o dano, que também não pode prever e, provavelmente, teve uma possibilidade infinitamente inferior de produzi-lo*. Se na decisão sobre o que é ou não é justo nesse campo pesam questões agregativas, logo, não parece inadequado gerar os incentivos para que, quem tem possibilidade diferencial em seu favor de chegar a descobrir no futuro os resultados de suas ações (aqui a empresa), por meio de investimento e inovação, seja considerada causadora, em todo ou em parte,[8] das derivações de suas condutas.

Mencionava acima que outro motivo que determina que o consumidor acabe arcando com seus danos, em que pese a atribuição de responsabilidade objetiva pela lei, é de ordem prática e se relaciona com o custo excessivo do reclamo com relação ao provável benefício do processo, o que habitualmente se conhece como

---

6. Não é suficientemente exposto que não é um problema relacionado com a culpa. Precisamente, muitos autores que aceitam a conclusão que proponho, o fazem sobre a base de que, eximir as empresas pela imprevisibilidade do resultado danoso, seria introduzir questões de culpabilidade no campo da responsabilidade objetiva. A esse respeito, FRANKLIN, M. A.; RABIN, R. *Tort Law and Alternatives*. 6. ed. Nueva York: The Foundation Press, 1996. p. 534 e ss., sobre "Brown v Superior Court (Abbot Laboratories)".
7. Na doutrina sobre os critérios jurídicos de causalidade se denominam "riscos de desenvolvimento" àqueles riscos que se revelam como tais depois que um produto saiu da esfera de controle do produtor, mas que não eram conhecidos no momento da fabricação do produto. Não se trata de riscos de um produto individual, mas sim *de uma espécie* de produtos. De riscos que, segundo o nível de conhecimento não se poderia associar a um produto, no momento de sua manufatura, mas que logo – por uma evolução do conhecimento – são descobertos para um produto de certa espécie. Existe um grande debate sobre a preferência ou não de incluir os danos que venha a produzir a inclusão deste tipo de risco entre os que se considerem juridicamente causados pelo fabricante ou provedor. O segundo argumento aludido no texto é no sentido de justificar essa atribuição causal.
8. A análise econômica das relações de causalidade na Responsabilidade Civil e particularmente a distribuição da responsabilidade segundo a participação causal é um tema espinhoso e em curso de tratamento pela AED. A esse respeito, abordarei brevemente o tema no Capítulo VII e mais detalhadamente em, ACCIARRI, H.; CASTELLANO, A.; TOHME, F. On Causal Apportioning and Efficiency in Tort Law. Real Colegio Complutense, Harvard University. Cambridge, Oct. 2007. Disponible también en *Berkleley Program in Law & Economics*, [http://works.bepress.com/hugo_alejandro_acciarri/24].

"custo administrativo"⁹ do sistema. Essa restrição empírica pode distorcer de modo significativo os incentivos das empresas em adotar precauções adequadas para alcançar o ótimo social e vários institutos podem influenciar nesse sentido. As leis de defesa aos consumidores, no entanto, tendem a lidar com os danos relacionados aos produtos em mais de um sentido.

4. O problema dos danos vinculados aos produtos, globalmente considerado

Sob o ponto de vista jurídico tradicional (e anterior à legislação especial de defesa dos consumidores), se comprássemos uma torradeira e esta não torrasse o pão adequadamente, se entenderia que existe um *descumprimento contratual* e um *dano jurídico* da mesma natureza (contratual). Se, no entanto, a torradeira explodisse e causasse um dano pessoal ao seu usuário, a situação poderia ser vista de uma forma diferente. No sistema anglo-saxão, estuda-se o primeiro caso dentro dos problemas contratuais e o segundo – hoje em dia – no direito por acidentes ou danos extracontratuais (*tort law*).¹⁰ Nos países de origem romano-germânica, a questão pode não ser tão clara. Em sistemas como o argentino, por exemplo, (se excluíssemos a incidência da legislação especial de defesa do consumidor) ainda o segundo caso poderia ser considerado contratual. Em outros sistemas, porém, poderiam acumular-se ações de uma e outra área. No âmbito anglo-saxão, ainda assim, ainda que nos casos do segundo tipo poderia-se tentar uma ação de

---

9. Cabe reiterar aqui que a escolha do termo corresponde ao seu emprego usual na literatura na matéria e inclui os custos judiciais. Shavell define-os dizendo "Administrative costs are the various expenses borne by parties in resolving the disputes, or the potential disputes, that arise when harm occurs. Administrative costs thus include the time and effort spent by injurers, victims, and their legal counsel and insurers in coming to settlement and in litigation, as well as the publicly incurred operating expenses of the courts", en SHAVELL, S. *Economic Analysis...* cit., 1987, cap. 11.

10. Não obstante, existe um interessante processo de desenvolvimento das ideias em torno da localização desta área que, inclusive na atualidade, diferencia a jurisprudência inglesa da norte-americana. Franklin e Rabin explicam que no século XIX este tipo de problema se enfraquecia sob o alcance da "privity doctrine" (aquela que determinava o efeito relativo dos contratos). Após, um conjunto de exceções constituiu a doutrina da responsabilidade extracontratual por culpa para este tipo de caso. Em instancia posterior, primeiro os tribunais e o direito estatutário depois, deram lugar à aplicação da responsabilidade objetiva na área. Na Inglaterra, no entanto, a evolução não é a mesma, senão que ainda se observam referências a *Winterbottom v. Wright* (1842) que precisamente dava ênfase no efeito relativo dos contratos como critério de decisão. Com respeito, FRANKLIN, M. A.; RABIN, R. *Tort Law...* cit., 1996, p. 473 y ss. Existem posições libertárias que advogam no sentido de uma redefinição dos limites de ambas as áreas e reincorporaram esta área ao direito contratual. Sobre o tema, KRAUSS, M. I. Restoring the Boundary: Tort Law and The Right to Contract. *CATO Institute Policy Report*, p. 347, Jun. 4, 1999.

responsabilidade por culpa ou objetiva, baseada na *common law*, existe uma forte influência do direito legislado (*statutory law*).

O propósito destas linhas não é buscar a "verdadeira" "natureza jurídica" dos direitos implicados em cada um de ambos os casos. Inclusive, as aspas que encerram estes termos tentam expressar minha desconfiança de que do estudo das instituições, baseado neste tipo de busca, derivem resultados adequados. Contudo, não empreenderei por hora essa discussão, mas deixarei o tema à margem de minha consideração para o que segue. Fora este tema, logo, parece possível indicar que além da responsabilidade por danos existem outras instituições que lidam com os danos relacionados aos produtos, e que algumas o tornam mais eficientes que outras em relação a certos gêneros de casos.

Destas instituições, nem todas estão no direito privado. Já é tradicional, por exemplo, a distinção entre "segurança dos produtos" (*product safety*) e "responsabilidade pelos produtos" (*product liability*) para incluir dentro da primeira denominação as regulamentações administrativas e dentro da segunda as possibilidades de ação provenientes do direito privado. As restrições e controles administrativos claramente incidem no resultado danoso dos produtos ou, pra expor em termos suficientemente amplos, nas *perdas de bem-estar derivadas de seu consumo*.[11] Dentro da área privada do direito do consumidor, também existem outras instituições fora da genérica responsabilidade. Farei referência somente a duas delas. A primeira são as garantias obrigatórias.

Minha conclusão preliminar sobre as mesmas é de que – dependendo dos detalhes de sua regulamentação – podem ser um bom mecanismo para o tratamento de *certa espécie de danos ou situações*. No exemplo da torradeira, se consideramos que receber um aparelho que torra muito mal (ou que não torra) resulta em um dano jurídico, e se o único mecanismo previsto para reclamar por esse dano fosse um juízo ordinário, é possível concluir que o sistema será – geralmente – muito oneroso para que esse juízo seja levado a cabo. Contrariamente, a existência de uma garantia obrigatória de reposição, com uma vigência temporal razoável, resulta num paliativo mais adequado para esse tipo de problema assinalado. Mas, a existência da garantia, no entanto, nada pode fazer em relação a outros danos, como os prejuízos pessoais derivados da explosão de um aparelho doméstico. Por evidente, a obrigação de reposição do aparelho por um novo que causaria outro tipo de problema não contribuirá de modo algum na melhora dos problemas desta espécie. A conclusão a este respeito é que a pluralidade de instrumentos jurídicos se justifica sob o ponto de vista do custo social enquanto possam representar a melhor maneira de solucionar problemas diferentes.

---

11. Tratamos destes temas com maiores detalhes em La Ley de Defensa del Consumidor..., en coautoria con Pamela Tolosa, 2009, cit.

Neste mesmo sentido, aparece um outro grupo de instituições que surge de uma área diferente. O *dever de informação* nos contratos de consumo e diversas instituições relacionadas com a integração e interpretação dos contratos dessa categoria interferem também neste tipo de problemas. Alguns danos, como se sabe, se relacionam melhor com o emprego desinformado de um produto do que com suas características físicas. Logo, certas consequências atribuídas à obscuridade contratual, por sua vez, podem modificar essa informação e, consequentemente, a possibilidade de sofrer danos pelo uso ou consumo do produto.

Mas como mencionei anteriormente – e como se observa em toda esta área – não existem soluções únicas e definitivas, senão que todas elas se vinculam a estados da tecnologia e estruturas de custos de transação variáveis que as tornam mais ou menos preferíveis. Neste contexto dinâmico, certas instituições se relacionam melhor com alguma espécie de problemas e outras, com outros. Essa correspondência, sob o ponto de vista da análise econômica do direito, estaria determinada por circunstâncias muito diferentes à presumida natureza ontológica do direito ou interesse vulnerado em cada caso. Basicamente estaria regida pelas estruturas de custos de transação em cujo contexto se apresentam os ditos problemas.

Nesse sentido, é possível desenvolver certa visão de estudo sobre as consequências das instituições em relação aos objetivos que consideremos preferíveis. Alguém assinalou certa vez que não existe nada mais prático que uma boa teoria. Mas, modestamente, ao menos é possível compartilhar que uma teoria que tente estudar as consequências sociais das normas, também nesta área, pode ser útil.

Capítulo III
A PREVENÇÃO: *SPECIFIC DETERRENCE* E *GENERAL DETERRENCE*

1. A prevenção e o Direito de Danos

Ainda que até aqui tenha usado o termo com naturalidade, o alcance do que hoje se denomina *Direito de Danos* não é um tema isento de controvérsias e desencontros. E mesmo a conveniência dessa denominação é fonte de debate na atualidade. Entre os que a aceitam, existe um racional consenso em torno de um núcleo principal da matéria que seria constituído pela clássica responsabilidade civil extracontratual. O consenso decresce quando se trata de admitir alguns temas de responsabilidade contratual e certos dispositivos jurídicos incluídos tradicionalmente em outros ramos do Direito. Entre estes últimos, por exemplo, não resulta claro se seria correto incluir certas sanções penais e administrativas neste campo, e algo similar ocorre com alguns dispositivos processuais. Não é minha intenção discutir inteiramente qual deva ser o alcance do Direito de Danos e tampouco, sequer, se convém que exista uma área que mereça essa denominação. Pelo contrário, adotarei – informalmente – uma posição implicitamente afirmativa e suficientemente ampla e considerarei incluídas nesta área de interesse certas medidas alheias à clássica responsabilidade extracontratual.

Neste sentido, é possível observar que, além da tradicional responsabilidade indenizatória, o processo civil tem servido, há alguns anos, como instrumento de certas medidas de prevenção estruturalmente diferentes da indenização usual. Não obstante, a ideia de "prevenção" não é simples e pode ser relacionada com coisas bem distintas. A distinção entre *specific deterrence* e *general deterrence* que às vezes são traduzidas por "prevenção específica" ou "especial" e "geral" ou "genérica", pode ser útil para distinguir algumas dessas dimensões. Esta terminologia – como indicado anteriormente – foi popularizada no Direito de Danos por Guido Calabresi e adquiriu fama basicamente pelo seu livro "The Costs of Accidents. A legal and Economic Analysis".[1] Manterei o mesmo termo da versão inglesa original pelo fato de não ser simples encontrar um equivalente exato em

---

1. CALABRESI, G. *The Costs of...* cit., 1970.

nosso idioma[NT1] para "deterrence", que, em alguns de seus usos se refere a "dissuasão" (basicamente quando é adjetivada como "geral") e em outros "evasão" ou "cessação" de uma atividade imposta à força e sem a participação da vontade do agente.

Sobre a base desta distinção pode-se observar facilmente que a análise dos capítulos anteriores se referiu basicamente a efeitos de *general deterrence*. Nesta dimensão da prevenção, o potencial causador do dano enfrenta *uma decisão entre o benefício que lhe proporcionará realizar uma atividade de acordo a certas bases (por exemplo, adotando certos níveis de precauções) e o custo que lhe infligirá assumir a indenização de um dano, no caso deste ser produzido*. Logo, nesse cenário, decidirá *por si só*, se irá empreender essa atividade ou não, e que precauções adotar nesse caso.

Na *specific deterrence*, diferentemente da anterior, haverá uma decisão estatal que impedirá a realização de certas atividades, subtraindo do causador do dano a decisão sobre realizá-las ou não. Neste sentido, sequestrar um automóvel (por exemplo, por carecer de aptidão técnica para circular) ou fechar compulsoriamente uma fábrica, constituem claramente remédios que geram *specific deterrence*. Estas medidas podem ser o resultado de um processo civil (por meio de medidas autossatisfativas, ou cautelares, ou no caso, medidas de cessação substanciais) ou também, decisões administrativas ou penais.

2. A prevenção especial na área penal e a *specific deterrence*

Os termos *prevenção geral* e *especial*, não obstante, dão ensejo a confusões. Uma parte delas poderia atribuir-se ao fato de que também são empregadas em outros ramos do Direito com sentido bem próximo. Isso ocorre, por exemplo, na área do Direito Penal e na Criminologia nos países de língua hispânica.

Para começar, a ideia de "prevenção geral", comum nesta área, coincide muito bem com a caracterização anterior de "general deterrence", ainda que venha a ser expressa em palavras muito diferentes. Contudo, os juristas de Direito Penal tratam o ponto mais como *justificação* pela imposição da pena[2] do que como uma

---

NT1 Manteve-se como no original em inglês em razão da dificuldade de equivalência exata do termo, tanto no idioma espanhol como em português.

2. Na atualidade, majoritariamente se invoca essa ideia para rechaçar que seja uma justificação plausível do Direito Penal em geral, ou da imposição de certas penas. Nesse sentido, por exemplo, RIGHI, E. *Derecho Penal – Parte General*. Buenos Aires: Lexis-Nexis, 2007. p. 30 y ss. "(...) Prevención general: renunciando a toda fundamentación de contenido ético, las teorías relativas adoptaron una perspectiva utilitaria, explicando que la pena es un instrumento de motivación, y como tal una herramienta estatal de prevención del delito. Descartando toda formulación idealista, procuraron apoyo científico para explicar la utilidad de la pena para prevenir la criminalidad. El fundamento es endeble, ya que no permite determinar el límite hasta el que resulta tolerable que el Estado intimide,

função do direito, no sentido de uma *correlação entre determinado aspecto do sistema jurídico e determinadas consequências no mundo*.³

Esta ideia de "justificação", entretanto, não tem porque ser um ingrediente necessário para caracterizar o efeito de prevenção (compreendido no modesto sentido de "função" referido anteriormente) e nem para se decidir estudá-lo. É possível que não estimemos importante que este efeito se dê no mundo ou não, ou

---

lo que favorece estrategias que se traducen en la adopción de fuertes incriminaciones penales por hechos no muy graves, (...). Prevención general positiva: intento más moderno de fundamental el sistema penal, ya que sobre la base de la concepción de Luhmann de que el derecho es instrumento de estabilización social, se desarrolló la que se denomina PGP. A) En la medida en que el delito desestabiliza el sistema social y la confianza institucional de los miembros de la comunidad, la función de la pena sería precisamente restablecer dicha confianza, con lo que su finalidad sería preservar la estabilidad del sistema y la integración social, ejercitando así el reconocimiento y la fidelidad al derecho. Este punto de vista considera que la meta del derecho penal no es la intimidación (PGN), sino la PGP: afirmar y asegurar las normas fundamentales que en cada sociedad se consideran indispensables (...)".

3. Esta ideia de "função" também requer esclarecimentos adicionais. Por vezes se fala em "função" de um ramo do direito no sentido de *propósitos* que – pelo julgamento de quem o expresse – o direito persegue, ou que deveria perseguir. É, por sua vez, muito difícil compreender completamente o que significa dizer que o direito (um sistema impessoal e abstrato) "persegue" algo e como se relaciona essa persecução com a que os seres humanos individuais fazem com suas metas, pelo qual deixarei sem tratamento aqui esta questão. Em um sentido diferente e usual na matemática e nos sistemas formais, pode-se dizer que uma função *é uma relação pela qual a certos estados de alguma coisa lhe correspondam certos estados de outra*. Mais precisamente, a cada estado da primeira, lhe corresponde *somente um estado* da segunda. Dentro do que nos interessa, por exemplo, poderíamos relacionar um estado do sistema jurídico (certa formação, certo desenho das normas que o compõe) com certas consequências sócias, entendidas como atos que irão acontecer no mundo social e que – sobre a base de algum marco teórico – podem ser derivadas daquelas normas. Aplicando esta ideia ao Direito de Danos, por exemplo, poderíamos observar a *função de ressarcimento* de um sistema e analisar se certo estado (determinado desenho hipotético do sistema jurídico em observação) favorece mais ou menos (melhor ou pior) a cobrança de indenizações por parte das vítimas, que outro.

Esta ideia – certamente modesta – de função, não se relaciona com os *propósitos* do direito (se tivesse sentido dizer tal coisa), nem com os "do legislador" (se tivesse sentido falar sobre tal figura singular e metafísica), nem com os dos legisladores reais (aqueles cidadãos que ocuparam os cargos correspondentes e realizaram as ações requeridas para que certas normas tenham vigência). Uma *função*, entendida desta maneira, poderia comportar-se de um modo claramente diferente aos propósitos daqueles sujeitos. Muitas vezes queremos que ocorram certas coisas e atuamos *para que* aconteçam, mas nossa conduta faz com que sucedam outras ou que não suceda nada relevante. Empregar esta ideia de função para a análise, precisamente, deixa de lado as intenções dos que a desenham ou a põem em prática e somente leva em consideração a configuração do sistema e – por aplicação de bases teóricas definidas – estudam as correlações entre sistemas e certas consequências sociais.

ainda, que consideremos que se trata de um efeito negativo. Em ambos os casos, é algo independente à vontade e aos gostos dos legisladores e dos juristas que estudam o sistema que aqueles criaram. Se estudarmos este efeito, então poderíamos concluir que *de certa instituição jurídica se obtém muita prevenção geral, pouca ou nenhuma*. Logo, poderíamos nos desentender se tais coisas se verificam ou não na sociedade. Mas se as consequências de fato, em certa medida, nos interessam para julgar o valor das leis ou para decidirmos por alguma interpretação das mesmas, talvez o estudo dessa função não seja irrelevante.

Por outro lado, nos estudos de Direito Penal fala-se de "prevenção especial" com sentido diferente do que aqui venho utilizando para o termo "specific deterrence": é invocada em relação às medidas que têm como efeito (desejado ou verificado) prevenir *novos atos* do mesmo autor.[4] Como se nota, isto é algo bem diferente da noção de *specific deterrence* que tento caracterizar, mas existem algumas proximidades conceituais que podem dar lugar a problemas de distinção. Por exemplo, enquanto o efeito da pena privativa de liberdade em curso de execução se enquadra no campo desta *prevenção especial* dos penalistas e também determina *specific deterrence*, o pagamento de uma indenização (a consequência correspondente no Direito de Danos, pelo menos de modo intuitivo) não é considerado fonte de *specific deterrence* na linguagem de Calabresi. Isto é assim porque, esteja a indenização em curso de pagamento ou completamente paga, *poderá o causador do dano novamente decidir por si mesmo* (sem qualquer ato de força pelo Estado) em realizar uma atividade com altas probabilidades de causar danos ou não fazê-lo, e apenas enfrentará novamente (nestes termos) a *general deterrence*. Estar cumprindo uma pena privativa de liberdade, pelo contrário, projeta efetivamente *specific deterrence*,

---

4. RIGHI, E. *Derecho Penal...* cit., 2007, p. cit., "Prevención especial: de acuerdo con este punto de vista, la pena pública encuentra fundamento en la necesidad de prevenir nuevos hechos del mismo autor, es decir, evitar la reincidencia. A diferencia de las teorías retributivas que edificaron el sistema a partir de un acto de desobediencia a la norma, la prevención especial pone el acento en la asocialidad del autor lo que explica que Liszt se dedicara a clasificar delincuentes, considerando que la eficacia de la incriminación exige que ella se adapte a cada sujeto, procurando corregir, intimidar o inocuizar, según la personalidad de cada individuo sobre el que la pena debe cumplir su función preventiva. Su versión moderna, conocida como prevención especial positiva, trata de evitar la reincidencia intentando neutralizar las causas que gravitaron sobre el autor, a quien se procura adaptar mediante tratamientos de resocialización. Los beneficios políticos criminales de su versión positiva se vinculan con la humanización de los programas de ejecución de las penas privativas de libertad, ámbito al que la criminología clásica y el derecho penitenciario prestaron la mayor atención, para despojar a la pena de contenidos retributivos, proclamando a la prevención especial como único fin del sistema de reacciones (...)". Como se pode observar facilmente, esta ideia difere consideravelmente do conteúdo da *specific deterrence* que venho discutindo no texto, independentemente dos pontos de contato entre ambos os campos.

pois impõe coercitivamente – sem participação da vontade do condenado – uma restrição de movimento, coisa que não faz o pagamento da indenização.

Além disso, o efeito reeducativo (ao menos desejável) da pena privativa de liberdade introduz uma diferença importante. Se essa reeducação efetivamente se cumprisse e se modificasse a propensão do condenado em cometer novos delitos, no marco da doutrina do Direito Penal seria lícito dizer que se verificou *prevenção específica*. Mas ainda assim, nesse caso, seria inadequado dizer que se verificou alguma *specific deterrence*, no sentido que venho utilizando o termo.[5] Ainda mais drasticamente, não faz sentido pensar em qualquer efeito reeducativo no pagamento de uma indenização e, por isso, não seria correto dizer que quem pagou uma indenização civil esteja incluído na extensão da *specific deterrence* de uma maneira análoga ao que cumpriu uma pena e se reeducou.[6]

As mesmas observações feitas sobre a utilidade ou importância de se estudar a "general deterrence" como função do sistema de Direito de Danos ou de alguma de suas instituições em particular, podem ser produzidas, *mutatis mutandi*, a este respeito.

3. A *specific deterrence*, o processo civil e o Direito de Danos

A responsabilidade civil se relaciona classicamente com o dever de indenizar. Mais precisamente, é definida por este. O modernamente conceituado Direito de Danos, no entanto – dizia ao começar este capítulo – abrange dentro de seu conteúdo *também* um gênero de medidas mais estreitamente relacionadas com a *specific*

---

5. Esta explicação poderia, não obstante, dar lugar a alguns refinamentos. Se a reeducação cumprida em prisão modificasse a propensão do agente em produzir atos danosos, poderíamos dizer que *algo* à margem da vontade do agente fez decrescer a probabilidade deste em cometer outros atos. Em termos econômicos, contudo, dificilmente essas circunstâncias podem ser equiparadas às típicas condições da *specific deterrence*. O agente, logo que reeducado, igualmente decidirá se realizará ou não cada atividade que possa empreender. Se atuará ou não em cada situação. A reeducação poderia ser refletida, em termos técnicos, em uma *mudança de valorações* ou na *provisão de informação adicional*, mas de maneira alguma será uma restrição à nova decisão que enfrentará o agente quanto a atuar ou não, ainda que esta nova decisão seja adotada, depois desta reeducação, sobre bases diferentes.

6. Poder-se-ia pensar que pagar gera nova informação, "educa" sobre as nocivas consequências da não prevenção, para quem não a faz. No entanto, não faz sentido pensar, em termos da *specific deterrence*, esta situação. Novamente, em síntese, poder-se-ia pensar que o fato de haver pagado esta indenização prove nova informação ao agente que sofreu essa situação (sobre a probabilidade de sofrê-la), mas enfrentando uma circunstância do mesmo tipo que aquela que teve de indenizar, novamente poderá decidir por atuar ou não. Nestes casos não se dá a restrição da decisão privada que é o que caracteriza a *specific deterrence* em Calabresi.

deterrence, que são entendidas – em certas condições – como recursos adequados para lidar com o dano como fenômeno social.

Tradicionalmente, as medidas geradoras de *specific deterrence* se relegavam, na órbita romanista, quase com exclusividade à área do direito administrativo. Encontravam mais amplitude no processo ordinário da *Common Law*, no qual a transformação de um antigo instituto (as *injunctions*) conferia poderes aos magistrados para ordenar ações positivas e negativas que em alguns casos eram orientadas para as seguintes finalidades: prevenir *por meio de mandado direto do Estado* (atuando por meio da Justiça) que decidia sobre a realização ou não de uma atividade privada, e em caso positivo, sobre suas modalidades.

Este não é o lugar para fazer uma resenha da evolução deste tipo de instrumento no Direito Continental. Contudo, seja por meio de novos empregos das medidas cautelares clássicas ou pela criação de instrumentos processuais inovadores,[7] seja por ordens que prescrevem a cessação de certas atividades, fundamentadas no direito substantivo e, dentro das mesmas, por meio de instituições de abrangência geral (como a *inibitória* do direito italiano)[8] ou por aplicação de possibilidades peculiares dispersas na legislação,[9] o certo é que também no processo civil dos países da *Civil Law* e particularmente dos países da América Latina, estas medidas são previstas.

4. As consequências diferenciais da *general* e *specific deterrence*

Sob o ponto de vista da AED, são diversas as diferenças entre um e outro tipo de prevenção. Se pensarmos na *general deterrence*, e suponhamos agentes perfeitamente solventes e racionais (o que implica que possuem informação perfeita

---

7. Sobre isso, PEYRANO, J. W. Reformulación de la teoría de las medidas cautelares: Tutela de urgencia. Medidas autosatisfactivas. *LexisNexis, Jurisprudencia Argentina*, 1997-II-926.
8. A *inibitória* é uma instituição típica e com área de aplicação extensa no direito italiano. Há distinção entre a inibitória *provisória* e a *final*. Esta última tem um âmbito muito amplo e é prevista em diversas normas substanciais. Pode ser solicitada para a proteção dos direitos da personalidade (arts. 7 a 10 do Código Civil italiano), para a proteção da propriedade, dos direitos reais e da posse (arts. 949, 1.079, 1.170, 1.171 e 1.172 do C.C. italiano), nos casos de concorrência desleal, para a proteção de marcas patentes e logos e para a proteção de direitos autorais. Sobre isso, FRIGNANI, A. *L' Injunction nella Common Law e L' Inibitoria nel Diritto Italiano*, segunda edição, Milano: Giuffrè, 1974.
9. Diversos códigos preveem em sua legislação substancial um conjunto de possibilidades distintas de edição de ordens judiciais de cessação de atividades iniciadas, ou direcionadas a interromper as que se vem realizando. Assim indicam, por exemplo, os arts. 1.071, 1.071 bis, 2.499, 2.618 do Código Civil argentino, e ao arts. 79 da Lei 11.723, e os arts. 42 e 52 da lei de Defesa aos Consumidores, 24.240, do mesmo país. Sobre o assunto, PIZARRO, R. D.; VALLESPINOS, C. *Obligaciones. Instituciones de derecho privado*. Buenos Aires: Hammurabi, 1999. t. 3, p. 237 y ss.

sobre os resultados relevantes de suas decisões) o resultado será que não serão realizadas atividades que tenham um custo social maior do que o seu benefício. Mais precisamente: se um sistema jurídico impusesse, a título de indenização, um valor idêntico ao dano que essa atividade fosse infligir a outros, só se realizariam atividades que excedessem esse custo e, portanto, que tenham um benefício social preciso.[10] Caso contrário, empreender a atividade seria ruinoso, pois o benefício esperado desta não compensaria o custo que seria irrogado ao autor em empreendê-la. Isso, resumidamente, é o que tentam explicar os capítulos anteriores.

No entanto, a *specific deterrence* pode ser analisada sob as mesmas bases. Se o Estado (o responsável pelas decisões públicas, ou pelo conjunto de decisões) conhecesse essa mesma relação de custos e benefícios, poderia proibir diretamente as atividades que apresentassem um balanço desfavorável, ou, mais incisivamente, impedi-las de fato. Nessas condições, em vez de pôr em vigência um sistema de responsabilidade, poder-se-ia tentar diretamente um sistema administrativo único que decidisse, com base na informação perfeita que supomos dada, qual atividade deve ser realizada e qual não, e chegaríamos aos mesmos resultados. Ou seja: neste cenário ideal, com agentes perfeitamente informados, plena solvência de todos os implicados e ausência de custos de transação, os dispositivos institucionais que projetem *specific* ou *general deterrence* dariam resultados idênticos em relação à designação de recursos.[11] O interessante surge precisamente quando nos movemos por fora dos mesmos.

Se os agentes não possuem toda a informação, devendo adquiri-la (e adquiri-la é custoso), então a equivalência deixará de existir. Em muitos casos é bem provável que quem empreenda em uma atividade tenha uma informação muito melhor (ou possa adquiri-la mais facilmente) que o Estado. O mesmo, pelo outro polo, pode ocorrer com o custo dos danos sofridos. Nesse sentido, o sistema de responsabilidade, dispositivo gerador típico de *general deterrence*, muitas vezes lida melhor com o balanço entre custos e benefícios sociais que as medidas de *specific deterrence*.

Mas, nem sempre as coisas caminham no mesmo sentido. Quando a solvência dos agentes é nula ou limitada, a ameaça de pagar uma indenização não é suficientemente forte para gerar qualquer incentivo para prevenção e a *general deterrence* se revela um instrumento fraco para discriminar as atividades socialmente benéficas e as que não o são.

---

10. Rigorosamente, essa explicação descreveria um sistema de responsabilidade objetiva. Pode ser reproduzido para um sistema subjetivo: seria um sistema que impusesse ao agente todos os danos causados a outrem *sem haver adotado o nível de precaução socialmente ótimo*.
11. CALABRESI, G., dedica boa parte de sua obra *The Costs of...* cit., 1970, às interações entre dispositivos de *specific* e *general deterrence*.

Em resumo, quando as condições sociais se afastam do modelo ideal, as diferenças entre ambos os tipos de prevenção começam a se manifestar.

No entanto, também não convêm exagerar a nitidez da distinção entre *general* e *specific deterrence* nem a pureza de suas implicações. Calabresi afirmava que, na verdade, todo sistema de *specific deterrence* é misto, e ainda poder-se-ia dizer que toda instituição que projete *general deterrence* tem algum componente alheio à mera decisão "de mercado" dos agentes. Em relação aos primeiros, a proibição de abrir uma fábrica fechada – típica medida de *specific deterrence* – não é mais do que a imposição de um novo custo à atividade material (e fática) em reabri-la: a sanção, no caso fazê-lo contrariamente à proibição, que inclusive pode compreender medidas físicas mais drásticas. No segundo campo, cabe recordar que a avaliação do dano causado não fica nas mãos dos agentes, senão que de um oficial público (o juiz ou funcionário administrativo) e, portanto, toda decisão se afastará do modelo de mercado de concorrência perfeita, no qual não há outro juízo do valor dos bens que se negociem senão os agentes implicados no negócio.

Se nosso interesse se relaciona com a designação de recursos ou, ao menos, orienta-se a produzir resultados empíricos na sociedade, estas ideias parecem justificar algumas ações. Por um lado, estudar o jogo de medidas de *specific deterrence* parece ser importante, e também, analisar o efeito dos seguros voluntários e obrigatórios nessa área, seja como possibilidades alternativas ou conjuntas com outra espécie de medida. Por outro, resulta igualmente pertinente estudar mais detalhadamente o efeito da insolvência sobre a *general deterrence* derivada da responsabilidade civil padrão. Esses temas serão analisados nos próximos capítulos.

Apêndice*

As linhas a seguir introduzem alguns refinamentos com respeito ao modelo básico apresentado, em termos simples, pelo primeiro Capítulo. Em primeiro lugar, apontam para o caso geral de danos produzidos por uma empresa a um terceiro (alguém que não consome seus produtos). Este modelo, um pouco mais detalhado, servirá para ser contrastado com o seguinte, que abrange completamente o caso de danos sofridos por um consumidor.

Danos sofridos por terceiros

Neste caso, como advertido, considerarei que a empresa é a causadora do dano e a vítima um terceiro. Os agentes tomam suas decisões guiados pelas utilidades esperadas e são neutros frente ao risco. Supõe-se que as firmas desempenham seu papel em um mercado perfeitamente competitivo e procuram maximizar seus benefícios. O custo médio de produção é constante e o preço que cobra a empresa é $p = c + x + i$, onde as variáveis indicam respectivamente o custo unitário de produção, o custo de precaução[12] e a indenização esperada por unidade vendida. A função de bem-estar social é a soma das[13] utilidades líquidas das firmas, dos consumidores e dos terceiros afetados pelo dano.

Sejam:

s = nível de atividade da firma (quantidade produzida do bem)

x = nível de precaução da firma por unidade de produção, medido como o custo de tomar precaução. com $x \geq 0$

$u(s)$ = utilidade do consumidor, derivada de consumir S unidades do bem, com $u(s) > 0, u'(s) > 0, u''(s) < 0$; para $s < \hat{s}\ u'(\hat{s}) = 0$

t = nível de atividade da vítima, com $t \geq 0$

$v(t)$ = utilidade da vítima, derivada de realizar uma atividade relacionada com o dano que pode sofrer, com $v(t) > 0, v'(t) > 0, v''(t) < 0$; para $t < \hat{t}\ v'(\hat{t}) = 0$

y = nível de precaução da vítima por unidade de nível de atividade realizado, medido como o custo de tomar precauções, com $y \geq 0$

$l(x,y)$ = perda esperada do acidente dados os níveis de precaução dos agentes, com $l(x,y) \geq 0, l_x(x,y) < 0, l_y(x,y) < 0$, sendo l uma função estritamente convexa para as duas variáveis.[14] O nível de precaução da cada agente diminui, a uma taxa decrescente, a perda esperada, dado o nível de precaução do outro agente. Supõe-se que a perda esperada seja proporcional aos níveis de atividade realizados pela vítima e pela firma.

A função objetivo a maximizar é:

$BS = u(s) + v(t) - [s(x + tl(x,y) + c] - ty$

As condições de primeira ordem resultam em:

$1 = -t\,l_x(x,y)$

$1 = -s\,l_y(x,y)$

$u'(s) = c + x + t\,l(x,y)$

$v'(t) = y + s\,l(x,y)$

---

12. O custo de precaução, aqui, pode ser interpretado como o cuidado tomado para prevenir acidentes que surgem do processo de produção ou como a adoção de medidas de segurança aplicadas ao produto que permitam prevenir acidentes que ocorram durante seu uso.
13. A utilidade líquida das empresas é a diferença entre a renda total menos o custo de produção, o custo de precaução e os pagamentos esperados por responsabilidade. A utilidade líquida dos consumidores é a diferença entre a utilidade derivada do consumo ou emprego do bem em questão e o gasto que realiza em comprar o mesmo. A utilidade de terceiros é a diferença entre a utilidade derivada de realizar uma atividade menos o custo de precaução mais os pagamentos esperados por responsabilidade.
14. A perda esperada se define como $l(x,y) = p(x,y) \int lf(x,y,l)dl$ na qual $p(x,y)$ é a probabilidade do acidente e $f(x,y,l)$ é a função de densidade de probabilidade da perda, segundo os níveis de precaução dos agentes.

As duas primeiras equações expressam que devem igualar-se o custo marginal da precaução com o benefício marginal de um aumento no nível de precaução de cada um dos agentes dado o nível adotado pelo outro, expresso em termos pela diminuição da perda esperada. As duas últimas equações estabelecem que as utilidades marginais derivadas de um incremento no nível de atividade dos agentes devem igualar-se ao custo de incrementar o nível de atividade.[15] Resolvendo o sistema se obtém os valores ótimos x^*, y^*, s^*, t^*.

Resulta interessante analisar neste momento se um sistema que imponha responsabilidade subjetiva ou por culpa conduz os agentes a adotarem os níveis ótimos de precaução e de atividade estabelecidos a partir da maximização da função do bem-estar social.

Sob este sistema de responsabilidade, a vítima sabe que se o causador do dano adota o nível de precaução correspondente, este não será considerado culpável e, por isso, ela não será indenizada. Então, se o padrão de precaução fixado para o causador do dano coincide com o ótimo social, isto é, se $\bar{x} = x^*$ e supondo que a vítima escolhe o nível de precaução ótimo (para minimizar a perda esperada) de maneira que $y = y^*$ pode-se definir o cuidado que adotará a empresa que tentará minimizar seu gasto. Se escolher $x = x^*$ o gasto será $x^*s + cs$; se escolhe $x < x^*$ o gasto resultará $xs + cs + st\, l(x,y)$. Se escolher $x > x^*$ aumentará seu gasto sem nenhuma vantagem adicional, já que esquiva da responsabilidade adotando x^*. Torna-se evidente que a firma, sob este sistema de responsabilidade, adotará o nível ótimo de precaução x^*.

Mas, o que ocorre com o nível de atividade? Assumiremos que se adotou x^* e fica, então, por determinar qual será seu nível de atividade s para maximizar $u(s) - sc - sx^*$ de maneira que $u'(s) = c + x^*$. O ótimo social estabelecia que $u'(s) = c + x^* + tl(x^*, y)$, pelo que o nível de atividade em um sistema de responsabilidade por culpa será $s > s^*$ e por tanto ineficiente.

Qual o nível de precaução que adotará a vítima? Se a empresa escolhe um nível $x = x^*$, a vítima suportará a perda do acidente e escolhe y registrando o gasto $ty + st\, l(x^*, y)$. Assim se cumpre com a seguinte condição $1 = -s l_y(x^*, y)$ que coincide com a estabelecida pelas condições de primeira ordem da maximização do bem-estar social, ou seja, $y = y^*$, o que implica que a vítima adota o nível ótimo de precaução. Adotando y^*, deve escolher agora seu nível de atividade t de maneira a maximizar $v(t) - ty^* - st\, l(x, y^*)$; a condição de primeira ordem resulta $v'(t) = y^* + sl(x, y^*)$ e coincide com a correspondente à maximização do bem-estar social, de maneira que $t = t^*$.

---

15. O custo para incrementar o nível de atividade está composto, na terceira equação, pelo custo médio de produção, o custo unitário de tomar precaução e o aumento na perda esperada pelo acidente; na última equação se considera dentro deste o custo de precaução da vítima e o aumento na perda esperada do acidente.

Em suma, em um sistema de responsabilidade por culpa, a vítima (que não é um consumidor) terá os incentivos adequados para adotar os níveis ótimos de precaução e atividade, enquanto a empresa terá incentivos para adotar o nível ótimo de precaução, *mas se verá forçada a produzir um nível excessivamente alto*, de modo que a ineficiência derivada destas condições formais[16] estará centrada neste aspecto: o sistema subjetivo não pode controlar o nível de atividade das empresas para que tenda ao ótimo.

Danos sofridos por consumidores

Quando o causador do dano é uma empresa e a vítima é seu consumidor, a conduta da firma se vê influenciada não somente por sua potencial responsabilidade, mas também pela percepção do risco do produto que tem o consumidor e que afeta sua disposição em comprar. Assim o consumidor avalia, para decidir as quantidades a comprar, o custo total,[17] que é composto pelo preço explícito de mercado mais a perda esperada do acidente que não será coberta por indenizações e que será, por tanto, afrontada pelo contratante. A percepção do risco depende da informação existente, e nesse sentido se apresentam duas hipóteses a seguir:

Na primeira, se assume que o consumidor tem informação perfeita (pode calcular $l(x,y)$).

Na segunda, que o consumidor não tem informação perfeita. Pelo contrário, supõe-se que a perda esperada é z vezes a perda real, onde z pode ser maior ou menor que a unidade (ou seja, superestima ou subestima o risco).

A função do bem-estar social deste problema é:[18]

$$BS = u(s) - s[c + x + y + l(x,y)]$$

As condições de primeira ordem resultam:

---

16. A referência à condições *formais* tenta demonstrar que existem outros problemas *materiais*, já referidos no texto, que atentam contra a eficiência deste tipo de sistemas em cenários reais.
17. A doutrina (SHAVELL, S. *Economic Analysis*... cit., 1987) e outros autores, utilizam o termo "full price". No entanto, parece preferível a denominação "custo total" ("full cost"), para excluir o uso do termo "preço", já que assim empregado perderia sua função de entidade de coordenação, dado que haveria um "preço" diferencial para cada "comprador", o que dificulta a análise. Não é, no entanto, inapropriado falar de *custos diferenciais*, já que essa possibilidade é habitual na doutrina, basicamente nos casos em que se incluem custos de transação – sempre subjetivamente diferenciais – aos preços dos produtos.
18. Diferentemente do modelo anterior, aqui o nível de atividade do causador do dano e da vítima se refletem em uma mesma variável (a quantidade do bem). Poder-se-ia supor que o consumidor controla uma variável adicional interpretada como seu nível de atividade correspondente, por exemplo, a intensidade de uso do produto.

$$1 = -l_x(x,y)$$
$$1 = -l_y(x,y)$$
$$u'(s) = c + x + y + l(x,y)$$

As duas primeiras estabelecem novamente que o custo marginal de precaução deve igualar-se ao benefício marginal derivado de aumentar o nível de precaução de cada um dos agentes dado o nível adotado pelo outro, expresso em termos pela diminuição da perda esperada. A última estabelece que a utilidade marginal que surge de um aumento no nível de consumo do bem deve ser igual ao custo de produção, mais o custo de precaução de cada um dos agentes, mais a perda esperada. Resolvendo simultaneamente estas equações se obtêm os valores ótimos x^*, y^*, s^*.

Para analisar o efeito do sistema de responsabilidade por culpa sobre a conduta dos agentes, se supõe que a empresa queira minimizar seu gasto tendo como estabelecido o nível de precaução da vítima, e que esta deseje minimizar seu gasto tendo como estabelecido o nível de precaução do causador do dano.

Qual é a conduta dos agentes sob a hipótese de informação perfeita?

O objetivo da empresa é minimizar $xs + cs + sl(x,y)$ pelo que $1 = -s\,l_x(x,y)$, que coincide com a condição de primeira ordem da maximização do bem-estar social. O consumidor percebe o preço correto $p = c + x + y + l(x,y)$ e procura minimizar o preço total que vai pagar; desta maneira, para não perder seus consumidores, a firma deve escolher $x = x^*$ (que minimiza $x + l(x,y)$); então a firma escolhe x^* e o custo total é $p = c + x^* + l(x^*,y)$. Isto é independente do nível que estabelece o ponto que diferencia a culpa da não culpa. O padrão afeta somente o preço arcado pela empresa; se $\bar{x} > x^*$ o preço será $c + x^* + l(x^*,y)$ porque a empresa escolherá ser negligente; se $\bar{x} \leq x^*$ as firmas não serão negligentes e o preço será $c + x^*$. A firma não escolhe $x > x^*$ porque já esquiva da responsabilidade gastando somente x^*.

O que ocorre com a conduta da vítima? Visto que $x = x^*$, neste sistema a empresa não seria considerada culpada, o que implica em que a vítima deverá suportar seu próprio dano, sem compensação. Por isso, deve escolher o nível de precaução que minimize seu custo definido como $sy + sl(x,y)$ pelo que $1 = -sl_y(x^*,y)$ sendo então $y = y^*$.

Se o preço que percebe o consumidor é $p = c + x^* + y^* + l(x^*,y^*)$ escolherá s de maneira que $u'(s) = c + x^* + y^* + l(x^*,y^*)$ pelo que $s = s^*$. Em síntese, se o consumidor conta com informação perfeita, seus próprios níveis de precaução e os do causador do dano[19] como o nível de atividade serão ótimos em um sistema de responsabilidade por culpa.

---

19. Na realidade, o nível de precaução da empresa *com informação perfeita de ambas as partes* será ótimo com independência do sistema de responsabilidade que reja a relação; ainda

Qual a conduta dos agentes sob a hipótese de informação imperfeita?

Supõe-se que os consumidores somente conhecem $z\, l(x,y)$ $con\ z > 1\ o\ z < 1$. A firma escolhe o nível de precaução ótimo pelas mesmas razões do caso anterior. O custo total *que perceba o consumidor* será $c + x^* + y + z\, l(x^*, y)$. Igualando $u'(s)$ com o custo percebido resultará $s > s^*\ si\ z < 1$ $y\ s < s^*\ si\ z > 1$. Como o consumidor não conhece $l(x,y)$ não pode escolher o nível ótimo de precaução. Se tentar minimizar seu gasto $sy + sz\, l(x,y)$ a condição de primeira ordem estabelece que $1 = -z\, l_y(x,y)$, de maneira que $si\ z > 1 \Rightarrow y > y^*$; $si\ z < 1 \Rightarrow y < y^*$.

Em resumo, o nível de precaução da empresa será ótimo, enquanto o nível de precaução do consumidor e o nível de atividade resultarão ineficientes. Se o consumidor superestima o risco adotará um nível de precaução muito alto e um de atividade muito baixo, enquanto se subestimar o risco sua precaução será ineficientemente baixa e seu nível de atividade muito alto.

---

sem responsabilidade, a empresa adotará esse valor ótimo para minimizar o *custo total* e não perder vendas.

Capítulo IV
O PROBLEMA DA INSOLVÊNCIA NO DIREITO DE DANOS*

1. Introdução

Conforme sugerido nos capítulos anteriores, a situação dos agentes insolventes responderem pelos danos que produziram é um problema frequentemente tratado na análise econômica da responsabilidade por danos.

A essência desse problema é de fácil percepção. Um advogado, identificando a possibilidade de insolvência do réu (agente do dano, responsável por uma conduta danosa já praticada), imediatamente percebe o perigo que essa situação gera a cobrança de uma eventual indenização. No entanto, pelo ponto de vista da AEDD (e, em termos mais gerais), enfatiza-se outro aspecto do mesmo problema: quando um agente não possui ativos suficientes para responder por todos os danos que pode causar, *seus incentivos para investir em medidas de prevenção são reduzidos* se comparados com o incremento da diferença entre o valor de seus bens e o valor do dano. Em suma, a possibilidade de deparar-se com a obrigação de indenizar constitui uma ameaça menos grave quanto menor for a solvabilidade do potencial causador do dano. A visão "para o futuro" que caracteriza de modo geral a AED, por consequência, parte da análise do comportamento em momento anterior à produção do dano.

A expressão inglesa "judgment proof" busca designar um tipo específico de indivíduos cuja solvência é inexistente, o que os transforma em sujeitos "à prova de condenações", isso porque, quando decidem realizar uma conduta, não levam

---

* O conteúdo deste capítulo reproduz livremente algumas ideias expostas nas apresentações Daños y Costos Sociales: el Problema de los *Judgment Proof* como una Alternativa de Elección, apresentada na *XL Reunión Anual de la Asociación Argentina Economía Política*. La Plata, Argentina, 16-18.11.2005, e na *X Reunión Anual de la Asociación Latinoamericana y del Caribe de Derecho y Economía (Alacde)*, Buenos Aires, 19-20.05.2006; Disponível em: [http://repositories.cdlib.org/bple/alacde/37/], e no artigo El Problema de la Insolvencia en el Derecho de Daños. Un aporte para su análisis económico. *Lexis-Nexis Jurisprudencia Argentina*, número especial sobre *Derecho y Economía*. Buenos Aires, Argentina, 19.03.2008, todos em coautoria com Andrea Barbero e Andrea Castellano.

em consideração a probabilidade de uma decisão que os condene a pagar uma indenização. Se não possuem bens que possam ser leiloados judicialmente para assegurar o montante da condenação – e se não podem sofrer outra consequência negativa –, uma sentença que imponha o dever de ressarcir, em resumo, nada afetaria seu bem-estar. Em outras palavras, não teriam nada a perder.

Essa situação de ausência de solvabilidade, porém, é uma possibilidade extrema. É possível, no entanto, que os agentes envolvidos possuam alguns bens com os quais possam responder a uma sentença indenizatória, ainda que seu valor seja inferior ao total da condenação. Nestes casos, ainda sim, identifica-se um problema de eficiência.

Com essas ponderações, a partir de agora, utilizaremos o termo insolvente para designar qualquer agente que não possua solvabilidade plena para responder pelos danos que cause, no momento oportuno.

A literatura convencional da EAD limitou-se, em geral, a tratar este tipo de situação entendendo os insolventes como um tipo de agente. No entanto, o mesmo tipo de questão pode ser também descrita como *um problema de escolha de agentes perfeitamente racionais*, sujeitos a certas restrições.

Este capítulo se concentrará prioritariamente nessa possibilidade. Na segunda parte, tentarei descrever determinados aspectos institucionais relevantes para explicar as bases da abordagem que vamos explorar mais à frente. Na terceira parte, explicarei, de forma sucinta, as bases dos modelos padrão que constituem o marco teórico geralmente admitido sobre o tema. Na quarta, introduzirei formalmente os aspectos principais da abordagem que proponho e discutirei algumas de suas consequências. E na quinta seção, finalmente, ensaiarei algumas poucas conclusões gerais.

2. Uma caracterização institucional dos agentes insolventes

Na maioria dos sistemas jurídicos, o conjunto de bens de uma pessoa, face ativa de seu patrimônio, está comprometido para pagar as suas dívidas, inclusive as indenizações por danos – já que nada mais representam senão uma espécie de dívida.

Todavia, é possível identificar-se um conjunto de exceções a essa situação geral. Se por um lado, nem todos os bens são irrestritamente sujeitos à ação do Judiciário, por outro, o custo do processo para liquidar esses bens marca um limiar, sob o qual se mostra insensato adotar essa via de cobrança. Sem deixar de reconhecer a sua importância, este último aspecto não será tratado neste trabalho.

No que se refere aos bens excluídos da execução judicial, é interessante distinguirmos três grupos de situações. Alguns bens estão excluídos diretamente, em razão de prescrição legal e essa exclusão independe do exercício de qualquer ato de vontade por parte de seu proprietário. Existem, também, certas possibilidades juridicamente permitidas de livrar alguns bens da ação de credores mediante um ato deliberado (e permitido) do potencial devedor. Finalmente, é possível ainda – de fato– excluir certos bens da ação judicial, mas agindo de modo juridicamente proibido.

A maioria dos sistemas jurídicos prevê que certos bens, considerados os mínimos indispensáveis à subsistência e, em alguns casos, para o desenvolvimento de uma atividade geradora de renda, sejam excluídos da execução judicial. Esse conjunto de bens, contudo, não é igual em todos os sistemas e nem permanece estático no tempo. Em muitos ordenamentos jurídicos não existe uma enumeração legal precisa desses bens, trata-se, pois, de uma questão vinculada à decisão dos juízes em cada caso concreto, com uma regra geral que apenas faz referência ao seu caráter "imprescindível" ou "necessário".[1] Na Argentina e em outros países de direito romanista, por exemplo, tem ocorrido uma tendência expansionista desse rol de bens protegidos ao longo do tempo. Levando-se em consideração, por exemplo, a evolução tecnológica para alguns bens, antes considerados de luxo, passaram a compor o rol dos "imprescindíveis" e, portanto, excluídos da possibilidade de execução.

Indo além dessas exclusões gerais, existem outros casos previstos na legislação extravagante que produzem o mesmo efeito. Seguindo no caso argentino, os imóveis construídos ou adquiridos com financiamentos do Banco Hipotecário Nacional ou dos Institutos Provinciais de Habitação, por exemplo, estão igualmente excluídos da possibilidade de agressão judicial. Mas para além destes, existem outros caminhos para excluir voluntariamente alguns bens da responsabilidade por dívidas. A possibilidade de constituir algum bem em "bem de família" para fugir da ação dos credores, foi instituída na Argentina em 1954, pela Lei 14.394. Definitivamente, as possibilidades legais são diversas e casuísticas e um estudo detalhado excede bastante o objetivo deste trabalho.

Há outro tipo de exclusão que, ao contrário das anteriores, exige determinadas condutas violadoras do ordenamento jurídico. Algumas manobras que permitem ao agente continuar a usufruir dos seus bens, permitindo que sejam excluídos da possibilidade de execução judicial. A constituição de certas sociedades, registros de bens em nome de outras pessoas e outras espécies de manobras equivalentes, ainda que se constituam em condutas simuladas ou fraudulentas e sejam repudiadas pelo sistema jurídico, permitem, quando realizadas com sucesso, atingir o efeito antes descrito. Uma consideração ingênua ou formalista de muitas destas situações

---

1. Na Argentina, os arts. 219 do Código Processo Civil da Nação Argentina e da Província de Buenos Aires, dispõe: "No se trabará embargo: 1.º En el lecho cotidiano del deudor, de su mujer e hijos, en las ropas y muebles de su indispensable uso, ni en los instrumentos necesarios para la profesión, arte u oficio que ejerza (...)".

poderia entender que um bem que pertencia a um sujeito e logo aparece inscrito no registro respectivo em nome de outro, deixou de ser propriedade do primeiro e passou a ser de propriedade do segundo. Até certo ponto, isto pode ser entendido a partir de uma perspectiva jurídica. No entanto, a análise econômica moderna do direito de propriedade[2] é mais eficiente na determinação da possibilidade de emprego (um conjunto de empregos) de um recurso do que as noções, quase metafóricas, como a "propriedade" do recurso em si mesmo.[3] Logo, se o primeiro sujeito mantém o *governo real* das possibilidades de uso do bem em questão, o fato de que passe a ser registrado em nome de outra pessoa altera os direitos de propriedade do primeiro, excluindo-o da possibilidade de execução judicial.

A análise econômica destas possibilidades ilícitas de conduta resulta sumamente interessante e, às vezes, costuma mostrar fraquezas derivadas de certas opções de método. O problema básico aqui consiste em como considerar as condutas juridicamente proibidas ou obrigatórias. A AED convencional não se limita ao *status* deôntico das condutas (proibido, permitido, obrigatório), mas incorpora o custo da sanção imposta à violação das prescrições legais, para julgar os incentivos de um agente racional submetido a essa situação. No entanto, por simplicidade ou inadvertidamente, algumas possibilidades deônticas costumam ser tomadas, como certezas factíveis. Um exemplo pode esclarecer o ponto em questão.

Quando se trata de analisar os efeitos da responsabilidade por danos, leva-se em consideração que os sujeitos podem atuar com culpa (e causar um dano), ou podem não fazê-lo, decidindo conforme sua conveniência em um ou outro sentido. Atuar com culpa, em um sistema de responsabilidade subjetiva, é uma possibilidade de conduta – do ponto de vista deôntico – proibida. No entanto, não se considera um meio de ação impossível, mas uma possibilidade perfeitamente possível para o agente. Quando se trata de pagar a indenização correspondente aos danos causados, o mesmo agente enfrenta um novo dilema: pagar (possibilidade juridicamente obrigatória) ou não fazê-lo. Aqui, ao contrário do que ocorre no momento anterior da análise, normalmente não se considera que o agente possa realizar qualquer comportamento ilegal, mas essa possibilidade é excluída – para fins analíticos – do campo de decisão. Costumamos pensar que o agente irá pagar a indenização devida, por equivalência neste ponto ao deonticamente devido e é o que de fato acontece.

---

2. ALCHIAN, A. Some Economics of Property Rights. *Il Politico*, 30, n. 4, p. 816-829, 1965, e em *Economic Forces at Work: Selected Works by Armen A. Alchian*. Indianapolis: Liberty Press, p. 127-149; DEMSETZ, H.; ALCHIAN, A. The Property Right Paradigm. *Journal of Economic History*, vol. 33, n. 1, 1973.

3. Em razão do alcance deste trabalho não se discutirá a teoria dos direitos de propriedade de Demsetz-Alchian e me limitarei a uma breve referência exposta. Isso não quer dizer que a dita teoria está isenta de pontos débeis ou que a compartilho de modo absoluto.

Esta aparente inconsistência da análise pode ser justificada como uma decisão metodológica consciente, quando o que se tenta analisar é apenas uma parte de uma cadeia complexa de decisões. Se for assim, é perfeitamente lícito e constitui uma decisão de método bastante usual. Entretanto, se a decisão é involuntária, as conclusões resultarão de certo modo viciadas de ingenuidade.[4]

No que se refere ao tratamento das situações vinculadas a agentes insolventes, não se costuma incluir explicitamente a análise destas possibilidades ilegais de decisão, considerando os insolventes apenas um tipo de agente: uma classe de indivíduos que além de sua decisão, carecem de bens para responder integralmente pelos danos que produzam. Neste trabalho, ao contrário, tentarei um ponto de partida diferente. Um sujeito que carece de bens, não pode passar a ser proprietário de um patrimônio executável de um modo simples e meramente dependente de sua vontade. No entanto, um indivíduo que é dono de alguns bens, dispõe da possibilidade de excluir todos ou alguns da ação da justiça. Em outras palavras, nesse caso, passar a ser um agente insolvente não é mais que uma decisão. Se supormos racionalidade nos agentes, essa decisão estará sujeita às mesmas condições que as restantes. Em termos simples, entenderei que o agente em questão decidirá ser insolvente quando isso lhe for mais conveniente e denominarei, daqui para frente, proteger bens, às decisões tendentes a essa finalidade. Considerarei, do mesmo modo, tanto as possibilidades legais (constituição de bens de família) quanto às ilegais (transferência fraudulenta e simulada de bens). Com relação a ambas terei como objetivo unicamente os custos e benefícios implicados. Parece simples identificar os custos que demandam as possibilidades legais de excluir bens da execução judicial. Quanto aos custos dos comportamentos ilegais, deverão ser considerados tanto os custos explícitos das ações empreendias pelo agente (v.g., o custo de constituir uma sociedade fraudulenta), quanto o valor esperado da utilidade associada à possibilidade de sofrer uma sanção, qualquer que seja esta (v.g., seja, por exemplo, anulação do ato fraudulento – que impeça o efeito da exclusão tentada– ou uma condenação a prisão por fraude).

3. O problema dos insolventes nos modelos usuais

O modelo padrão de análise econômica da responsabilidade por danos, como já foi explicado, apresenta a situação de um indivíduo que decide empreender uma

---

4. Se se desse por certo que os agentes realizarão de fato as condutas obrigatórias ou não cometerão as proibidas (com independência das condições fáticas implicadas e seu cálculo de custos e benefícios) bastaria escolher certas normas que expressassem os objetivos perseguidos, para assegurar-se que os mesmos produzir-se-ão efetivamente, no mundo. Esta visão ingênua costuma contaminar total ou parcialmente muitas análises jurídicas e econômicas. Isso não costuma ocorrer em termos absolutos: ninguém acredita que com uma norma do tipo "é obrigatório comportar-se corretamente" pode construir-se um sistema jurídico prático. Todavia, em certa seção do projeto de análise institucional, com alguma frequência incorre-se – de modo mais ou menos sutil – em alguma classe de ingenuidades.

atividade da qual obtêm benefícios e pode ocasionar um dano a terceiros, com uma probabilidade que depende do nível de precaução que adote. A versão mais simples é definida pelas relações formais que reiterarei a seguir.

Após a breve exposição formal com essas ideias, o leitor pode passar adiante, seguindo o detalhamento das fórmulas e ater-se a síntese das mesmas ideias que intercalarei em palavras (usarei formatação em itálico para esse fim).

g representa o benefício[5] que o indivíduo obtém ao empreender a atividade: $g > 0$;

x é o nível de precaução adotado pelo potencial causador do dano,[6] $x \geq 0$;

$p(x)$ é a probabilidade de ocorrência do dano;[7]

$0 < p(x) < 1; p'(x) < 0$ y $p'(x) \to -\infty$ quando $x \to 0$; $p''(x) > 0$

h é o nível de dano; $h > 0$.

O comportamento ótimo a partir de uma perspectiva social surge da maximização de uma função objetiva definida pela diferença entre o benefício de empreender a atividade e a soma do custo de precaução mais o dano esperado, ou seja:

$$máx \quad g - [x + p(x)h]$$

e x deve satisfazer a seguinte condição de primeira ordem;

$$1 = -p'(x)h$$

que expressa o custo marginal da precaução que deve se igualar à redução marginal do dano esperado. O valor ótimo de x identifica-se com x^*. Adicionalmente, para empreender a atividade deve-se cumprir a seguinte condição de participação:[8]

$$g - [x^* + p(x^*)h] \geq 0$$

---

5. Pode ser uma expressão monetária se se trata do benefício de uma empresa, ou simplesmente o bem ser voltado à realização de uma determinada atividade como, por exemplo, dirigir um automóvel.
6. O "nível de precaução" é expresso em unidades monetárias e pode ser substituído pela expressão "custo de precaução".
7. Supõe-se que somente o causador do dano pode modificar com sua conduta a probabilidade de ocorrência do dano. A possibilidade de causa bilateral implicaria admitir que também a vítima pode influenciar na probabilidade do acidente.
8. Para simplificar, supõe-se que o benefício que obtém o agente é constante; uma alternativa mais complexa seria considerar aqui uma função de utilidade do agente que dependa do nível de atividade a empreender; desta forma o agente não só deveria escolher o nível de precaução a ser adotado como também a quantidade da atividade que realizará.

O ótimo social x^* é alcançado, sob um sistema de responsabilidade objetiva[9] no qual o causador deve pagar uma indenização que compense o dano causado. O agente sabe que deve responder sempre, e então incorpora em sua função objetiva o custo de precaução e o dano esperado, coincidindo o resultado alcançado com o socialmente ótimo.

Para expressar a mesma coisa de forma simplificada, quando certas condições estão presentes (as que são assumidas no modelo: casualidade do dano unicamente à frente do potencial causador, racionalidade, informação etc.), e bens suficientes no momento de responder, pode-se concluir que o sistema de responsabilidade (qualquer dos sistemas habituais) incentivará os potenciais causadores de danos a tomar as medidas de precaução ótimas, gerando como resultado um estado eficiente. Isto quer dizer que um potencial ofensor, diante da possibilidade de responder, envidará os esforços de precaução socialmente ótimos ("gastará" – investirá esforços – para prevenir até que a última dose de precaução seja de menor custo que a dose de dano que esse incremento da precaução evite). Em um estágio mais simples de análise, isso ocorrerá do mesmo modo tanto se for tratado por um sistema subjetivo, como se for enfrentado em um sistema objetivo de responsabilidade.[10]

O que aqui interessa é que os resultados mudam e o sistema de responsabilidade por danos mostra suas falhas quando se admite a possibilidade que o causador não possua os ativos suficientes para afrontar o total da indenização que deve pagar caso seja responsabilizado por algum dano.

Quando os agentes são insolventes surgem dois problemas em torno da eficiência. Por um lado os causadores carecem de incentivos para adotar o nível de precaução (e prevenirão menos) e de atividade adequados (e realizarão mais atividade que a socialmente ótima) e por outro lado, as potenciais vítimas, em contra partida, poderão tender a adotar um nível de precaução socialmente excessivo (e, mesmo que não seja o tema deste trabalho, seguramente é considerado injusto para qualquer jurista tradicional).

Para modelar esta situação é incorporado a analise o nível de ativos executáveis do causador potencial, entendido como uma variável exógena y. Quando intervêm agentes do tipo insolvente, se cumprirá a condição $y < h$. Isto implica que se um indivíduo causa um dano h somente responderá até um montante y.

A função objetiva com esta restrição é expressa como:

---

9. A análise poderia ampliar-se para considerar um sistema de responsabilidade por culpa. O mesmo foi omitido somente para fins de simplificação.
10. Como pode ser observado, isto não é mais do que já foi colocado nos primeiros capítulos deste livro. Para as obras fundamentais na matéria, as remissões e referências que efetuei nos mesmos.

$$\text{máx} \quad g - [x + p(x)\min(y,h)]$$

A escolha do nível de precaução que adotará este indivíduo será $x(y)$.[11] Shavell demonstra que quando $y < h$ o nível de precaução adotado é inferior ao ótimo e o nível de atividade empreendida é ineficientemente alto.[12]

4. A qualidade de insolvente como uma possibilidade de decisão racional

A análise precedente, como já foi assinalado, considera os insolventes um tipo fixo de agente. É possível, entretanto, assumir que os indivíduos possuam a possibilidade de excetuar alguns bens da execução judicial, por intermédio de alguma conduta. Nestas condições, em consequência, a possibilidade de se constituir em insolvente, ou em seu caso diminuir ainda mais sua responsabilidade patrimonial, passa a ser um problema de decisão racional para qualquer agente com ativos executáveis superiores a zero. Desta forma, o nível de ativos converte-se em uma variável endógena do modelo.

Para isso supõe-se que o agente pode modificar seu nível de ativos frente à possibilidade de ser considerado responsável por um dano e ter que enfrentar a indenização correspondente. Esta possibilidade está associada a um custo maior que zero. Em outras palavras, suporei que o potencial agente deverá suportar algum custo, desejando excluir seus ativos da ação judicial. Este modo de apresentar o problema contempla, como já o adiantei, tanto situações permitidas por lei, quanto outras proibidas. A noção de custo envolvida no problema abarca qualquer tipo de desvantagem ou sacrifício, explícito ou não explícito, que possa derivar dessa decisão de excluir bens da ação da justiça. Mais uma vez, pode-se acompanhar o conteúdo do raciocínio em itálico e dispensar as fórmulas.

Em todos os casos, se o agente decide reduzir seu patrimônio executável por debaixo do importe do dano que causará, só responderá por uma parte do dito dano que será igual ao nível de ativos executáveis que conserve. Isto trará como consequência uma divergência entre o dano potencial e a indenização potencial que suportará esse sujeito.

---

11. O fato que o agente enfrente uma indenização igual ao montante de seus ativos reflete o previsto, que o custo de precaução não é monetário; se a precaução implica um gasto monetário os ativos disponíveis para afrontar o pagamento da indenização será somente $y - x$. Adicionalmente se supõe que o benefício não é monetário, senão os ativos disponíveis seriam $y + g$.
12. SHAVELL, S. *Foundations of Economic Analysis of Law*. Harvard University Press, 2004, e Minimum Asset Requirements and Compulsory Liability Insurance as Solutions to the Judgment-Proof Problem. *National Bureau of Economic Research*, Working Paper 10.341.

Assumindo estas considerações, o valor esperado da indenização se define formalmente como:

$$p(x)\alpha(c)h$$

onde α é a proporção do dano que irá enfrentar com $0 \leq \alpha \leq 1; \alpha'(c) < 0$ y $\alpha''(c) > 0$; ainda $\alpha \to 0$ quando $c \to \infty$ e $\alpha \to 1$ quando $c \to 0$. Se o agente não fosse um insolvente esta expressão coincidiria com o dano esperado (e α seria igual a 1).

A relação inversa entre α (a proporção da indenização total que em definitiva terminará pagando efetivamente o causador) e c (o custo de diminuir essa porção) coloca em evidência que para responder por um montante inferior aos ativos reais que possui (que pode chegar a zero), o causador deve tomar a decisão de "quanto gastar" (mas geralmente, que sacrifícios realizar, que riscos assumir etc.) para diminuir sua solvência, já que essa ação tem um alto custo. Também é preciso destacar que esta relação depende da estrutura institucional: em um país com instituições desenvolvidas supõe-se que se deve gastar muito para que α seja reduzido muito pouco (deve gastar muito para tornar-se insolvente com relação ao que poderá evadir da ação da justiça); se existe certo tipo do que denominaremos "fragilidade" institucional, os agentes podem tornar-se insolventes em maior medida assumindo um custo relativamente baixo.

Com estas modificações a função objetivo do potencial agressor que sabe que será atingido por um sistema de responsabilidade objetiva, está definida por:

$$\max g - \left[x + p(x)\alpha(c)h + c\right]$$

e o ótimo será alcançado ao minimizar o custo total de empreender a atividade de risco formado pelo custo da precaução, mais o custo de tornar-se insolvente e mais o montante esperado da indenização.

Neste cenário, o problema tem duas variáveis de controle e, em seguida, o indivíduo deve tomar duas decisões: quanto irá gastar em precaução e quanto irá gastar para tornar-se insolvente.

As condições de primeira ordem do problema estão definidas por:

$$1 = -p'(x)\alpha(c)h$$
$$1 = -p(x)\alpha'(c)h$$

A primeira equação estabelece que no ótimo o agente deva igualar o custo marginal da precaução com a redução na indenização a pagar. Note-se que esta redução na indenização potencial se deve a uma diminuição da probabilidade de ocorrência do evento danoso ao adotar níveis de precaução maiores.

A segunda equação expressa que o ótimo deve se igualar ao custo marginal de se tornar insolvente com a redução na indenização a pagar. Aqui a redução na indenização a pagar se deve a uma redução em α que é produzido ao aumentar $g > 0$ e faz com que o agente seja menos solvente e responda em menor medida.

A solução do problema produz os valores ótimos de x e c identificados respectivamente por $\tilde{x}$ y $\tilde{c}$. O nível de precaução adotado neste caso é inferior ao ótimo social x^* já que o potencial causador considera em sua função objetiva só uma parte do dano esperado. Somente no caso em que α seja igual a 1, x coincidiria com x^*.[13]

Das condições de primeira ordem se deduz que no ótimo é cumprida a seguinte relação:

$$\frac{p(x)}{p\cdot(x)} = \frac{\alpha(c)}{\alpha\cdot(c)}$$

Os resultados apresentam uma relação interessante entre o investimento em medidas de prevenção e o custo assumido para se tornar insolvente (respectivamente, x e c). Embora a decisão de incrementar cada uma delas determine para o potencial agressor uma redução na indenização esperada, as consequências a partir do ponto de vista do custo social são claramente diferentes. No primeiro caso a diminuição do valor esperado da indenização a ser suportada acompanha uma redução nos custos sociais impostos aos outros em forma de dano. No segundo, entretanto, o investimento para excluir bens da ação da justiça só reduz o custo privado do causador (que reflete na diminuição da indenização que deverá ser paga), mas não interfere no custo projetado para terceiros. Trata-se, em outras palavras de um mero caso de infracompensação às vítimas, por danos sofridos.

Considerando potencial agressor um agente racional nos termos que discorremos, sua decisão de investir em precaução ou, alternativamente, em proteger bens da ação judicial, dependerá do impacto que o dito investimento implique na redução da indenização esperada. A implicação mais evidente é que, se com muito pouco investimento é possível proteger bens que representem um montante elevado, essa opção será claramente mais atrativa que adotar precauções e, portanto, o nível de danos que geram aos agentes será elevado acima do ótimo social. Esta conclusão simples, não obstante, depende de fatores um pouco menos fáceis de identificar.

Em primeiro lugar, pode ser assinalado que a definição da função de custos que demande a ação de proteger bens da ação judicial pode adotar formas impressio-

---

13. Isto pode ser visto comparando as condições de primeira ordem deste problema com a condição da primeira ordem apresentada anteriormente.

nantes. Em alguns sistemas é possível inferir que, embora seja muito barato excluir alguns bens, é muito caro proteger alguns que signifiquem um valor que supere certo limiar. Suponhamos, por exemplo, que a única possibilidade é a constituição de um imóvel de valor modesto para o bem da família. Assim, para quem possua 10 imóveis, a possibilidade de proteger um será muito barata, mas se quisesse proteger dois ou mais, o custo (por não haver outra possibilidade faticamente disponível) se elevaria ao infinito.

Em outro sentido, muitas vezes os custos são determinados pelas consequências da ilegalidade das manobras que procuram subtrair bens da execução judicial. Não obstante, nem sempre tal custo virá da mão de uma *pena* no sentido padrão. Certos efeitos jurídicos induzem, de modo muito mais sutil o incremento desse tipo de custos. Isso ocorre, por exemplo, com a incerteza que se introduz entre os cúmplices de uma manobra fraudulenta, a impossibilidade jurídica de se reverter uma transferência simulada de bens. Ao contrário, se for imposta pena pecuniária cuja cobrança transcorra pelo mesmo caminho institucional que a execução da indenização de danos e prejuízos, não implicará nenhum custo efetivo adicional. É bastante simples perceber que se a decisão de se tornar insolvente tende a deixar uma parte da indenização sem ser paga, não restariam bens adicionais sobre os quais se pudesse executar judicialmente esse tipo de penalidades pecuniárias. Desta forma, as normas que impuseram esse tipo de soluções poderiam servir para apaziguar a consciência dos legisladores, mas não para modificar as condutas que parecem apontar.

Esta perspectiva de análise pode ser estendida ao estudo de diversos aspectos da responsabilidade. Embora empregue aqui um modelo simples de responsabilidade objetiva para mostrar esta classe de efeitos, é possível analisar sua incidência também, para os casos de responsabilidade subjetiva ou por culpa. Em ambos os casos subsiste a mesma alternativa de eleição para o agente que pode decidir entre destinar recursos para prevenir o dano ou proteger seus bens de uma execução judicial.

Finalmente, um efeito interessante é produzido com relação ao seguro. A possibilidade mais evidente é que, em certos níveis de custos, se for barata o suficiente para proteger *todo* o patrimônio, essa alternativa será mais atraente também para assegurar total ou parcialmente. No entanto, é possível encontrar variações interessantes. Por exemplo, se o custo do prêmio é elevado (que acontece com um prêmio justo[14] quando é muito alta a probabilidade do dano) pode ser preferível para o possível causador escolher destinar recursos para diminuir sua solvência

---

14. É denominado "prêmio justo" ao preço da cobertura que se pactuaria em um mercado perfeitamente competitivo e que – em termos teóricos – igualaria ao valor esperado do risco. Aprofundarei sobre estes temas no capítulo seguinte.

em comparação com as alternativas possíveis, representadas pelo seguro completo e pela insolvência completa.

Os temas relacionados com certas variantes do seguro obrigatório como "segunda melhor" resposta ao problema dos insolventes, estarão no próximo capítulo. Este simplesmente procura expor a perspectiva tradicional da AED a respeito e apresentar uma visão alternativa, mais do que esgotar o estudo das implicações da análise.

5. Conclusões

A perspectiva metodológica que propõem estes parágrafos parece preferível à apresentação tradicional neste campo, quando o propósito consiste em analisar com detalhes, certas alternativas institucionais vinculadas à questão dos agentes insolventes. Em concreto, quando a análise busca exceder ao estudo das potencialidades da responsabilidade de direito privado como um instrumento de controle dos custos sociais derivados dos danos que gere sua atividade. A existência de agentes insolventes está geralmente associada a outras alternativas institucionais tendentes a gerar incentivos adequados – mecanismos de *specific deterrence* –, distintos e alternativos à responsabilidade por danos, entendida como ineficaz para tal finalidade. A perspectiva que tentei explorar tende a analisar a questão a partir de uma fase anterior: isto é, o ponto em que um agente *pode escolher* ser, ou não, um insolvente.

A apresentação padrão do problema, trabalhando com agentes insolventes como um mero tipo de agente, implicitamente desloca para o âmbito do exógeno certos aspectos relevantes da questão. Em concreto, deixa fora do campo de análise as condições pelas quais um agente *chega a ser do tipo insolvente*, assumindo essa qualidade como um fato dado. Quando se apresenta a mesma situação como um problema de decisão racional dos agentes (que podem decidir se vão investir em diminuir sua responsabilidade patrimonial ou, por exemplo, assumir custos de prevenção) entretanto, é incorporado à análise o estudo dos custos que demanda a decisão de diminuir a responsabilidade patrimonial que deriva de cada sistema institucional. Quando estes custos decrescem, a alternativa de transformar-se em insolvente ou diminuir ainda mais o estoque de bens executáveis já inicialmente insuficientes, torna-se mais atrativa.

Essa diminuição de custos pode acontecer tanto por via de condutas permitidas, quanto por vias juridicamente proibidas. No primeiro caso, as instituições que tendem a resguardar certos bens da execução judicial podem atender outros objetivos, mas tem também incidência com relação à eficiência designada. Frequentemente problemas semelhantes são identificados em algumas relações contratuais em que certas decisões judiciais deixam sem efeito algumas cláusulas e restringem, assim, a responsabilidade do devedor. No entanto, um efeito semelhante se produz com clareza na responsabilidade extracontratual. Não se trata de desqualificar essas possibilidades, pelo contrário, busca-se revelar todos seus efeitos para julgar adequadamente seu valor.

No caso de condutas proibidas a análise pode recorrer a temas muito interessantes. O sistema jurídico pode prever que certas condutas tendentes a excluir bens tenham-se como não realizadas e, conjunta ou alternativamente, penalizar de algum modo o sujeito que tentasse esta estratégia. Em ambos os casos, subsiste a possibilidade de que a manobra ilícita triunfe e os bens fiquem efetivamente excluídos. Isto significa que a mera proibição legal, aquilo que mencionamos como *status deôntico da conduta* (neste caso, sua proibição), nunca é equivalente a *certeza fática* de que não seja praticada a conduta. Em termos da teoria da decisão, nunca se tratará de uma possibilidade indisponível para o agente. Muito pelo contrário, trata-se simplesmente, de uma decisão sujeita a certos custos e restrições.

O estudo detalhado da estrutura destes custos gera resultados relevantes no desígnio de políticas públicas. Por exemplo: se se decide punir os atos ilícitos que tendem a diminuir a responsabilidade patrimonial mediante uma sanção patrimonial (que se trate, por exemplo, de interesses punitivos ou uma multa) que pode ser percebida apenas quando da execução judicial dos bens do infrator, é possível prever que a mesma não gerará incentivos efetivos para evitar a conduta formalmente proibida. Além dessa possibilidade extrema, existe um conjunto de alternativas intermediárias dignas de estudo. Em todos estes casos, entretanto, a condição final de insolvente dos agentes não marca o limite da análise, senão que é um aspecto a mais que se integra no estudo, um campo no qual é possível operar e com relação ao qual incide a estrutura institucional vigente, acima dos desejos e dos objetivos perseguidos pelos gestores sociais.

A decisão metodológica de *endogenizar* como escolha alternativa certas condutas que afetarão a existência de certas propriedades dos agentes, provavelmente apresenta um potencial que permite sua generalização para outras situações. Os modelos que trabalham com tipos definidos de agentes limitam o estudo das relações teóricas implicadas nesse aspecto da análise. Entretanto, o processo pelo qual os agentes chegam a ser de um ou outro tipo, muitas vezes pode ser estudado empregando a mesma classe de relações que são utilizadas nos ditos modelos, para predizer seu comportamento. Um modelo, por exemplo, pode trabalhar com agentes imperfeitamente informados ou perfeitamente informados e a partir daí, tentar predizer seu comportamento frente a certas escolhas. Não obstante, pelo menos algumas vezes, é possível estudar a cadeia de decisões que levou os agentes a incluir-se em um ou outro tipo mediante procedimentos padrão. Este tipo de estudo, quando é possível, enriquece o conjunto de possibilidades de designação institucional com um mesmo propósito. Portanto, provavelmente trata-se de uma possibilidade não descartável de ampliação da análise econômica em vários campos.

Finalmente, no que diz respeito especificamente às possibilidades de insolvência voluntária, consideradas como alternativas de eleição viável e uma questão de projeto institucional, o tema parece guardar uma relação central com alguns aspectos de análise financeira, e com um campo de desenvolvimento particularmente digno de se explorar.

Capítulo V
SEGUROS VOLUNTÁRIOS E OBRIGATÓRIOS DE RESPONSABILIDADE CIVIL*

1. O seguro obrigatório de responsabilidade civil para a condução de automóveis

Muitos sistemas jurídicos impõem a exigência de contratar um seguro de responsabilidade como condição para realizar certas atividades. A condução de automóveis, na atualidade, constitui uma das atividades tipicamente sujeitas a essa imposição na maioria dos países do mundo.

Os países nórdicos iniciaram cedo por esse caminho. Desde a década de 1920, Finlândia (1925), Noruega (1926) e Dinamarca (1927) impuseram o dever de assegurar-se como condição para conduzir. Nos Estados Unidos, embora alguns projetos tenham sido discutidos em vários estados desde 1925, a primeira jurisdição que impôs tal exigência foi a de Massachussets, em 1927, e quase trinta anos depois, o fizeram Nova Iorque (1956) e Carolina do Norte (1957). Na década de 1970, o restante dos estados havia seguido o mesmo caminho e em 1997 quarenta e cinco deles já convergiam na mesma linha.[1]

Boa parte dos países latino-americanos[NT1] (Argentina, Chile, Peru, Bolívia, México, Costa Rica e Colômbia) impuseram essa obrigação durante a década de 1990. Nos últimos anos,[2] Rússia e China sancionaram leis que adotam o mesmo temperamento.

---

* O contido neste capítulo reproduz livremente ideias contidas nas apresentações "Mandatory Third Party Insurance: God: the Devil and the details", apresentada na X Reunião Anual da Associação Latino Americana e do Caribe de Direito e Economia (Alacde), University of California, Berkeley, EEUU abril de 2005. Disponível em: [http://repositories.cdlib.org/bple/alacde/9/] e no ciclo Fellow Lectures, RCC at Harvard University (Cambrigde, Massachussets, EEUU, maio de 2005) e no artigo do mesmo título reproduzido por *The ICFAI Journal of Insurance Law*, vol. I, n. I, p. 15 a 36, 2006. Hyderabad, India, em janeiro de 2006. Todos eles, em coautoria com Andrea Castellano.

1. COHEN, A.; DEHEJIA, R. The effect of automobile insurance and accident liability laws on traffic fatalities. *National Bureau of Economic Research*. Working Paper 9.602, 2003.

NT1 No Brasil há o DPVAT, seguro estipulado pelo Estado e cobrado juntamente com o imposto incidente sobre a propriedade de veículos (IPVA) e licenciamento anual. Tem como finalidade amparar vítimas de acidentes de trânsito, exclusivamente com relação

Esse acordo para adotar tais sistemas (que doravante designará como "MTP", em virtude de sua conhecida denominação inglesa (Mandatory Third Party systems" – sistemas de seguro contra terceiros),[3] no entanto, não foi adotado a partir da melhor compreensão dos fundamentos teóricos de tais instituições. A introdução desses sistemas, além disso, não respondeu em todos os casos aos mesmos propósitos.

Como o primeiro desses aspectos, neste campo – ou em qualquer outro – é claro que as conclusões sobre o valor de tais decisões institucionais dependem, fortemente, dos pressupostos que se assume para a análise. Nesse sentido, quando se tenta julgar um sistema dessa classe, a luz de critérios de eficiência Pareto-Potenciais, é possível encontrar um conjunto de suposições que conduzam a uma evolução positiva, mas é igualmente possível encontrar outro grupo de suposições que nos guie ao resultado oposto. Em ambos os casos, a análise relacionará dois conjuntos de termos: por um lado, o sistema MTP em questão, entendido como um conjunto de normas. Por outro, certas condições do mundo social, entendidas como um conjunto de atos. O problema mais óbvio é que o dever jurídico de contratar um seguro é apenas uma das propriedades de qualquer sistema MTP, e logo, o valor (positivo ou negativo) desse sistema não pode depender unicamente de um de seus componentes, sem que o resto do sistema influa em nossas conclusões. Em outra dimensão, a evolução de um sistema MTP real dependerá também da interação entre esse sistema e das condições do mundo real em que opere. Nesse sentido, embora, exista consenso sobre a adequação de certa classe de sistema a certa classe de contextos sociais, poderia, ainda, se discutir se as condições empíricas que caracterizam estes últimos efetivamente estão presentes na sociedade em que se pretende operar. E esta discussão é de natureza diferente das anteriores.

As páginas que seguem tentarão advertir que os elementos relevantes para julgar um sistema MTP real[4] quanto à alocação de recursos na sociedade, tendem a ser muito mais do que aparentam e que nesse debate se entrelaçam discussões de

---

aos danos pessoais. Caso ocorra um acidente, as situações que serão indenizadas são mortes ou invalidez permanente.

2. Na China, a lei que impôs esse tipo de seguro foi sancionada na quinta sessão do 10th NPC Standing Committee, em outubro de 2003, depois de quatro rodadas de deliberação. Na Rússia lançou-se a vigência do seguro obrigatório a partir de 1.º de julho de 2003, embora o efeito das sanções por descumprimento tenha sido adiado para 1.º de janeiro de 2004.
3. Empregarei, também, a sigla "TP" para fazer alusão aos sistemas de seguro contra terceiros ("third party"), sem incluir a classificação "mandatory" (obrigatório).
4. Por sistemas reais ou individuais entender-se-ão os sistemas MTP vigentes, por exemplo, no México, China ou Massachussets, com todos os seus componentes. Ao contrário, a classe de sistemas MTP será formada por qualquer sistema que tenha entre suas propriedades imposição com obrigatoriedade jurídica de contratar um seguro de responsabilidade por danos, independente de seus outros elementos.

diversas categorias. Trata-se de uma complexidade, que – por certo – não paralisa a análise racional, mas requer uma série de distinções e combinações com base em vários desenvolvimentos teóricos.

Falar de "obrigatoriedade" quanto à contratação de um seguro, por exemplo, não significa em nenhum caso que um funcionário público irá obrigar os cidadãos a assinar uma apólice e pagar o prêmio apropriado. Ao contrário, essa obrigatoriedade simplesmente denota que o sistema em questão impõe uma consequência jurídica para a infração consistente em conduzir sem estar segurado. Em termos de análise econômica essa situação pode ser descrita afirmando-se que o agente que a fizer sujeitar-se-á a um custo, sujeito a certa probabilidade. Nesse sentido, é fácil diferenciar um sistema que sanciona essa infração com uma multa de $ 1, de outro que a imponha com pena de prisão e um terceiro – apenas hipotético neste caso – que determine pena de morte para a mesma falta. Todos eles serão sistemas MTP reais, e integram a classe desses sistemas unicamente por incluir entre seus elementos a obrigação jurídica de assegura-se, independente da sanção que se atribua para o cumprimento de tal dever. Não obstante, cada um deles poderá merecer uma apreciação diferente do ponto de vista econômico. Tais considerações sugerem que, ao julgar um sistema MTP individual em relação aos seus efeitos sobre a alocação de seus recursos, pode ser preferível empregar uma escala de análise de "grãos mais finos"[5] e distinguir elementos de alcance menos gerais que o mero dever de adquirir um seguro.

Em relação às características dos sujeitos implicados, a análise da matéria, frequentemente, parte de algum tipo de imperfeição que coloca um problema típico de alocação de recursos.[6] Nessa linha de pensamento, o valor deste tipo de regulação poderia medir-se por sua capacidade relativa para lidar com o problema que a motiva, conjuntamente com os outros efeitos derivados da eficiência alocativa.[7]

Os parágrafos que seguem assumirão de modo muito geral esse marco teórico. Sobre tais premissas, o objetivo desse capítulo consistirá, basicamente,

---

5. O sentido em que se usará essa expressão levará em conta que, caso se falasse de "uma biblioteca" estaríamos empregando uma escala de análise mais grosso modo do que se considerássemos "livros". A ideia de *universo de discurso* da lógica, da semiótica e da inteligência artificial relaciona-se a essa noção. Mais precisamente, uma escala de análise mais fina seria uma estratégia de análise que adota um universo mais fino do discurso.
6. Se se assume um modelo padrão de competência perfeita, com plena solvência dos agentes etc., este tipo de regulação usualmente será considera desnecessária. Ao contrário, sua necessidade, do ponto de vista econômico, parte de assumir que alguma destas condições está ausente. Denomino aqui, imperfeição a essa ausência.
7. Um sistema individual poderia lidar muito bem com o problema de alocação, mas pode gerar outros que determinem distorções superiores. Um projeto alternativo poderia não lidar tão bem com esse problema, mas introduzir menores distorções. O texto refere-se ao efeito conjuntos desses efeitos.

em estudar as características de um sistema de seguro de responsabilidade por contingência de circulação de automóveis, frente a que condições empíricas podem conduzir à caracterização de um sistema "apropriado" ou "conveniente" em virtude de seus efeitos sobre a alocação de recursos em uma sociedade. Para tal propósito, a segunda seção irá rever os pressupostos usualmente assumidos ao estudar este campo, incluindo uma apresentação resumida do modelo mais simples de seguro voluntário de responsabilidade. Na terceira, tentar-se-á descrever algumas relações particulares, apenas alterando-se alguns termos do modelo básico. Na quarta, serão indicados alguns efeitos da presença combinada de mais de uma imperfeição dentre aquelas usualmente assumidas e verificadas (conjuntamente) na maioria das sociedades em desenvolvimento. Na quinta seção, serão buscadas algumas conclusões que serão discutidas, brevemente, na seção final. Os resultados dessa análise sugerem – como se tentará demonstrar – que além da obrigação de assegurar-se (único elemento relevante para definir um sistema como MTP) é particularmente necessário ter em conta certas características dos sistemas, em uma escala de análises mais fina ou detalhada do que a habitualmente empregada na maior parte da literatura do AEDD. E que essa escala de análises parece ser mais apropriada quando o objetivo é julgar as virtudes e os defeitos dos sistemas MTP reais.

Tanto quanto nos países emergentes e, em particular, na América Latina é possível advertir que a existência de certas bases empíricas difundidas amplamente nessas sociedades sugere a conveniência de tais sistemas se (e, apenas se) certos aspectos do desenho institucional são levados em conta em sua conformação.

2. A análise econômica do seguro de responsabilidade civil. Modelos, elementos e relações básicas

O modelo empregado para representar a questão central relativa ao seguro de responsabilidade civil usualmente tem sido construído considerando três tipos de agentes ou julgadores. Por um lado, os "transgressores", mais precisamente, os "potenciais transgressores" e para este modelo "potenciais transgressores segurados", a que por simplicidade alguma vezes serão chamados de "segurados". Por outro, as (também potenciais) vítimas e por um terceiro, as companhias seguradoras (ou simplesmente seguradoras). Sobre o comportamento desses agentes, costuma-se partir de um conjunto de suposições básicas sujeitas a algumas críticas. Estas são, geralmente, as seguintes:[8]

- As informações não divulgadas pelos agentes;

---

8. Intencionalmente será deixada de lado, aqui, toda diferença entre responsabilidade objetiva e subjetiva e suas consequências a respeito dos sistemas MTP.

- Sua atitude frente ao risco;
- O Patrimônio, mais precisamente, a solvência dos agentes (basicamente, a solvência dos "transgressores"); e
- Os custos administrativos do sistema de compensação de danos. Dentro dos sistemas possíveis, se encontram os custos da administração da justiça que decorrerá do julgamento dessas ações.

No que diz respeito à informação, as diferentes situações para estudar podem ser modeladas com base em diferentes níveis de informação para cada um dos sujeitos ou no mesmo nível para todos. O caso mais simples seria aquele no qual se assume informações completas para todos os envolvidos no que diz respeito à quantidade e probabilidade dos danos envolvidos. No entanto, é possível variar essa suposição e assumir diferentes graus e tipos de conhecimento para cada um dos atores. Em qualquer caso, é possível e usual assumir diversas classes de informação para diferentes classes de atores ou estabelecer subclasses de cada um deles (seria, por exemplo, subclasses de "transgressor", vítimas e seguradoras) com diferentes níveis de informação.

Um ponto central desta matéria é a possibilidade de conhecer o risco particular associado a cada transgressor potencial depois de ter contratado um seguro. Assim, o risco correspondente para essa instância (o momento que o seguro está em vigor, e não antes) é o único efetivamente relevante para a seguradora e, por sua vez, o risco apresentado para cada indivíduo assegurado seria o único que, a rigor, deve ser levado em conta para calcular o prêmio que será cobrado para garantir sua responsabilidade.

As decisões metodológicas mais frequentes neste campo podem reunir-se em dois grupos. Um deles é composto por aqueles projetos que assumem um universo de transgressores que não alteram seus esforços de prevenção depois de obter uma cobertura de seguro, mantendo inalterado um tipo fixo de risco, estando ou não segurado. Não obstante, estes universos de riscos fixos geralmente são assumidos por agentes de diferentes tipos: alguns de risco mais alto e outros, mais baixos, tipos estes que não podem ser distinguidos pela seguradora na hora de contratar. Presume-se que as seguradoras sabem que existem agentes de uma e outra classe, mas não podem distinguir em cada caso individual a que tipo pertence cada agente. Outra parte da literatura assume, ao contrário, que os agentes podem alterar seus riscos e relaxar suas precauções uma vez que estão cobertos por um seguro. Em ambos os tratamentos existe um problema comum: uma imperfeição de informações acerca do risco associado a cada agente depois de obter a cobertura de um seguro.[9] Se pensarmos que diferentes investigações procuram abordar problemas diversos, seria possível concluir que a escolha de determinado conjunto de condi-

---

9. Para resumi-los, os modelos de seleção adversa tendem a enfatizar o risco moral de cada um ou seguintes.

ções iniciais sobre as quais se constrói um modelo se adequará melhor que outra ao tratamento desse problema. Além dessas questões, os problemas relacionados com a informação imperfeita dos agentes acerca do seu próprio risco tem sido menos tratada na literatura, apesar de serem uma parte importante de um aspecto central nas inovações mais recentes da teoria econômica. Basta pensar que, assim como a decisão da seguradora, a decisão do segurado também depende de sua percepção acerca do risco que se associa a sua conduta e não há razão para supor que seu conhecimento pessoal seja perfeito. Os problemas de percepção, de computação (de processamento das informações relevantes) e preconceitos envolvidos ainda são um campo fértil para novas pesquisas.

No que diz respeito à atitude em relação ao risco, é geralmente atribuída, sem mais, à aversão ao risco para os segurados e a neutralidade do risco para as seguradoras. Mais precisamente, esta suposição é central para a teoria econômica básica do seguro. No entanto, além deste hábito intelectual, nada impede que existam diversos modelos desse projeto, por exemplo, potenciais transgressores com uma atitude diferente ao risco do que a padrão.[10]

As questões relativas a bens ou a solvência dos agentes constitui um tema crucial na análise econômica dos sistemas MTP. Os modelos tradicionais no AEDD costumam assumir que o valor dos bens dos transgressores, alcance ao menos os danos que causem ou – em outras palavras – que seus ativos sejam sempre suficientes para fazer frente, de modo completo, às indenizações que deveriam pagar por sua responsabilidade.

Esta suposição, no entanto, pode modificar-se e é concebível que a solvência dos transgressores não seja completa. Há uma abundante literatura que parte dessas bases. Na mesma linha – como vimos no capítulo anterior – este tipo de agente recebe o nome típico de *judgment proof* quando simplesmente não há crédito e se transformam em sujeitos "a prova de julgamento", dado que a perspectiva de ser condenado a pagar qualquer soma por uma eventual sentença que lhes imponha uma indenização, não gerará incentivo algum em sua conduta, porque nada terem a perder. A presença de transgressores *judgment proofs* é, geralmente, um ponto central em todas as teorizações sobre o seguro obrigatório.

---

10. Do ponto de vista dos custos de transação envolvidos, esta questão pode ser estudada assumindo o risco neutro de todas as partes envolvidas. Esta perspectiva concentra-se nos custos diferenciais para um agente profissional (seguradora) e outro não profissional (segurado) obter informações sobre o risco relacionado com cada uma das atividades. Esse diferencial justificaria, por si, a existência de organizações especializadas em oferecer seguro. Sobre o assunto, SKOGH, G. Mandatory Insurance: Transaction Costs Analysis of Insurance. In: BOUCKAERT, B.; DE GEEST, G. (eds.). *Encyclopedia of Law and Economics*. Cheltenham, Edward Elgar, 2000. vol. I, p. 1094.

Algo similar ocorre com os custos da administração dos sistemas de tratamento dos danos e resolução de controvérsias nesse campo. Os modelos mais simples da análise econômica do Direito de Danos assumem que estes custos são iguais a zero, mas esta base inicial pode modificar-se e dar lugar a um número indeterminado de variantes. No campo de sistemas MTP, usualmente se assume, também, que os custos diferenciais de diferentes sistemas têm um rol fundamental quando se avalia a preferência da adoção de um acordo deste tipo.

Sobre a base de possibilidades, brevemente referidas nos parágrafos precedentes, é possível tentar construir um modelo muito simples de AEDD que inclua a possibilidade de contratar um seguro.

Para este, em primeiro lugar, pode ser útil revisar os elementos da teoria econômica básica do seguro em geral, e, em seguida, estudar o rol das instituições e das relações que derivam, num esquema em que se assegure a responsabilidade por danos.

Para a Economia, a decisão de garantia se baseia na *teoria da eleição* em condições de *incerteza*. A teoria econômica (formalizada) da escolha entre a opção sem certeza se deve, fundamentalmente, a Von Neumann e Morgenstern.[11] Sua análise parte da suposição que é possível representar as preferências de um agente através de uma função de utilidade esperada que permite ordenar "prêmios" formados pela probabilidade de ocorrência de um evento e prêmios que podem expressar-se em dinheiro, cesta de bens ou mesmo novo prêmio. Um prêmio, aqui, não é mais do que uma probabilidade e um valor: o prêmio (0,1; $100) indica que o agente enfrenta uma probabilidade de 10% (0,1 = um décimo) de ter cem unidades monetárias.

Segundo sua premissa básica, os agentes escolhem a alternativa que lhes dá a máxima *utilidade esperada*. E podem ordenar ou "rankear" uma série de possibilidades, desde o primeiro lugar até o último.

Outro conceito desta análise é o da noção do *valor esperado*. Em nossa loteria do exemplo anterior, o valor esperado seria de $ 10. A ideia central desta teoria é que o ordenamento das utilidades esperadas de uma série de loterias para certo sujeitos, geralmente é diferente do ordenamento dos valores esperados dessas loterias. As diferenças entre ambos os rankings resume, por sua vez, a atitude dos agentes frente ao risco. Se tomarmos em conta uma loteria (0,01; 10.000) e outra (1;99), o valor esperado da primeira é 100 e o da segunda 99. Mas alguém poderia preferir obter $ 99 com certeza, a um bilhete de loteria em que joguem $ 10.000 com uma possibilidade ganhar entre cem. Para expor de forma simples, esse sujeito encontraria utilidade na certeza e seria o tipo "adverso ao risco". Ao contrário, quem

---

11. VON NEUMANN, J. Y MORGENSTERN, O. *Theory of Games and Economic Behaviour.* Princeton University Press, 1990.

preferiria o risco à certeza seria "amante do risco"; e, aquele para quem esta situações forem indistintas e só se guiar pelo valor esperado, seria "neutro ao risco".[12]

A explicação da decisão de contratar um seguro, sob estas bases, seria de que os assegurados são adversos aos riscos e as seguradoras, neutras. Logo as últimas "vendem" certezas, ao assumir uma situação incerta e os segurados as "compram" quando passam esse risco à seguradora em troca de uma quantidade superior. Claro está que a neutralidade de risco implica que o prêmio de seguro em questão nunca deveria ser inferior ao valor esperado (loteria) da situação segurada.[13] Nenhuma companhia seguraria um risco de $ 10.000,00, sujeito a uma probabilidade de acontecer de 0,01 a menos de $ 100,00 que é o valor esperado dessa situação incerta, mas (se não existiram custos de transação) ninguém estaria disposto a segurá-lo em troca de um prêmio igual ou superior. Com essa restrição – em teoria – e na ausência de custos de transação – um seguro hipotético cujo prêmio for de $ 100,00 constituiria um aperfeiçoamento de Pareto: o segurado melhoraria – porque passaria de uma situação de risco indesejável a uma de certeza do mesmo valor esperado – e a seguradora não pioraria. No mundo real, com custos de transação positivos, o segurado, todavia, poderia estar disposto a pagar algo mais que estes $100,00 (para cobrir os custos administrativos e algum benefício da seguradora) para alcançar essa situação, e isso explicaria a contratação tão difundida de seguros.

A partir dessas diretrizes é simples passar a analisar o seguro voluntário de responsabilidade civil. Os modelos básicos geralmente partem de apenas um tipo de risco para os causadores do dano segurados, risco que se assume e não serão modificados durante a vigência da cobertura. Também assumem informações completas para todos os agentes, aversão ao risco para os causadores segurados, neutralidade de risco para as seguradoras e custos administrativos nulos.[14]

---

12. A explicação anterior é intencionalmente livre. Mais formalmente, se considerarmos, em particular, o caso em que o conjunto de loterias consiste em jogos cujos prêmios são monetários, se pode estabelecer com precisão a conduta do agente com respeito ao risco. Sejam x e y dois níveis de riqueza diferentes e p a probablidade de ocorra x, a utilidade esperada se define como $pu(x)+(1-p)u(y)$. Se a utilidade do valor esperado da loteria é maior do que a utilidade esperada da loteria, isto é $u(px + (1-p)y) > pu(x) + (1-p)u(y)$, o agente é adverso ao risco, e a função de utilidade esperada é côncava. Um gaente "amante do risco", pelo contrário, preferirá uma loteria ao seu valor esperado, enquanto que para um agente "neutro ao risco" $u(px + (1-p)y) = pu(x) + (1-p)u(y)$, sendo sua função de utilidade linear. Neste contexto, os agentes adversos ao risco buscarão eliminar a incertitude através da compra de um seguro.
13. Deve ser lembrado aqui que geralmente é denominado na literatura de "prêmio justo" (ou "seguro justo") o preço da apólice pactuada em um mercado perfeitamente competitivo e que – em termos técnicos – igualaria o valor esperado do risco.
14. Na literatura é bem conhecida a exposição sobre esse tema feita por SHAVELL, S. *Economic Analysis...* cit., 1987, a qual seguirei, neste ponto, em substancial.

Sobre esta base se pode estudar o comportamento das partes para tomar a decisão de contratar um seguro voluntário de responsabilidade. Esse modelo serve também como "banco de teste" para contrastar posteriores desenvolvimentos que incorporam sucessivos refinamentos.

O modelo se dirige basicamente a analisar a conduta do transgressor (causador) frente à decisão de contratar ou não um seguro para cobrir sua responsabilidade e, no caso de fazê-lo, definir em que medida se assegurará. Em outras palavras, se assegurará toda sua responsabilidade resultante de um eventual evento danoso ou se contratará uma cobertura parcial (e neste caso, em que medida).

Para localizar essa situação sobre as bases gerais da questão, a resposta pode ser intuída com facilidade. Se o causador é adverso ao risco e a seguradora neutra ao risco, e a possibilidade de pagar uma indenização é concebida com perda futura e incerta, o ganhador preferirá a certeza do seguro ao risco de não enfrentar a mesma situação, sem essa cobertura. Quanto à "quantidade" ou medida do seguro que vai contratar, poderá ser inferida através de um procedimento simples. Suponhamos que o ganhador só assegurará uma parte (qualquer) de sua responsabilidade. Neste caso, para o remanescente permaneceria a mesma situação de incerteza ou risco. E como é adverso ao risco, preferiria passar da incerteza do mesmo para enfrentar a certeza de uma apólice. Logo, a conclusão seria que o seguro a contratar seria completo.

Nessas condições, assegurar-se não afetaria o nível de prevenção que tomaria o agente. Isso é assim porque o preço (mínimo) da apólice será igual ao valor esperado da indenização e este, será o valor esperado dos danos (a quantidade pela probabilidade de que aconteça) que poderia produzir um transgressor, em um período de tempo. E esse valor esperado é uma função das medidas de prevenção. Logo, se gastar uma unidade monetária adicional na prevenção, reduzirá o valor esperado do dano em mais uma unidade, se o transgressor fizer essa inversão, reduzirá, também, o preço da apólice a pagar: o prêmio é reduzido em mais de 1, com uma inversão de 1 e, portanto, o transgressor terá incentivos suficientes para prevenir-se bem, e também, segurar-se completamente.[15]

3. O dever jurídico de assegurar-se e alguns refinamentos sobre o modelo básico

O modelo básico apresentado na seção anterior conduz a conclusões certamente otimistas. Os transgressores com estas condições deveriam tanto assegurar-se completamente, quanto – conjuntamente – adotar boas precauções. A contratação do seguro constituiria claramente uma decisão socialmente desejável em termos paretianos. Não obstante, de acordo com esse modelo, a decisão de tomar um seguro

---

15. No primeiro parágrafo do Apêndice deste capítulo deverei desenvolver formalmente estas conclusões.

seria voluntária e pelas mesmas razões não se imporia a obrigação de contratar um seguro contra a vontade do transgressor. Em outras palavras, as conclusões do modelo anterior não constituem um obstáculo, mas tampouco um fundamento favorável para decidir a imposição de um sistema MPT. Sem embargo, como foi sugerido, anteriormente, pequenas alterações na base do modelo pode conduzir a conclusões muito diferentes. Em seguida vamos procurar analisar as relações que surgirem destas variações.

O seguro obrigatório e o os problemas de informação

O que diferencia a informação perfeita da informação menos que perfeita não é uma única possibilidade, mas um conjunto de possibilidades que projetam implicações diferentes.

Os problemas de informação que afetam as seguradoras tem sido objeto particular de estudo durante as últimas décadas. Os problemas do risco moral, entendidos neste campo como os derivados do relaxamento das precauções que seguem à aquisição de uma cobertura de seguro, constituem a matéria central de boa parte desses estudos. Não se trata de um obstáculo formal: na realidade, independentemente do ponto de vista, é esse o risco do segurado depois de contratar a cobertura, sempre há uma cobertura economicamente viável, a um prêmio correspondente. O problema aqui é empírico e surge das dificuldades práticas para perceber *ex ante* a contratação do seguro, o nível de precaução que adotará o agente depois de contratada a cobertura.

Um problema empírico do mesmo tipo ocorre quando os potenciais segurados são de tipos diferentes de risco, e não é possível distinguir de que tipo é cada um. Neste campo, Rothschild y Stiglitz[16] desenharam um modelo famoso (mais adiante "RS") para estudar essas situações. Geralmente, classifica-se como um modelo de seleção adversa e mostra que é impossível encontrar um equilíbrio "de pool" ou para todo o universo de implicados (uma situação estável sobre a base de que todos os implicados adquirem o mesmo tipo de cobertura) embora seja possível encontrar equilíbrios separados para cada uma das classes ou tipos de segurados (sobre a base de uma cobertura que é eleita para o tipo de segurado).

Este modelo, não obstante, começa de uma suposição inicial padrão interessante: que cada agente conhece seu tipo de risco. A adequação do mesmo prêmio às condições de certos mercados reais pode ser matéria de estudo. Por exemplo, na área de tráfego de automóveis é possível afirmar que se conforma em certa medida para condições reais? A resposta não é simples.

---

16. ROTHSCHILD, M.; STIGLITZ, J. Equilibrium in Competitive Insurance Markets: an Essay on the Economics of Imperfect Information. *Quarterly Journal of Economics*, p. 629, 1976.

Sobre as bases do mesmo modelo RS poderíamos distinguir outras duas classes de agentes "transversais" a dois tipos de riscos originais. Por uma parte, poderíamos pensar em agentes profissionais, como empresas de transporte; por outra, nos condutores particulares que contratam seguro para seu próprio automóvel. Poderíamos assumir que os primeiros conhecem mais ou menos adequadamente seu risco, mas esta afirmação não parece muito adequada para os segundos, que provavelmente sabem muito pouco do nível de risco associado a sua conduta. Mais ainda, poderiam extrair conclusões tendenciosas a respeito. Alguma evidência empírica endossa essa conjectura: a economia experimental, em particular, tem identificado alguns elementos que alteram a percepção do risco próprio em um sentido definido. O marco do problema implicado,[17] por exemplo, é um dos componentes que derivam desses efeitos, mas não o único. Para além de suas causas, uma tendência psicológica a subestimar certas classes de riscos tem merecido tratamento por parte da literatura da análise econômica do direito de danos com uma ampla gama de casos, e em particular, o caso de condutores de veículos particulares. Observou-se a respeito que, ainda contando com pleno conhecimento das probabilidades estatísticas gerais, as pessoas, geralmente, agem esperando que esse perigo não se materialize contra si. Provavelmente, a reduzida proporção de indivíduos segurados em certos mercados é uma manifestação desta condição. Na Argentina, por exemplo, quase a metade dos veículos que circulavam em 2005 necessitavam de seguro.[18]

---

17. KAHNEMAN, D.; TVERSKY, A. (eds.). *Choices, Values and Frames*. Cambrige University Press 2000. Os investigadores de inteligência artificial normalmente denominam "problemas de quadros" as questões concernentes a encontrar um quadro apropriado para resolver um problema. A esse respeito DEMBSKI, W. A. Are We Spiritual Machines? *First Things* 96 (out. 1999), p. 25 e ss. Existe uma versão on-line em: [www.firsttihngs.com/ftissues/ft9910/articles/dembski.html]. Para uma revisão geral das implicações formais desse tipo de problema (e uma bibliografia mais abrangente). THOMASON, R. Logic and Artificial Intelligence. In: ZALTA, E. N. (ed.). *The Stanford Encyclopedia of Philosophy* (2000, 2003). Disponível em: [http://plato.stanford.edu/entries/logic-ai/index.html#note18].
18. Segundo dados da Superintendência de Seguros da Nação e de Registro Nacional de Propriedade de Automotor, da Argentina. Como exemplo desse mesmo fenômeno também pode considera-se que menos de 21% dos condutores ou acompanhantes que circulam em veículos particulares na Cidade de Buenos Aires utilizam cinto de segurança. Esta porcentagem diminui para menos de 4% se considerarmos os passageiros do banco traseiro. Sem embargo, das aproximadamente 7.000 mortes em acidentes de trânsito que ocorrem na Argentina a cada ano, se estima que mais de 1.000 poderiam ter sido evitadas com o uso do cinto de segurança. Em uma enquete realizada pela associação civil "Lutamos pela vida" entre 634 condutores particulares e profissionais da Cidade de Buenos Aires, a maioria (67,5%) dos consultados de ambos os sexos se consideravam melhores ou muito melhores condutores que os demais. Esses tipos de conduta leva a

Para fins de tratamento teórico, é muito simples intuir porque a subestimação dos riscos mina a quantidade de veículos segurados. A definição padrão da aversão ao risco assegura somente que o agente prefere a certeza de um seguro justo a ser submetido ao risco de diminuir sua riqueza pelo pagamento de uma indenização, mas não há motivos para que prefira – obviamente – segurar-se a qualquer preço. E, precisamente, se o potencial segurado perceber seu risco como menor do que o real, estimará o preço do seguro relativamente alto. Sua utilidade é uma função do preço a pagar por esse seguro e, para tanto, essa diferença pode ser crucial em sua decisão de aceitar ou rechaçar o contrato de seguro.

A combinação dessa etapa com o modelo RS levanta algumas possibilidades interessantes e chamativas. Suponhamos, por exemplo, que a seguradora saiba que existem agente de tipos diferentes de riscos e sua proporção, mas não que seus clientes potenciais correspondem a um ou a outro tipo. E que por sua vez, em cada um dos grupos percebem correta e incorretamente seu tipo de risco. Aqui, existe uma inclinação negativa geral quanto à probabilidade de enfrentar uma compensação, supõe (para simplificar) que agentes de alto risco se consideram – de boa-fé – de baixo risco, e alguns de baixo risco acreditem estar alocados em faixa ainda menor. Se nos concentrarmos em um primeiro grupo, em consequência, muitos de seus integrantes não estariam dispostos a assegurar-se completamente a um prêmio justo (como preveria o modelo RS), e ainda menos, a um preço superior (induzidos pelos custos agregados de transação).[19]

Para os indivíduos de baixo risco, o preço que se lhe demanda por um seguro (seja uma coberta completa ou incompleta) poderia ser, para alguns, ainda demasiado elevado o que os levaria a decidir, diretamente, não assegurar-se de nenhum modo.

Em consequência, dadas às condições que antecedem, pode prever-se um mercado de seguros voluntários reduzido, com apólices altas para cada tipo de risco – para compensar essa estranha seleção adversa, mas "de boa-fé" dos agentes desinformados sobre seu risco – que seriam aceitas somente por aqueles agentes para quem a desutilidade gerada pela incerteza supere o custo que se demanda em excesso sobre o prêmio justo.

---

pensar que os indivíduos vivem expondo-se a riscos que em outras condições evitariam, mas que os afrontam por considerá-los mínimos.

19. Em certas condições, a cooperação seria um equilíbrio estranho a essa lacuna entre o preço efetivamente exigido pelas companhias seguradoras e o considerado justo pelos potenciais segurados, que embora amplo, seria insuficiente para envolver um decréscimo correspondente na utilidade para justificar (para todos os candidatos de seguro) não se satisfazer. Sem embargo, o viés de informação poderia ser suficiente para que muitos indivíduos, acreditando serem agentes de baixo risco, se comportassem como tais no momento de decidir segurar-se ou não e optassem por um seguro incompleto. Para uma consideração formal do ponto, Capítulo 2.

Provavelmente, algumas dessas propriedades teóricas podem ser verificadas em certos mercados com escassa contratação de seguros voluntários e preços relativamente altos. Se for assim, e se forem aceitas as relações e conclusões antes expostas, poderiam encontrar-se nessas descrições teóricas algumas bases explicativas para a relutância de fazer um seguro voluntário por boa parte da população. Poderia pensar-se, em caso afirmativo, que a obrigatoriedade de contratar um seguro, dadas certas magnitudes, pode tender a corrigir essas distorções. A menos, que as relações e problemas que antecedem constituam um argumento digno de consideração a favor da obrigatoriedade nesse contexto.

Não obstante, costuma-se invocar outros gêneros e razões a favor dessa instituição. A obrigação jurídica de segurar-se, muitas vezes, é vista com um bom instrumento para mitigar outros problemas como, por exemplo, a demora no pagamento de indenizações à vítimas ou a insolvência dos transgressores.

Os sistemas MTP e o problema da insolvência dos potencias transgressores

Provavelmente o argumento mais visível (e também o mais repetido) a favor da imposição coativa dos seguros TP geralmente é a limitação dos bens dos agentes. O raciocínio básico é simples. A solvência insuficiente do transgressor opera, na prática, como um limite superior à indenização que o transgressor deveria pagar. Em sua previsão, seu próprio dano (consiste no pagamento da indenização) será inferior ao custo social de sua ação (o dano inferido a vítima). Dessa maneira, o transgressor se verá induzido a adotar um nível de precaução inferior e um nível de atividade excessiva, aproximando-se do ótimo, que corresponderia ao dano que efetivamente poderia derivar de sua atividade. A relação entre a magnitude do dano potencial, o nível de solvência e o grau de aversão ao risco do transgressor determinarão a quantidade da cobertura que decidirá contratar.[20]

Por último, resta evidente que a insolvência afeta de forma negativa a um dos objetivos tradicionais do Direito de Danos, que é a compensação das vítimas. Esse fato, geralmente, é mais destacado pela doutrina jurídica como fundamento da obrigatoriedade do seguro TP.

Sobre esse cenário, se a contratação de uma apólice for exigida como condição para levar a cabo certa atividade e o prêmio refletir exatamente no valor esperado dos danos associados ao mesmo, então o seguro operaria como um filtro para distinguir as atividades socialmente valiosas daquelas que não o são. As primeiras gerariam mais benefício que o prêmio e poderiam levar-se a cabo, e as segundas, menos, e, portanto, poderiam não se mostrar capazes de fazer face ao custo de segurança.

Não obstante, existem certas condições do mundo real que podem fazer variar essa simples conclusão. Uma delas é a dificuldade prática de distinguir en-

---

20. Para um desenvolvimento formal, capítulo 3.

tre os vários empregos possíveis de um mesmo bem ou variantes de uma mesma atividade. Pode-se conduzir o mesmo automóvel para passeio ou para transportar documentos valiosos, e, ambas as atividades podem levar-se a cabo com o mesmo veículo durante lapsos variáveis e irregulares. Portanto, não parece claro que seja empiricamente possível discriminar com uma precisão tal que permita obter o efeito que se previa em teoria.[21]

Os problemas de financiamento de algumas atividades constituem outro tipo de obstáculo para a reprodução daquelas conclusões no mundo real. Se o pagamento do prêmio é necessário no início da atividade, algumas atividades que a médio ou longo prazo produziriam benefícios sociais líquidos, mas não poderiam obter um financiamento adequado, acabam por não contratar o seguro.

Com relação aos condutores ou proprietários de veículos com solvabilidade insuficiente (mas não nula) Shavell afirma que, se a seguradora não tem possibilidade de perceber o nível de cuidado real do segurado, a exigência legal de contratar um seguro agravaria os problemas de alocação. Ao contrário, Polborn sustenta que certo tipo de seguro obrigatório poderia ser a "segunda melhor" solução nesse campo, se a proposta parte de uma apólice que cubra somente a diferença entre o valor dos bens do segurado e o limite de sua solvência. Sob estas condições o assegurado manteria seus incentivos para prevenir.[22]

Ambas as conclusões parecem corretas em seus respectivos marcos e análises. Shavell adverte contra o perigo de o seguro obrigatório reduzir os incentivos – já insuficientes com essa situação – para prevenir. A proposta de Polborn busca um projeto superior para a cobertura, que – movidos para essa área – abarcaria a diferença entre o montante da indenização e os bens de que dispõe o transgressor. Embora, em teoria, seus resultados sejam corretos, os campos nos quais esta proposta funciona do modo previsto são limitados. Provavelmente, poderia fazê-los em certos empreendimentos industriais (seu objetivo original), mas é duvidoso que outros setores sejam igualmente suscetíveis a esse tipo de sistema. Na condução de automóveis, por exemplo, não é possível afirmar que a diferença entre patrimônio/indenização se mantenha fixa durante todo o período da vigência da apólice e o

---

21. WILLIAMSON, O.; OLSON, D.; RALSTON, A. Externalities, Insurance, and Disability Analysis. *Economica*, 34, 235-53, Aug. 1967. As cláusulas usuais de exclusão de cobertura normalmente não visam a tal objetivo porque a meta perseguida é evitar a atividade e não deixar o agente sem cobertura.

22. POLBORN, M. Mandatory Insurance and the Judgment-Proof Problem. *International Review of Law and Economics*, 18:141-146, 1998. Na realidade, o trabalho de Polborn faz referência aos custos totais de indenização e uma variável definida como "(...) cash flow y, which can be distributed to the investor as dividends if there is no accident (...)" dado que o trabalho em questão trata de empreendimentos empresariais como fonte potencial de acidentes. Suas conclusões se incluem aqui *mutatis mutandi*.

problema precisamente é que o cálculo do prêmio requer estabilidade na soma assegurada. Logo, a proposta de Polborn, levada aos fatos, poderia materializar-se de dois modos diferentes. Um, consistiria em assegurar um montante fixo igual à diferença entre solvência e indenização, calculada *no momento de contratar o seguro*. Outro seria assegurar uma soma eventual, consistente na diferença entre a solvência no momento de pagar a indenização e a indenização. Dada à natureza essencialmente variável dessa diferença (o conteúdo do patrimônio e mais ainda, o conteúdo judicialmente executável do mesmo é essencialmente móvel) a única alternativa que alienaria os incentivos do transgressor seria a segunda. Mas a única empiricamente possível, parece ser a primeira. Nessa possibilidade, sem embargo, surge um típico problema de risco moral e o assegurado pode incrementar essa diferença, seja por diminuir seu patrimônio (real ou formalmente) ou por incrementar o valor esperado de uma eventual indenização a seu encargo (por incrementar seu nível de atividade ou diminuir sua precaução). O primeiro problema se acentua quando as condições do sistema em questão permitem transferir ou ocultar bens a baixo custo.[23]

Essas ideias permitem chegar a novas conclusões. Com relação à prevenção de Shavell, a correta avaliação da circunstância de possuir alguma solvência sobre os incentivos do transgressor deve levar em conta não apenas o valor dos bens presentes, mas o custo de alienar ou "ocultar" bens, ou protegê-los da execução judicial. Com a proposta de Polborn, dado que os incentivos para prevenir são limitados à solvência do transgressor (que não se incluem no seguro que propõem), os mesmos também estarão em função do custo de subtrair bens do patrimônio e sempre que esse custo se reduza abaixo de certa altura, se incrementará a diferença entre indenização e solvência (que é objeto do seu seguro) e decrescerão os incentivos para prevenir.

Um problema de natureza diferente se adiciona aos anteriores e se relaciona com a efetiva possibilidade de evitar que as atividades não asseguradas se realizem. Questionar se a vigência de um sistema que proíba levar a cabo certas atividades, sem prévia contratação de um seguro, implica a eliminação dos fatos do mundo real. Ao contrário, a proibição será somente uma parte do mecanismo gerador de incentivos para os potencias transgressores. Nesse sentido, diferentes atividades demandam custos administrativos diferentes para lograr o mesmo nível de precaução. Por exemplo, os custos de evitar que se realizem certas atividades industriais,

---

23. No texto tento tratar indiferenciadamente toda ação de subtrair bens à justiça, sejam ações reais (consumi-los) ou aparentes (simular sua alienação), legais (amparar os bens em instituições que o permitam) ou ilegais (fraude) e como torná-los executáveis. As sanções por fraude e os custos administrativos de utilizar dispositivos ilícitos, a estes efeitos, serão considerados indistintamente custos dessa ação. A esse respeito, ver o capítulo anterior para maiores detalhes.

parecem evidentemente diferentes dos custos de evitar que os automóveis não assegurados transitem pelas ruas.[24] Voltarei mais adiante com algumas consequências desse problema.

O seguro obrigatório, a oportunidade da compensação e o agravamento dos danos

Independentemente do problema vinculado à solvência dos transgressores, a literatura, geralmente, atribui aos seguros em geral e aos seguros TP, em particular, (obrigatórios e voluntários) uma maior prontidão no pagamento de compensações comparativamente ao sistema puro e simples de ressarcimento judicial de danos. Se for preferível uma compensação rápida a uma tardia, e os seguros TP envolvem esse efeito, esse parece ser um bom argumento a favor de sua obrigatoriedade.

Nesse raciocínio podem-se distinguir duas conclusões. A primeira é que para que a AEDD seja efetivamente desejável deve estar prontamente proposta. A segunda, é que pode associar-se à existência de seguros. A esse respeito, parece possível afirmar que, ao menos em relação a alguns tipos de danos, o tempo despendido para que as vítimas recebam o ressarcimento é fator que não se negligencia. Calabresi cunhou a expressão "custos secundários"[25] para referir-se, por exemplo, ao agravamento do dano que produz uma incorreta consolidação de uma fratura óssea em uma vítima que não pode receber oportunamente atenção médica. Se o prejudicado tiver recebido uma indenização oportuna, seu restabelecimento terá sido completo tendo por custo o tratamento. Se, ao contrário, a indenização demorar-se no tempo (quando a consolidação já tiver se produzido), seu dano – uma incapacidade permanente – excederá o custo do tratamento médico inicial mais seu custo financeiro. Em caso afirmativo, o transgressor pagaria uma soma limitada ao custo "histórico" do dano, mais uma taxa fixa, mas o dano real cresceria a uma taxa (escalonada, certamente) superior. Em termos técnicos esse efeito poderia ser interpretado com um caso particular – e típico – de erro judicial que distorceria gravemente os incentivos das partes. Logo, do ponto de vista do custo social, parece claramente preferível que a indenização seja paga rapidamente.

---

24. Parece óbvio que proibir uma atividade (deve ser) não determina que a mesma não se leve a cabo (ser) . São menos evidentes, por sua vez, os custos de evitar atividades diferentes e seus determinantes. Sem embargo, é bem conhecido que certas áreas do Direito tem baixa taxa de cumprimento. Na Argentina, por exemplo, embora exista um sistema MPT vigente para todas as jurisdições, quase a metade dos automóveis circulam sem seguro. Essa taxa se incrementou nos últimos anos e passou de 38% em 1999 para 47% em 2004. Essa última porcentagem implica que cerca de 3.400.000 circulavam pelas ruas de um país de 40 milhões de habitantes, sem seguro (fonte, jornal *La Nación* e Registro Nacional da Propriedade de Automóvel da Argentina).

25. CALABRESI, G. *The Costs of...* cit., 1970, p. 39 e ss.

A existência de um contrato de seguro, não obstante, não resolve por si só a questão da presteza em pagar.[26] Se a companhia seguradora é simplesmente um dos responsáveis (adicional ao transgressor), o pagamento da indenização, e seus incentivos para pagá-la em um momento breve a que se produza o dano ou um distante, não diferiam em nada de um transgressor não segurado. Sob os pressupostos da informação perfeita e ausência de custos de transação, ambos – tanto a seguradora como um transgressor não segurado – estariam na mesma situação: para ambos seria conveniente pagar rapidamente. Diferem-se esses pressupostos (se se alteram do mesmo modo para ambos), será modificada a situação de ambos os potenciais responsáveis.[27] Logo, a desejável presteza no ressarcimento, não depende da mera existência de um seguro, mas de algo mais.

4. Um problema de detalhe (e de execução)

A[28] evolução acima mostra que a preferência pelos sistemas MTP é extremamente dependente das relações que vinculam o conjunto de elementos que integram o projeto particular da instituição, com o conjunto de relações empíricas relevantes do contexto social ao que se pretende aplicar. Essa complexidade faz com que nenhuma das relações teóricas que derivem de um de seus elementos possa definir (por si, autonomamente) o valor de um sistema MTP real.

Nos sistemas dessa classe, o dever jurídico de assegurar-se é apenas um elemento a mais de seu conteúdo. Embora se trate de propriedade ou elemento que define o pertencimento conceitual a essa classe de sistemas, não tem status privi-

---

26. Poderia argumentar-se que a intervenção de uma companhia seguradora constitui uma garantia de melhor informação. Se o transgressor demandado participa do viés de informação imperfeita que o faz demasiadamente pessimista para obter um arranjo rápido, poderia pensar-se que a seguradora, por seu profissionalismo, será mais propensa a evitar essa probabilidade. Nesse sentido, se poderia pensar que a mera existência de um seguro tende à presteza da indenização. Embora possa considerar-se plausível essa argumentação, persistem importantes fatores que determinam fortes incentivos – ainda para a seguradora – para atrasar o pagamento do seguro.
27. A mera imposição de interesses judiciais, do modo como costumam fazer os tribunais argentinos, dificilmente, geram incentivos para não demorar um julgamento, que normalmente durariam vários anos até tornar efetiva uma indenização, tanto no caso em que intervenha uma seguradora, quanto naquele em qual somente seja demandado um responsável não assegurado. A esse respeito, ver o capítulo IX desse livro.
28. Intencionalmente empregarei o termo em inglês "enforcement", eximindo-me de traduzi-lo. Tenta-se fazê-lo apelando a "aplicabilidade" ou termos castelhanos similares. Não obstante, o conceito que denota é algo diferente. Refere-se, melhor, aos modos fáticos e jurídicos de assegurar que a consequência empírica de uma norma coincida com o que é devido. Reitera-se nesse trabalho a decisão de não traduzir outros termos com relação semelhantes, como risco moral ou local.

legiado na relação que surja de outros componentes (e suas interações), quando se investigam as consequências de um sistema completo (e complexo) do ponto de vista da eficiência alocativa. Ao contrário, a apreciação de cada sistema MTP completo, real ou projetado, somente pode derivar de seu efeito global.

Voltados para um sistema MTP, uma decisão metodológica básica consiste em estabelecer a escala de análise. Um geógrafo, para certos fins, estudará continentes, sem que as diferenças entre eles sejam consideradas relevantes. Para outros propósitos, poderia interessar-se por sua superfície ou pela quantidade de países que os compõem. Nesse segundo caso é possível dizer que foi utilizado uma escalar de análise mais refinada do que no primeiro.

Aqui, ocorre algo similar. Às vezes, o quê interessa para distinguir se dois sistemas são iguais ou diferentes é saber se um deles ou ambos são MTP. Em outros casos, será necessário conhecer mais detalhes. Precisamente, quando o que se procura é estudar a preferência de um sistema MTP por suas propriedades de eficiência, parece conveniente empregar alguma escala mais refinada que a primeira. Isto não significa pleitear por uma particularidade tal que impeça realizar evoluções sobre bases teóricas gerais. Uma boa eleição das bases de análise pode permitir extrair boas conjecturas, e a eleição de outra escala de análise pode ser melhor ou pior com relação a nossos propósitos.

Suponhamos, por exemplo, que estejamos diante de um sistema MTP que impõe uma multa como sanção a uma violação do dever de contratar um seguro de responsabilidade. O mero dever nunca garante que no mundo deixarão de existir, por arte de magia, as condutas proibidas. Ao contrário, sua vigência não imporá outro custo a não ser o valor esperado da pena de desobediência. Logo, se a condição predominante no contexto social do sistema for o otimismo dos segurados (em outras palavras, a subestimação do risco real associado a sua atividade) este custo modificaria as bases de eleição dos agentes e poderia fazê-lo em uma medida tal que altere sua decisão original. Em desacordo com essa possibilidade, se a única condição relevante do contexto for a existência dos agentes insolventes, uma multa não alteraria em nada seu comportamento.

Esse tipo de relação demonstra que um conjunto de detalhes, basicamente relacionados com o *enforcement*, é determinante para julgar a adequação dos sistemas MTP, globalmente considerados, com relação a certos grupos de questões. O problema mais visível, se se assume que no contexto considerado verifica-se mais de um desses problemas, consiste em estudar os detalhes do projeto que podem conformar um sistema adequado para lidar, de forma aceitável, com esse tipo de complexidade.

Como um exercício, é possível partir, por exemplo, de um contexto caracterizado por uma quantidade relevante de agentes otimistas (agentes que subestimam seu próprio risco) e que carecem de solvência completa. A proposta mais evidente pareceria buscar algum tipo de sanção ao qual sejam sensíveis, e que introduzam uma desutilidade suficiente para incentivá-los a contratar um seguro. A pena de prisão, por exemplo, poderia aparecer como uma sanção adequada para esse propósito. Não obstante, há obstáculos de toda ordem suficientes para descartá-la.[29]

Existem, sem embargo, outros tipos de medidas que poderiam ser dignas de estudo. Em primeiro lugar, não se deve excluir totalmente a multa. Talvez, ao contrário, o que deve perseguir-se é combinar o efeito desse tipo de sanção com *algo mais* e as penas de multa têm duas dimensões que se podem distinguir a esse respeito. Uma é a *imposição* de multa; outra, o *efetivo pagamento* da mesma. E cada uma dessas instâncias está associada à estrutura de custos de transação diferentes. Os custos da primeira relacionam-se com a fase de detenção dos infratores; os da segunda, com a compulsão necessária para que os agentes que não paguem voluntariamente sofram essa perda patrimonial. O *enforcement*, nessa escala de análise que foi proposta, não deve ser visto como entidade atômica (como a instância mínima que pode ser estudada), mas como um conjunto divisível de elementos. A imposição das multas pode muito bem ser uma parte desse mecanismo e as medidas para o recolhimento, a compulsão necessária para persegui-lo, outra. Nessa fase final, o procedimento para a cobrança de multas, em muitos países, está longe de ser eficaz, e muitas vezes dependem da discricionariedade das autoridades. Em caso afirmativo, os agentes com capacidade para decidir podem perceber que agir ativamente nesses procedimentos lhes representa, pessoalmente, maiores custos (impopularidade) que benefícios (popularidade derivada de uma melhora no trânsito de automóveis que pode ser percebida pelos eleitores). Talvez esse tipo de raciocínio possa contribuir para explicar a insignificante taxa de cobrança de multas de trânsito em um grupo importante das sociedades em desenvolvimento. Se isso for assim, os mecanismos "automáticos" de cobrança representariam uma melhora. Não obstante, parece factível ao longo de certo grau de automaticidade, ou – expresso de outro modo – uma dimensão à discricionariedade. Nesse sentido, um sistema que impuser a apreensão dos automóveis que circulem em infração, e o pagamento de multa, conjuntamente com a contração de uma apólice como condição de

---

29. Existem obstáculos de ordem empírica e teórica. Entre os primeiros, é fácil notar a escassa taxa de cumprimento efetivo desse tipo de pena, precisamente nas sociedades que também mostram uma alta taxa de insolvência. Logo, além, das objeções morais e políticas a esse tipo de pena *para esse tipo de infração*, a partir de sua análise econômica se pode notar outra classe de problema: poderia aconselhar-se esse tipo de sanção se seu funcionamento fosse adequado, mas as condições para que o sistema de imposição de penas de prisão funcione adequadamente, em muitos casos (e nesse campo em particular), geralmente, implica um custo social exorbitante.

sua liberação, poderia cumprir uma medida aceitável com todo o conjunto de condições requeridas.[30]

A ameaça desse tipo de consequência está longe de resolver por si o problema. Os incentivos dos condutores ou proprietários de automóveis dependem também da probabilidade de detecção. Os custos administrativos dessa fase do sistema parecem evidentes: qualquer um poderia pensar que mais policiamento destinado a controlar esse tipo de infração incrementaria a probabilidade de detecção, mas à custa de um correspondente aumento do custo administrativo implicado. Não obstante, existem outras possibilidades menos aparentes e que também influenciam na questão. O período mínimo de cobertura das apólices por acidentes é um desses aspectos sutis. Se for somente de um mês, alcançar uma probabilidade de detecção de 100% (de 1/1) requereria verificar cada carro doze vezes por ano. Se o mínimo for de um ano, somente se solicitará fazê-lo uma vez em doze meses. Mas as sutilezas não acabam aí. Na Argentina, por exemplo, são frequentes as apólices de pagamento mensal, embora a vigência do contrato seja anual. Cada período mensal, a esse respeito, vale como um contrato independente, enquanto a cobertura que proporciona somente se aplica para o período pago e se suspende se o próximo não se efetiva. De tal modo, a contratação de um seguro anual não garante a cobertura por um ano, mas somente para o mês pago. Quando se trata de verificar o cumprimento dessa obrigação, então, deveria controlar-se uma vez por mês a cada segurado para ter certeza acerca do cumprimento de sua obrigação legal. Parece evidente que – como ocorre com o contrato – se o prazo mínimo de pagamento for anual, o número de inspeções necessárias no mesmo período, se reduziria a doze vezes.[31]

O exercício proposto poderia estender-se indeterminadamente. Não obstante, é importante observar que, embora encontrássemos as condições necessárias e suficientes para que o sistema determine que todos os automóveis, de fato, estejam amparados por um seguro, esta circunstancia não seria equivalente a certas vantagens que, usualmente, se atribuem para que esses sistemas se verifiquem.

---

30. Por certo que outras medidas podem suplementar as aconselhadas. Entre elas, a proibição de registro das alterações de titularidade do automóvel sem pagamento das multas. Não obstante, certas condições sociais podem torná-las pouco efetivas. Isso ocorre, por exemplo, quando a taxa de informalidade em implementação das vendas é elevada.
31. Várias combinações são possíveis nesse aspecto: por exemplo, persistir na modalidade vigente, mas, ante uma infração, proceder a apreensão do automóvel e exigir a contratação e pagamento de um prêmio anual ou bianual para a devolução. Outras alternativas também merecem consideração. É possível pensar em uma modificação dos efeitos da falta de pagamento (deixando esse risco a cargo da seguradora) ou de uma entidade financeira, enquanto a companhia seguiria encarregada com o dever de cobertura, sob determinadas condições.

Para revisar esse problema, vou abordar a questão do atraso no pagamento de uma indenização às vítimas. Logo, algumas questões integradas no campo do risco moral.

A demora no pagamento das indenizações e o dever de contratar seguro

Do mesmo modo que a mera existência de um dever legal de assegurar-se pode não ter nenhum efeito sobre o número de automóveis assegurados, a mera vigência de um contrato de seguro pode ter uma incidência nula nas demoras usuais para que as vítimas recebam as correspondentes indenizações.

A literatura, no entanto indica habitualmente uma relação positiva e significativa entre a contratação de seguros de responsabilidade e o pagamento a vítimas. Esse modo de pensar provavelmente se funde em certas premissas implícitas. Seria possível entender, por exemplo, que a introdução de firmas seguradoras poderia restringir a influência dos problemas de otimismo que impedem de chegar a um acordo relativamente rápido sobre o pagamento da indenização. Sem embargo, esse efeito somente pode relacionar-se, casualmente, e segundo certas condições empíricas, com esse tipo de agentes. Assim, pareceria conveniente distinguir com precisão os termos relevantes da relação teórica que se investiga, em vez de estabelecer vínculos entres elementos conceituais "a grosso modo" que (implicitamente) se consideram continentes desses subcomponentes.

Essa observação pode generalizar-se. Muitas análises se enquadram nessa maneira de proceder e tomam certos detalhes de projeto de alguns sistemas reais MTP como propriedades necessárias, ou ao menos naturais, de toda essa classe de sistemas. É conhecido, a esse respeito, que em alguns sistemas jurídicos as companhias seguradoras devem colocar rapidamente à disposição da vítima uma soma a título de indenização, sem prejuízo da controvérsia que pode ocorrer em um julgamento posterior. Essa classe de mecanismos, com um correto projeto e *enforcement*, parece uma boa medida para diminuir o prazo de pagamento das compensações por danos. Não obstante, não é correto concluir que esse efeito derive da mera existência de um seguro de responsabilidade; ao contrário, surge de um conjunto particular de detalhes do sistema em questão.

Em consequência, se o objetivo é minimizar o prazo de pagamento das indenizações, alguns detalhes diferentes da mera vigência de um sistema MTP (e talvez, adicionais aos mesmos) devem implementar-se.

O risco moral

Como vimos anteriormente, os problemas de risco moral não são exclusivos dos regimes MPT, mas, em geral, a todo o universo do seguro. O seguro obrigatório, que é geralmente específico a este campo, forçará os agentes a assegurarem-se com alguma solvência (mesmo que insuficiente para atender todas as compensações) e, coercitivamente, impulsionarão seus incentivos para prevenir. Os incentivos, apesar de serem escassos para os agentes de crédito limitados, representam alguma motivação para se tomar precauções.

O estudo deste tipo de relações teóricas, quando considerados os sistemas mundiais e reais, merece uma consideração um pouco mais detalhada. No campo da condução, por exemplo, os condutores podem, mesmo após garantirem-se, preservar os incentivos para tomar precauções devido à possibilidade de danos à sua pessoa ou à propriedade que um acidente geraria; esses danos sempre ficaram de fora do TP. No entanto, o problema subsiste. De uma perspectiva empírica, alguns estudos já tentaram investigar a presença e magnitude do risco moral em sistemas de MTP. Alguns não percebem uma correlação significativa.[32] Outros sugerem o contrário. Entre estes últimos, Cohen e Dehejia[33] recolheram dados de 50 estados dos EUA e focam seu trabalho em indivíduos que preferem não se assegurar se não for obrigatório, mas que estão protegidos pela obrigação do sistema. Em seu trabalho dizem ter encontrado evidências da existência de risco moral que implica um aumento de dois pontos percentuais no aumento das mortes por acidente para cada aumento de um ponto percentual em motoristas que não haviam sido inscritos, mas eles o fazem por efeito do dever legal. Além do debate empírico sobre a magnitude deste problema, existem certas peculiaridades na concepção de sistemas seguros que tendem a minimizar esses problemas e muitos têm sido amplamente explorados na literatura. Na próxima seção iremos discutir em que medida os problemas de risco moral são uma consequência inevitável da exigência de uma apólice de seguro e rever alguns desses elementos.

5. Relações teóricas, condições empíricas relevantes e diretrizes para o projeto de sistemas reais para contextos altamente imperfeitos

Até agora tentei descrever algumas relações arquetípicas teóricas no domínio do sistema de seguros MTP. Também argumentei que, embora as relações teóricas isoladas sejam uma ferramenta conceitual útil para estudar os resultados também isolados, a avaliação de sistemas reais inclui também um tipo diferente de procedimentos destinados à pesagem da aptidão do sistema global para lidar com a questão no contexto real. As decisões sobre a escala da análise do estudo – conceitualmente anterior ao estudo de um sistema determinado –, por exemplo, não são o resultado visível de qualquer inferência dedutiva, mas têm um efeito determinante sobre os resultados. Neste sentido, como sugerido várias vezes, há boas razões para concluir

---

32. DERRIG, A. R.; SEGUI-GOMEZ, M.; ABTAHI, A.; LIU. L. The Effect of Population Safety Belt Usage Rates on Motor Vehicle-Related Fatalities. *Accidents Analysis and Prevention*, 34, p. 101-10, 2002.
33. COHEN, A.; DEHEJIA, R. The effect of automobile insurance and accident liability laws on traffic fatalities. *National Bureau of Economic Research*. *Working Paper* 9.602, 2003.

que a melhor escala de análise para avaliar a adequação de um MPT em contexto real será uma mais refinada do que considerar unicamente o simples dever de assegurar-se uma unidade *atômica*, – indivisível – do sistema. Dado que o valor de sistemas reais MPT é a função de sua adequação para o contexto empírico em que exista, cada um dos possíveis sistemas pode ser valioso em relação a um contexto e pode ser relativamente não valioso para outro, se a estrutura de custo operação de ambos os quadros é diferente.

A história mostra que os sistemas deste tipo foram primeiro adotados pelos países desenvolvidos e mais tarde pelos países em desenvolvimento. As características empíricas emblemáticas dessa constatação são frequentemente associadas às imperfeições típicas aos domínios da informação, a existência de agentes insolventes em um número considerável, a burocracia judicial e o mau desempenho do sistema.

A mesma combinação de tais condições é em si uma restrição quanto à possibilidade e utilização de mecanismos que lidam simplesmente com alguns destes problemas em isolamento. Se o único problema, por exemplo, foi o otimismo (subestimação do risco em si), um aumento no número de automóveis segurados poderia ser obtido punindo com multa os inadimplentes com dever de assegurar-se. No entanto, desde que a peculiaridade do contexto empírico adicione à existência de agentes com pouco crédito, esse projeto importaria em resultados paradoxais: os agentes com solvência insuficiente (mas com alguma solvência) contrariam seguro e reduziriam os incentivos desses e dos sujeitos com solvência completa (não possuem seguro por não serem obrigados) para prevenir-se, mas não acrescentariam agentes completamente insolventes no campo dos assegurados. Para estes últimos, a multa – em si mesma – projetaria incentivos tão nulos como a ameaça de pagar uma indenização.

Se o problema é um contexto marcado por agentes insolventes, por sua vez, poderia aumentar o número de assegurados por meio de outras medidas que gerem uma diferente desutilidade de simples perda monetária (para a qual, por definição, esses agentes seriam imunes). No entanto, talvez esta iniciativa tenha sucesso, se o efeito dessa estratégia sobre as precauções tomadas durante a condução de tais agentes for zero ou negativo. Da mesma forma, o efeito do dever legal de assegurar-se também poderia projetar consequências nulas com relação à demora para receber uma compensação por parte das vítimas.

Este tipo de compromisso que surge entre as diferentes relações teóricas dadas na maioria dos sistemas reais (que adota características particularmente agudas em sociedades em desenvolvimento) sugere o desejo de delinear algumas diretrizes para o design de sistemas. Neste sentido, parece oportuno observar:

Primeiro, a impossibilidade de projetar sistemas empíricos que levem resultados ótimos não significa que qualquer projeto institucional é igualmente valioso.

Pelo contrário, é possível encontrar melhores e piores sistemas reais em relação aos objetivos pretendidos.

Segundo, o fato de que há um forte compromisso entre as diferentes relações teóricas (e entre os objetivos, à luz dos quais se estuda) não implica a necessidade de um projeto institucional que resolva todos os problemas tidos em mira, e nem mesmo um que satisfaça alguns destes problemas, sem afetar os outros. Provavelmente, cada instrumento empírico que se ensaie resolva uma falha, mas piore outra. Se isto é assim, e muito provavelmente o é, a decisão deve ser apontada diretamente para o lucro líquido (em termos de custos sociais) esperado de cada um dos regimes disponíveis e avaliado em relação a todas as condições relevantes do contexto real em que se quer operar.

Em terceiro lugar, uma discriminação suficientemente refinada dos elementos conceituais presentes no sistema e no contexto empírico determina uma identificação correlacionada com um grande número de relações teóricas e suas combinações. A escala com que se discrimina, provavelmente, sempre será arbitrária e sempre podem ser distinguidos mais ou menos elementos de um sistema ou contexto. Mas se o objetivo é reduzir os custos sociais por um sistema empírico (e, como tal, complexo) e o referencial teórico mais próximo do padrão, não parece ser o mais apropriado considerar o dever de assegurar como um elemento conceitualmente inseparável e definitivo – o que anteriormente denominou-se de "atômico" –. Pelo contrário, parece claramente preferível decompor esse dever em mais elementos mais finos.

Assim, ao decidir o melhor design possível do sistema para controlar o movimento de veículos, muitas possibilidades podem incluir o dever de assegurar, associada a certas peculiaridades do projeto. E quando se trata de lidar com sistemas que incluem um conjunto de imperfeições, presentes o tempo todo, provavelmente o melhor sistema empírico disponível deve incluir alguma forma de seguro obrigatório.

O termo "plano" é geralmente usado pela literatura americana para designar um conjunto de normas jurídicas promulgadas pelos parlamentos e que diferem da tradicional responsabilidade civil. A origem diferente dos dois tipos de regras (parlamentar, um e consuetudinário ou jurisprudencial, o outro) é, provavelmente, uma das razões principais para tal diferenciação. Esta distinção, no entanto, não é igualmente aplicável em países de *Civil Law*, já que as normas em questão tendem a vir de fonte parlamentar. No entanto, mesmo neste último grupo de países, o termo "plano" é frequentemente usado para descrever um sistema abrangente que regule algum problema ou uma região socialmente típica (acidentes, acidentes automobilísticos, negligência médica etc.). A existência de um dever de assegurar-se, no entanto, não requer que integre um plano, neste sentido do termo, nem precisa de tal plano para julgar os efeitos de um conjunto de regras relativas à alocação de recursos.

A noção de "sistema" no sentido em que usei aqui é apenas uma categoria conceitual e não se refere exclusivamente a um conjunto de regras deliberadamente postas em prática com um determinado propósito. Nos países em desenvolvimento tais reformas geralmente são menos frequentes que modificações circunstanciais e alterações particulares e sucessivas. No entanto, tais iniciativas, podem ser mais ou menos preferíveis e podem estar sujeitas a estudo sistemático. O estado de coisas integrado por cada uma destas mudanças sucessivas e parciais pode, ainda, ser dividido em uma porção apropriada e estudar-se como um sistema.

No entanto, parece razoável avaliar apenas as alternativas institucionais disponíveis, quando se desconstrói ou modifica um sistema. Entendido nesses termos, a inclusão de mecanismos de dissuasão específicos pode ser o único meio de lidar com o problema de agentes insolventes, mas confiar, em demasia em tais instrumentos é problemático, pois captam de forma muito deficiente o balanço entre os custos e benefícios sociais de cada atividade. Além disso, parece razoável considerar as possibilidades disponíveis geradoras de *specific deterrence*.

Em muitos países, os condutores que causam sérios danos e até a morte (e os autores de muitas ofensas, em geral) raramente sofrem pena de prisão, mesmo que esta pena esteja prevista no texto da lei ("paper Law"). Além de analisar essas causas, se nos concentrarmos em seus efeitos, pode-se concluir que a influência desta sanção sobre os incentivos dos agentes será praticamente nula. Além disso, se essa situação for considerada indesejável, ainda existe a tendência a sua alteração, propondo-se uma ampla reforma do sistema penal, mais provavelmente determinando custos associados – formal e informal – proibitivos.

A apreensão de veículos, contudo, é outro mecanismo gerador de *specific deterrence*. No entanto, mesmo que medidas deste tipo sejam consideradas úteis para modificar diretamente os incentivos dos agentes, o problema imediatamente aparente é a informação que as autoridades públicas devem ter para que o sistema cumpra corretamente o seu objetivo. O problema mais óbvio é que as autoridades só podem detectar transgressões isoladas, tais como passar um semáforo vermelho ou exceder o limite de velocidade, mas os atos individuais são muitas vezes um indicador muito pobre para compensar o risco global de cada motorista em relação ao benefício social de seus negócios. E o problema tende piorar rapidamente quando os sistemas administrativos de cada área são altamente ineficientes e os funcionários ineptos ou corruptos.

Assim, tendo em conta as ideias acima e excluindo penalidades como prisão dentre as opções viáveis, ainda se procura uma alternativa entre a responsabilidade civil tradicional (que opera de forma bastante aceitável os custos de equilíbrio e os benefícios de várias atividades, mas é impotente para lidar com os agentes insolventes) e medidas típicas de *specific deterrence* (que lidam melhor com os insolventes, mas muito mal na hora de equilibrar os custos e benefícios das atividades privadas desta classe). Uma possibilidade é projetar um sistema MPT que integre a apreensão de automóveis de forma sancionável com o aumento ao nível de risco do condutor. A interação desses mecanismos pode capturar as sugestões teóricas anteriores. Isso ocorreria, por exemplo, se a apreensão funcionasse apenas como uma parte da sanção ao cumprimento do dever de assegura-se e não como uma sanção à condução perigosa e introduzir o necessário ingrediente de *specif deterrence* na instância oportuna.

Nestas condições, os motoristas enfrentam a escolha de comprar ou não uma apólice. A última possibilidade deve ser associada com o custo de apreensão. Esta medida não será uma consequência certa de conduzir sem seguro, mas estará sujeita a uma probabilidade. Depois, você pode associar a apreensão a uma multa para compensar esse risco. O pagamento da multa, além da contratação de uma cobertura de seguro deve ser exigido como condição de recuperação do veículo.

Uma combinação de instrumentos deste tipo parece adequada em muitos aspectos, mas ainda deixaria não resolvido o problema de distinguir agentes de diferentes tipos de risco. No entanto, ao contrário do que parecem supor alguns desenvolvimentos teóricos, parece ser mais uma questão de tecnologia do que um obstáculo conceitual. A este respeito um tratamento adequado do problema pode começar por considerar várias dimensões de risco. Um deles, por exemplo, surge a partir do conjunto de falhas provenientes do estado do automóvel, o outro depende da ação do condutor. O primeiro pode ser verificado por procedimentos relativamente simples e parece ser de alguma estabilidade, pelo menos, em curto prazo. O segundo tem atributos diferentes. No entanto, conduzir geralmente é uma atividade que se cumpre durante longos períodos de tempo. Então, um banco de dados adequado sobre o comportamento passado do agente poderia dar um diagnóstico bastante ajustado do comportamento do agente no futuro. Isso é comum em qualquer emprego de probabilidades: uma condição implícita das estratégias que eles usam é a crença de que eventos futuros reproduzem eventos passados. Dado o estado atual da computação, um sistema de banco de dados adequado pode ser preferível a outras sanções com base unicamente em atos individuais e isolados. Nesse sentido, uma quantidade razoável de informações processadas corretamente pode ser usada pelas seguradoras para calcular as apólices individuais que captam aproximadamente o risco de cada agente, depois de vigente a cobertura, atenuando os efeitos da *seleção adversa e do risco moral já revisados*.[34]

---

34. A intervenção dos agentes de seguradoras em supervisão, juntamente com inspetores do governo é explorada como uma forma alternativa para reduzir as oportunidades de corrupção. Com relação a essas estratégias pode ser observado que os sistemas de "pontos" – aqueles que dão um número de pontos a cada licença de motorista e subtraem alguns para cada infração – confluem nessa linha, mas com peculiaridades.

Dentro das características naturais da atividade securitária que estão em jogo na hora de lidar com esses problemas, a natureza repetitiva do contrato de seguro inclui um ingrediente de autoexecução (*self enforcement*) no sistema.

Depois da primeira vez que o segurado contrata uma cobertura, dá-se um padrão de comportamento da atitude adotada depois de saber-se assegurado. Esta situação (saber-se segurado), por sua vez, não constitui um estado que dure pra sempre. Ao contrário, o período inicial de cobertura servirá de base para o cálculo do prêmio do período futuro. Se esta ligação inter-períodos for possível, relaxar as precauções durante o primeiro período implicaria um aumento correspondente no custo da cobertura em períodos futuros.[35]

O problema de agentes insolventes, enquanto isso pode ser discutido, sutilmente, de forma diferente ao tratamento tradicional. Além disso, dentro das possíveis atitudes dos agentes o problema estende-se não só aos agentes que não possuem propriedade antes de decidir dirigir um carro, mas também àqueles que permanecem solventes, e viram como alternativa factível tornarem-se insolventes, excluindo de modo real ou formal seus bens de uma execução judicial no caso de ter que pagar uma indenização.[36] Os itens a considerar sobre estas novas bases não são unicamente a magnitude da riqueza dos agentes, mas também o custo para excluir sua propriedade a partir do curso de processo. Nessa linha de raciocínio, se o custo for muito reduzido, os incentivos destes agentes (normalmente solventes) para prevenir, tendem a ser nulo. Mas, além disso, a proposta de Polborn de um seguro forçado apenas pela diferença entre o valor de realização de ativos e a remuneração total, também parece escassamente eficaz. Se a implementação da proposta se resumir em assegurar um valor móvel (a diferença em questão na hora de pagar efetivamente a indenização), dado o comportamento previsível de tais agentes, o valor segurado tenderia a ser igual ao total da compensação. Assim, se o custo de se tornar insolvente é demasiado pequeno, a diferença entre este tipo de seguro-original forçado e a cobertura tradicional tenderia a desaparecer. Em conclusão, baseada em ideias anteriores, aquela esperançosa e original "segunda melhor" solução, constituída por esse argumento particularmente parcial, não seria tão plausível quanto parece ser na sua versão original. No entanto, o problema não parece merecer visão tão pessimista quanto à de Shavell.

Por outro lado, alguns mecanismos podem ser implementados para modificar os custos para se tornar insolvente. Tentar, obviamente, nunca é gratuito em qual-

---

35. Há, porém, um *trade-off* interessante nesse ponto. Para ajustar da melhor maneira possível o prêmio de risco do condutor, quanto mais curtos os períodos de asseguramento, melhor. Mas, para reduzir os custos de inspeção e verificação, deve ser tão longo quanto possível.

36. Estas considerações foram matéria de capítulo correspondente deste livro.

quer sistema: o problema é que em alguns casos pode chegar a ser demasiadamente barato. Se fosse uma franquia pequena, o seguro poderia jogar esses incentivos ao oportunismo. Tendo em conta os custos de transação envolvidos, provavelmente, seria preferível uma franquia fixa e pequena. No entanto, é interessante explorar uma especial possibilidade de funcionamento: o pagamento integral à vítima pela seguradora, com a possibilidade de recuperação da franquia, em questão, do segurado-transgressor.[37]

Quanto aos benefícios do pagamento imediato às vítimas, é possível incluir alguns detalhes do projeto que tendem a esse objetivo e não comprometem significativamente as melhores características dos instrumentos anteriores. Trata-se, simplesmente, de dispositivos existentes em muitos países desenvolvidos para a atividade assegurada que poderiam ser utilmente aplicados também ao seguro voluntário em algum grupo de países em desenvolvimento.

6. Considerações finais

A literatura tende a questionar a consistência do monitoramento real de acidentes de trânsito com as políticas da teoria econômica. Notou-se que após trinta e cinco anos do aparecimento de *The costs of Accidents*, ainda sabemos muito pouco sobre as consequências de regras de responsabilidade no mundo real de forma a extrair todos os benefícios de seu legado intelectual.[38]

Provavelmente, esta afirmação é verdadeira, mas talvez a principal razão para o fraco desempenho de alguns sistemas existentes não seja a falta de conhecimento acadêmico. Algumas restrições empíricas, que não sejam as limitações da literatura, talvez sejam mais relevantes. No entanto, mesmo na persistência destas restrições poder-se-ia melhorar o estado dos sistemas existentes em muitos países.

---

37. Se o segurado efetivamente pagou sua parte pela franquia, não há diferença entre a dedução que impõe a franquia inicial (quando deveria pagar a vítima) ou, eventualmente, (quando deveria reembolsar a seguradora que pagou antes da vítima, até certo ponto). No entanto, é altamente provável que não pague o que lhe é devido, por problemas de solvência. Se assim for, no primeiro caso, as suas vítimas deveriam absorver parte do dano, enquanto no segundo, o fariam as seguradoras. Nestas condições e tendo em conta o custo transação positivos e relevantes de partilha de custos (*loss spreading*, no sentido de Calabresi) e profissionalismo no cálculo do risco (mesmo o risco de insolvência) recomendam uma solução tal como proposta no texto: a seguradora paga uma indemnização na íntegra e, em seguida, procura recuperar a dedução implicada na franquia do segurado. O mesmo tipo de considerações poderia estender-se a certas causas gerais de exclusão como "falta grave do segurado".

38. "(...) we still know far too little about the real world consequences of liability rules to take full advantage of the intellectual legacy (...)" of that work (RABIN, R. The Renaissance of Accident Law Plans Revisited. *Stanford Public Law and Legal Theory Working Paper Series*, Research Paper n. 101, Nov. 2004).

Em qualquer caso, identificar e levar devidamente em conta as limitações reais parece ser melhor do que sobrepujá-las, quando se estuda e avalia os sistemas no mundo real. Há razões que claramente restringem o trabalho acadêmico a um espaço limitado. Dentro dele, uma de suas principais contribuições pode ser evitar ou mitigar alguma confusão. Talvez esclarecer a diferença entre o processo de descobrir relações teóricas entre o conceitual e o que tende a julgar a aptidão dos complexos sistemas reais em relação a determinados objetivos possa ser incluído nesta tarefa.

Embora o isolamento seja uma condição necessária para estudar as relações teóricas, a complexidade deriva dos sistemas reais. Se a investigação dessas relações é uma ferramenta para avaliar os sistemas reais, então há outras condições necessárias para a obtenção do efeito. Entre eles, escolher a escala mais apropriada e estabelecer as vinculações entre os elementos que se distinguem nesse universo parece incluir-se entre suas virtudes cardeais. Por exemplo, pode não ser tão seguro assumir simplesmente que à adoção de um MTP (para qualquer sistema desta classe) seguirá um aumento significativo no número de condutores não assegurados ou diminuirá o atraso no pagamento de indenização. Pelo contrário, parece mais adequado adotar premissas diferentes e mais refinadas do que o simples dever de assegurar-se. Em resumo, e para generalizar, para que as relações teóricas sejam boas ferramentas para prever os resultados empíricos dos sistemas, devem ser adequadamente descritas de forma precisa e adequada para a escala que melhor se adéqua à finalidade em questão.

É razoável invocar razões de simplicidade como uma justificativa para o estudo de instituições em uma escala muito geral ou contornar a explicação de certos detalhes. O problema é que, muitas vezes, os resultados desta pesquisa são tomados como a base das instituições reais, pelos formuladores de políticas públicas, ignorando qualquer sutileza. Simplificando, geralmente transitam para o mundo de decisões institucionais reais como resultados de mero descuido, incompreensão ou indolência. E não parece, neste campo, aceitável.

A partir de uma perspectiva diferente quando se trata de países em desenvolvimento, muitas vezes se adverte para suas peculiaridades empíricas, obstáculos intransponíveis para o estudo teórico dado a distância entre as suas condições reais e os pressupostos dos modelos padrão. A resposta tem sido às vezes negar qualquer possibilidade de estudo teórico ou tentar uma teoria completamente *ad hoc*. Ou ainda, ignorar essas diferenças e aplicar as consequências desses modelos, como se as características da base empírica não fossem relevantes. Talvez, ambas as variantes sejam igualmente inadequadas. Provavelmente, a principal contribuição da Nova Economia Institucional seja demonstrar que as condições heterodoxas empíricas para a economia tradicional também podem ser abordadas e integradas na análise padrão (este adjetivo, tratado com o cuidado necessário) ou, pelo menos, uma análise racional plausível. Uma forma de abordagem diferente, talvez mais desconfortável, mas mais adequada para remover as complexidades da realidade.

Apêndice

A questão central que se coloca é a de determinar o tipo de cobertura que maximiza a utilidade esperada pelo segurado, sujeito ao fato de que o pagamento que receberá em bônus será igual ao pagamento feito pelas seguradoras por danos de seus segurados. Assume-se ainda que exista um único nível de perda l que ocorre com probabilidade $0 < p < 1$ e que os transgressores são avessos ao risco. Mas, em seguida, W a função de utilidade do assegurado; w seu nível de riqueza inicial, com $w > 0$; π o prêmio de seguro, com $\pi > 0$; q o nível de cobertura de seguro, com $q > 0$.

Para analisar o tipo de cobertura que o agente estará disposto a comprar podem ser consideradas três situações diferentes. A primeira assume que o segurado não pode influenciar no risco de acidente. Se o segurado compra uma cobertura q, sua riqueza será $w - \pi$ se nenhum acidente ocorre, e $w - \pi + q - l$ caso ele ocorra. Sua utilidade esperada é como se segue:

$$(1-p)W(w-\pi) + pW(w-\pi+q-l) \tag{1}$$

Para maximizar a utilidade esperada, sujeita à restrição de que a diferença de preço é igual ao valor esperado dos pagamentos que a empresa deve fazer, o assegurado deve escolher q de modo a maximizar a expressão (1) respeitando $\pi = pq$; substituindo π e diferenciando q para obter a condição de primeira ordem:

$W'(w-pq) = W'(w-pq+q-l)$ como $W'' < 0$, isto implica que $q = l$, de modo que o nível de cobertura que escolher vai estar cobrindo todas as perdas.

Suponhamos agora que o assegurado pode afetar o risco, então a probabilidade é uma função do nível de cuidados x, isto é, $p(x)$; a utilidade esperada do segurado no presente caso é:

$$(1-p(x))W(w-\pi-x) + p(x)W(w-\pi-x+q-l) \tag{2}$$

Aqui pode ocorrer que a seguradora observe o nível de precaução x e que estabeleça o prêmio com base nesse valor, de modo que o prêmio é de $\pi = p(x)q$. Para maximizar a sua utilidade esperada o assegurado deve eleger q e x para maximizar a expressão (2); substituindo π por $p(x)q$ e diferenciando com respeito a q obtemos $q = l$ e em seguida, a expressão (2) reduz para $W(w - p(x)l - x)$.

Para maximizar em relação à x deve ser escolhida x de modo a minimizar $(p(x)l + x)$. A análise precedente mostra que o nível de cobertura correspondente às perdas totais ($q = l$) e do nível de cuidados será o ideal, pois minimiza a soma da perda esperada mais o custo do atendimento. A razão pela qual a cobertura total não cria incentivos desvantajosos (na medida em que permite alcançar o nível ótimo de precaução) é que x afeta o prêmio π.

Considere, finalmente, o caso em que a companhia de seguros não pode associar o valor do prêmio ao nível de cuidados x. Aqui se deve admitir que a seguradora conhece pelo menos *ex ante* a probabilidade de acidente e pode, então, estimar o valor de π. O problema surge após a conclusão do seguro porque a companhia de seguros não pode observar o nível de precaução tomada pelo transgressor[39] potencial. Aqui, como o assegurado adquiriu uma cobertura igual ao q não obtém qualquer redução no prêmio se aumenta x, escolherá x para maximizar (2), tratamento π como uma constante. Em todo o caso devemos ter $\pi = p(x)q$ para que a seguradora cubra os seus custos. Formalmente, a cobertura ótima vai emergir para maximizar a expressão (2) com respeito a π, q e x sujeito a expressão (2) é maximizada apenas em relação a x e sujeito a $\pi = p(x)q$. Maximizando com relação a x obtemos:

$$p'(x)[W(w-\pi-x+q-l)-W(w-\pi-x)]=[1-p(x)]\dot{W}(w-\pi-x)+p(x)\dot{W}(w-\pi-x+q-l).$$

O lado esquerdo da expressão acima representa o benefício marginal do assegurado para tomar precauções que serão positivas se a cobertura é incompleta ($q < l$). O lado direito representa o custo marginal de tomar precaução. Esta expressão determina x em termos de π e q, então podemos expressar $x(\pi, q)$. Assim $\pi = p(x(\pi,q))q$. Isto determina que π é uma função de q, de modo que ele pode ser escrito $\pi(q)$. Dada esta função, x pode expressar-se como $x(q) = x(\pi(q),q)$. Assim, o problema reduz-se a maximizar q a seguinte expressão:

$$[1-p(x(q))]W(w-\pi(q)-x(q))+p(x(q))W(w-\pi(q)-x(q)+q-l) \qquad (3).$$

Derivando em relação q, igualando a zero e considerando $x(q)$ e $\pi(q)$, pode-se mostrar que q é estritamente menor que l e que x não minimiza ($p(x)l + x$). Assim, podemos concluir que, se a companhia seguradora não pode observar o nível de precauções tomadas pelo assegurado, o nível de cobertura escolhido será menor do que a perda total e o nível de precauções tomadas serão menores do que o ótimo, já que não minimizará a perda esperada mais o custo de precaução.

O preço que vai exigir uma companhia de seguros para fornecer cobertura para que o risco (se supormos o que maximizará os lucros e o risco neutro), será, por sua vez, – e como se vê – uma função da probabilidade de que o agente

---

39. A análise permite determinar qual o nível ótimo de cobertura sob a situação de risco moral que se verifica porque o seguro altera os incentivos do agente no que diz respeito ao nível de precaução a adotar.

seja condenado a pagar uma indemnização. Especificamente, o preço cobrado será $\pi = pl$, onde p é a probabilidade de que o agente seja condenado e l a compensação do mesmo. Por sua vez, se o agente é avesso ao risco afirma-se que $W(p(w-\pi)+(1-p)(w-\pi-l+q)) > pW(w-\pi)+(1-p)W(w-\pi-l+q)$, isto é, a utilidade do valor esperado será de maior de que a utilidade esperada.

Isso garante apenas que, se entendido em uma situação tal que $\pi = pl$, o agente vai preferir não fazê-lo (como discutido na seção três). No entanto, na avaliação subjetiva do agente, quando a informação é tendenciosa a este respeito, decidirá com a convicção por estar em uma situação em que a probabilidade é de p_1, onde $p_1 < p$, e, portanto, $\pi > \pi_1$, onde $\pi_1 = p_1 l$. Sob estas condições, embora, por definição, teria preferido assegurar-se sempre e de modo completo a um preço π_1, o mesmo não aconteceria por um preço π, que poderia ser demasiado caro.

Este problema é agravado quando adicionados os custos de transação (tc). Sob estas condições, se $\pi + tc = \pi_2$, teremos que $\pi_2 > \pi > \pi_1$. Deve ser lembrado que π_1 é, de acordo com o estado de informação do agente, o preço justo ("seu" preço justo). Sob estas condições, o preço exigido será, não obstante, o π_2 que, obviamente, será ainda mais longe do preço de reserva que π.

Isso não quer dizer que um agente adverso nunca estaria disposto a pagar o preço de π_2, mas não é possível afirmar incondicionalmente (e que em muitos casos, por certo, será desse jeito). Do ponto de vista analítico, só se poderia afirmar que um agente avesso ao risco (nestas condições de racionalidade) não estará disposto a pagar uma apólice superior a l (dado que não pagaria por um seguro – de modo certo – mais do que estaria disposto a pagar por uma indenização). Embora π_2, seja inferior a l, há sempre a possibilidade de um agente a preferir. No entanto, obviamente, quanto maior for π_2, mais tenderá a l, e por conseguinte, deixa de ser preferível para muitos agentes.

Shavell (1987) formaliza o caso em que a quantidade de perda esperada l excede o nível de riqueza do transgressor w (que pode ser comparado à solvência do agente), a respeito de sua decisão de comprar um seguro. Assumindo no caso mais simples que a probabilidade $0 < p < 1$ é fixa, e que o transgressor compra uma cobertura q, se o dano não ocorrer sua riqueza será $(w - \pi)$, se o dano se verifica sua riqueza é o valor máximo de $(0, w - \pi + q - l)$. Como $\pi = pq$ a quantidade máxima q que o transgressor poderia comprar seria w/p. O transgressor escolherá q entre $(0, w/p)$ para maximizar a sua utilidade esperada. Isto é, $(1-p)W(w-pq) + pW(\max(0, w - pq + q - l))$ (4).

Resolvendo este problema demonstra que existe um nível crítico de riqueza por abaixo do qual o agente não irá adquirir qualquer nível de cobertura e acima do qual vai comprar uma cobertura completa. Este nível crítico é maior que pl e menor que l. Se em vez, a probabilidade de ocorrência do acidente depende do nível de cuidados, ou seja, $p(x)$ e a companhia de seguros pode observar o nível de precaução, o transgressor não vai comprar o seguro se sua riqueza está abaixo do nível crítico, entretanto se for superior comprará uma cobertura total e adotará o melhor nível de precaução. Se a companhia não pode observar o nível de precaução do transgressor, este não comprará a cobertura se sua riqueza está abaixo do nível crítico (que é diferente do caso anterior) e se for superior comprará uma cobertura menor do que a completa e seu nível de precaução será inferior ao ótimo.

Capítulo VI
A ANÁLISE ECONÔMICA DO DANO MORAL*

1. Introdução

Os atentados de 11.09.2001 produziram repercussões de uma magnitude difícil de precisar nos aspectos mais diversos da realidade social. No campo econômico, as consequências macroeconômicas têm sido as mais profusamente estudadas, mesmo que existam áreas menos rutilantes, mas merecedoras de atenção.

Uma delas é a compensação dos danos pessoais sofridos pelas vítimas dos ditos episódios. A política do Governo federal dos Estados Unidos a este respeito foi no sentido de oferecer uma compensação uniforme, vinculada somente à quantidade de reclamantes, no caso dos danos morais, e uma indenização sujeita à liquidação para os danos materiais ou patrimoniais. Esta dualidade entre uniformidade, para uma classe de danos pessoais e liquidação particular – e para tanto, desigual – para outros, pode sugerir certa perplexidade e revive um problema que há milênios se debate: a questão da compensação pecuniária do dano moral e as decisões empíricas sobre o ponto. No caso que serve para desencadear o capítulo, pode resultar surpreendente, que se avalie, em uma única e fixa, prejuízos que causam perdas ao bem-estar, muito diferentes do ponto de vista subjetivo. Deve compensar-se igualmente a um filho que odiava seu pai, e a outro, para quem sua presença era o bem mais apreciado? Mesmo que a resposta negativa pareça evidente, o questionamento poderia, então, estender-se. Se não se deve pagar o mesmo, quanto se deveria pagar em um ou em outro caso?

O Direito de Danos costuma partir da hipótese geral que estabelece que a indenização a ser paga deva se igualar ao dano sofrido e, juridicamente, ser atribuída a um responsável.

---

* O conteúdo deste capítulo reproduz livremente ideias contidas na apresentação ¿Se Debe Indemnizar el Dolor de las Víctimas del 11 de septiembre? Un análisis económico del daño moral", proposta apresentada ante a *XXXVIII Reunião Anual da Associação Argentina Econômica Política*. Mendoza, Argentina, de 12 a 14.11.2003. Disponível em: [www.aaep.org.ar/anales/works/works2003/Acciarri_Castellano_Barbero.pdf] e em artigo publicado, com o mesmo título em *InDret*, 2/2004, *Working Paper* n. 210. Barcelona, Espanha, abril de 2004. Disponível em: [www.indret.com]. Ambos, em coautoria com Andrea Castellano e Andrea Barbero.

Mesmo esta primeira assunção é claramente questionável embora integre a *comunis opinio* dos juristas tradicionais. Alterini, por exemplo, – antes de criticar esta afirmação – assinala que "na teoria da responsabilidade civil se predica generalizadamente o principio da reparação integral. A responsabilidade civil tem por finalidade permitir a volta ao *"status quo* anterior ao dano",[1] isto é, "a reposição das coisas ao seu estado anterior".[2]

Quando se trata de danos que são considerados de natureza patrimonial (gastos de atenção hospitalar, perdas de ingressos etc.), a validade da conclusão permanece, ainda que se possam apresentar dificuldades práticas. Sem embargo, essa situação se inverte quando a compensação procura ressarcir danos denominados extrapatrimoniais.

É sabido – e assim o vimos até aqui – que o AEDD, em sua corrente principal, adota a eficiência alocativa como meta. Usualmente a análise emprega critérios Pareto-potenciais para definir essa propriedade e assume que as regras da responsabilidade operam como incentivos que afetam as condutas dos agentes, pois impõem (ou não) consequências indesejáveis, constituídas pelos custos de estar submetido à carga econômica de um dano, seja por ter de enfrentar uma indenização (o agente do dano), seja por estar impossibilitado de reclamá-la (a vítima). Um sistema correto de responsabilidade civil, desta perspectiva, alinhará os incentivos para que a ação privada, autointeressada, conduza por sua vez à melhor situação social possível. Trata-se, em síntese, de encontrar a melhor relação entre custos e benefícios sociais.

Ao que aqui interessa, é importante observar que os resultados dos modelos padrão dependem fortemente da definição e validade dos danos sofridos pela vítima, pois supõem – como a teoria jurídica tradicional – uma identidade entre o valor desses danos sofridos e a indenização que se deve (ou não) pagar, por parte do agente do dano, para compensá-los. Neste ponto, então, o dano extrapatrimonial introduz uma particularidade relevante precisamente em razão dos problemas de determinação.

Existe uma extensa literatura jurídica que expõe um acordo razoável sobre a necessidade de compensar de algum modo o dano não patrimonial. A evidência empírica mostra, de fato, uma tendência crescente a conferir indenizações a partir destes conceitos. A teoria econômica, de sua perspectiva, tem reportado algumas conclusões úteis para abordar o problema. Não obstante, resulta difícil extrair das conclusões teóricas uma proposta normativa de política legislativa que possa ser diretamente aplicável e que permita definir um marco jurídico sólido para resolver

---

1. ALTERINI, A. *La Limitación Cuantitativa de la Responsabilidad Civil*. Buenos Aires: Abeledo Perrot, 1997. p. 7.
2. *Código Civil argentino*, segundo Lei 17.711, art. 1083.

essas hesitações. O objetivo deste capítulo, em consequência, é revisar as principais proposições em torno da questão e, nesse marco, sugerir algumas linhas de ação.

2. O conceito de dano moral e dano extrapatrimonial

O conceito jurídico de dano moral ou dano extrapatrimonial é de difícil definição e está distante de apresentar um tratamento uniforme na literatura. Assume-se, em geral, que um fato danoso pode determinar para a vítima uma invalidez, tanto pelas consequências do fato em sua esfera patrimonial, quanto por suas repercussões no campo extrapatrimonial. A vítima de um choque de automóveis pode sofrer uma perda de utilidade pelo efeito da destruição de seu carro, pelo dinheiro que deva gastar em assistência médica, pela incapacidade laboral que sofra de modo permanente (todos estes conceitos entendidos como patrimoniais), e também, de modo conjunto ou não com o anterior, pelos sofrimentos ocasionados tanto no instante do choque, como depois (durante a etapa de tratamento médico e recuperação), da mesma forma pelas consequências de seu estado psicofísico remanescente que não estejam vinculadas à sua capacidade de gerar ganhos patrimoniais. A perda de um olho, por exemplo, além de reduzir a probabilidade de conseguir um emprego ou de melhorar no mercado de trabalho, acarreta outro tipo de invalidez, que não se mede com os mesmo parâmetros nem se identifica com a primeira. A perda de um filho pequeno, para uma mãe, costumar colocar-se como exemplo emblemático destas situações.

Um primeiro problema surge quando se pretende definir com alguma precisão este tipo de dano. Sem ingressar nesse debate, pode-se assinalar – dentro das opiniões vigentes – que alguns traçam a linha divisória apoiando-se no conceito de *bens* patrimoniais e extrapatrimoniais. Outros, em contrapartida distinguem *interesses* de classe diferente, ainda sobre os mesmos bens. Para a primeira proposição, por exemplo, a honra de uma pessoa poderia se entender como um *bem* extrapatrimonial. A segunda, ao contrário, entende ser possível diferenciar dentro do *direito à honra* um *interesse patrimonial*, que se pode identificar com as derivações patrimoniais da reputação, e um *interesse extrapatrimonial*, relacionado com as possibilidades subjetivas e a estima social relativamente à vítima, mas em uma dimensão desvinculada de toda geração de mudanças patrimoniais. Para esta corrente um *interesse* é uma faculdade de atuação ou de desfrute, e um *direito* pode ter como base um ou mais interesses, ainda que sejam de natureza diversa. Uma terceira posição, de resultados práticos bastante similares à anterior, fala de *consequências* da afetação. Entende que o que diferencia o dano patrimonial do extrapatrimonial não é o bem sobre o qual recai a incapacidade, senão as consequências dessa afetação sobre diferentes esferas pessoais: se incidem em sua esfera patrimonial, tratar-se-á de dano patrimonial e se o fazem sobre a extrapatrimonial, de um dano dessa natureza. Isto a depender de que o bem afetado possa ser considerado patrimonial ou não.

Frequentemente a aplicação dessas concepções teóricas não define certas questões práticas. Alguns casos muito conhecidos mostram estes pontos de tensão. Deve-se pagar uma indenização a uma vítima que permaneça em estado são? Esse tipo de situação serve para mostrar a tendência empírica à ampliação do conceito. Se sé tem em mente que se paga *o preço da dor*, não teria sentido conferir uma indenização quando não há dor que se possa perceber. Sem embargo, a tendência em todos os sistemas jurídicos é favorável a essa ampliação, mesmo quando alguns são abertamente mais favoráveis à reparação que os outros.

Essa propensão geral à ampliação do campo indenizável tem inclusa uma questão terminológica. Alguns identificam o termo *dano moral* com o conceito mais restritivo e clássico, relacionado com a dor perceptível, e *dano extrapatrimonial* com a ideia ampla que inclui a indenização de outro tipo afim de incapacidade. Alguns dos corpos normativos mais recentes inclinam-se a esta possibilidade.[3]

Outros temas relacionados a este estudo são, por exemplo, o caráter exaustivo ou não da distinção entre *dano patrimonial* e *extrapatrimonial*, dado que importantes correntes sustentam a conveniência de distinguir outros gêneros (*danos estético*, *psicológico* etc.), além dessas duas classes de dano. As particulares restrições impostas pelos diferentes direitos nacionais à reparação do dano extrapatrimonial constituem boa parte da motivação dos juristas a decidir-se, em cada um desses âmbitos locais, por adotar alguns ou outros elementos na sua definição. Na sequência, não obstante, será usada a designação DE em um sentido amplo para designar essa modalidade de danos e DP para os que costumam incluir-se dentro dos prejuízos patrimoniais.

3. A quantificação na evidência empírica

Quanto à quantificação do DE, a evidência empírica mostra uma dispersão bastante importante, segundo as jurisdições e os casos. Basicamente, pode se pensar em três procedimentos de quantificação:

Quantificação em concreto: em geral, este sucede nos casos de fixação judicial. O juiz ou tribunal fixa uma quantidade que vincula unicamente a algum parâmetro que não explicita, mas que, às vezes, se pode interferir ao analisar suas decisões. Em situações de instabilidade monetária alguns juízes, em geral de modo inconfesso, costumam vincular o montante ao valor de certos bens (algum modelo de

---

3. O *Projeto de Código Civil Argentino de 1998*, art. 1.571, em sua versão incluída no Ditame da Comissão de Legislação Geral da Câmara dos Deputados de 1 de novembro de 2001, por exemplo, define o dano extrapatrimonial como o "que interfere no projeto de vida, prejudicando a saúde física ou psíquica ou impedindo o pleno desfrute da vida; assim como ao que causa danos à liberdade, à segurança pessoal, à dignidade pessoal, ou em quaisquer outras inclinações legítimas".

automóvel ou um imóvel). Nestes casos se tem empregado, por exemplo, uma parte desse valor, pela morte de um pai, dadas circunstâncias ordinárias. Na ausência das ditas variações, este procedimento é mais simples e basta decidir uma quantidade (por exemplo: R$ 50.000,00). O notável é que, decididamente, esse tipo de procedimento tende a se converter em um cálculo implícito. Costuma admitir-se que, em muitos casos, sem dizê-lo, o ressarcimento por DE se fixa unicamente em forma proporcional ao outorgado por DP. Pode-se pensar que também influenciam na composição mental do juiz outros fatores, como por exemplo, o *grau* de incapacidade laboral resultante, ainda que a indenização por DP, para um mesmo grau de incapacidade, seja diferente para demandantes sob bases distintas.

Quantificação mediante baremas ou tabelas: em alguns sistemas se indeniza o DE de acordo com critérios tabulados e rígidos, vinculados a parâmetros claramente definidos e explicitados. Esse é frequente em sistemas administrativos de compensação, como estabelecido nos Estados Unidos, para os fatos de 11 de setembro. No dito ano, se constituiu o Fundo de Compensação para as Vítimas de 11 de setembro.[4] O propósito desse fundo foi prover compensação às pessoas que foram lesionadas fisicamente como resultado dos impactos das aeronaves de 11.09.2001, e proporcionar compensação às dívidas dos falecidos, incluindo o reconhecimento de DP e DE. O alcance foi limitado às pessoas que estavam a bordo dos aviões no momento dos impactos (excluídos, obviamente, os considerados terroristas) e às pessoas presentes no World Trade Center, no Pentágono e no local da queda do avião em Shanksville, Pensilvânia no momento dos atentados.

Quanto aos DP, se outorgou a um auxiliar judicial discricionariedade para determinar o montante da indenização "com base no dano ao reclamante, ao fato do reclame e às circunstâncias individuais do reclamante".[5] Com relação à quantificação do DE, ao contrário e depois de investigar extensamente os fatos, solicitar as opiniões do público e analisar os comentários recebidos, concluiu-se que "(...) a forma mais racional e justa de abordar a tarefa imponderável de assinalar um valor monetário à dor, ao sofrimento emocional, à perda do gozo da vida e à angústia mental sofrida pelas milhares de vítimas é avaliar as perdas não econômicas para categorias de reclamantes".[6] Para tanto, estabeleceram-se indenizações presumidas para as perdas não econômicas sofridas que ascenderam a $ 250.000, mais um montante adicional de $ 100.000 para o cônjuge e cada pessoa dependente da vítima falecida. Na fundamentação do montante assinalou-se que a seleção de

---

4. *Título IV da Lei Pública* 107-42, 2001.
5. Disponível em: [www.usdoj.gov/victimcompensation/espanol.html], seção 405(b)(1)(B)(ii).
6. *Fundo de Compensação do Ano 2001 para as Vítimas do 11 de Setembro, Regulamento final*, cap. B, 2, Perdas não econômicas. Disponível em: [www.usdoj.gov/victimcompensation/espanol.html].

um valor monetário para as perdas não econômicas era inerentemente subjetiva e se concluiu que um ponto de partida apropriado era a compensação que o Congresso havia posto à disposição de programas federais existentes para agentes da ordem pública e membros das forças armadas que morriam ao cumprir seu dever enquanto prestavam serviço.[7]

Esse mesmo procedimento havia sido adotado antes em muitas ocasiões. Não obstante, em outros sistemas de compensação administrativa, as cifras determinadas nos cálculos administrativos compreendem tanto DP como DE. É o caso, por exemplo, da lei argentina 24.411 e suas modificações que conferem um benefício único para "(...) as pessoas que (...) se encontram em situação de desaparecimento forçado (...)".[8]

As tabelas, sabe-se, não são exclusivos dos procedimentos administrativos. Existem variados sistemas de compensação de determinação judicial que igualmente se baseiam em baremas criadas por lei, e são, em alguns casos, compreensivos tanto de DP quanto de DE.[9]

Quantificação com pisos ou limites: diferentemente das tabelas, trata-se de sistemas de determinação em concreto, mas cujo resultado não pode superar (ainda que seja inferior) a certos montantes determinados de modo explícito. Seus efeitos econômicos não coincidem com os contidos nas tabelas[10] mesmo que sejam frequentemente tratados na literatura de modo indiferenciado com os primeiros.

4. **As estratégias de aproximação ao dano extrapatrimonial na análise econômica**

A proposta acerca do que se pode indenizar dos DE em uma perspectiva econômica fundamenta-se basicamente nas decisões de segurança contra esse tipo de danos por parte dos agentes implicados e na disposição a pagar pela redução no risco de sofrê-los.

Entre as correntes que tem como raiz comum a decisão de se assegurar dos agentes, podem ser identificados dois tipos de enfoques. O primeiro pretende, mediante dedução teórica, distinguir casos nos quais deveria se pagar e casos nos quais não deveria se compensar DE, tomando em conta para isso a decisão de assegurar-se

---

7. Ver *38 U.S.C. 1967, Militar Pessoal, 42 U.S.C. 3796, Programa de Benefícios para Agentes da Ordem Pública*.
8. Lei argentina n. 24.411, "Ausência por Desaparecimento Forçado", art. 1.º.
9. PINTOS AGER, J. *Baremos, Seguros y Derecho de Daños*. Civitas, Universidad Carlos III de Madrid, 2000.
10. ACCIARRI, H. et al. *Riesgos y Accidentes de Trabajo: el caso argentino. Algunas reflexiones desde el Análisis Económico del Derecho*. Anales de la Asociación Argentina de Economía Política, 2000. Disponível em: [www.aaep.org.ar/anales/works/works2000/acciarri_castellano_barbero.pdf].

contra esse tipo de prejuízos que adotaria um agente racional. O segundo renuncia a deduzir essa decisão em bases teóricas e investiga empiricamente se os agentes estão dispostos a contratar um seguro dessa classe. O enfoque restante pretende fundamentar o que se pode indenizar dos DE no valor que a vítima potencial assinala ao risco e sua disposição em pagar para reduzi-lo.

Na sequência, são expostos os principais traços de cada uma dessas tendências preponderantes.

O enfoque baseado no seguro

A aproximação teórica

Nessa linha de argumentos, inicia-se pelo reporte teórico de Shavell,[11] que é uma referência inevitável na literatura sobre o tema. Como ponto de partida e na discussão sobre a magnitude dos danos em geral, distingue-se o DP do DE. Para isso apresenta-se um modelo com três bens: a *riqueza* (que pode ser consumida ou utilizada para a produção de outros bens), um bem de consumo que pode ser *produzido* com c unidades de riqueza (por exemplo: computadores, automóveis etc.), e um bem de consumo que não pode ser produzido e que não se pode obter empregando a riqueza, (por exemplo: um retrato familiar, a saúde, a integridade física), chamado *bem insubstituível*. A utilidade do agente obtém-se da soma do nível de riqueza que possui (supõe-se que a unidade derivada de cada unidade de riqueza é um), da utilidade do bem produzido u (supõe-se que $u > c$, isto é, a utilidade é maior que o custo de produção) e da utilidade do bem insubstituível z. Considera-se como medida do bem-estar social à soma das utilidades individuais.

Dentro desse marco, um DP ocorre quando se dá uma perda de *riqueza* ou do *bem produzido*. Para quantificar esse tipo de dano se considera diretamente o montante de redução na riqueza no primeiro caso ou o número de unidades de riqueza requeridas para obter o bem produzido no segundo caso. Assim, o montante de DP é de $ 3. A redução no bem-estar social como consequência da perda é somente o custo de produção c e é independente da utilidade que traz para o indivíduo. Em contrapartida, um DE ocorre com a redução do *bem insubstituível* e o montante da perda corresponde-se com z, a utilidade que esse traz para o indivíduo. Como o bem não pode ser substituído, a redução no bem-estar social coincide com a utilidade do bem em questão.

Dessa maneira, surge claramente que o problema crucial do tratamento do DE é sua quantificação. Os DP coincidem com perdas reais de riqueza ou com o curso de substituição dos bens, e, portanto esse problema é menor. Contrariamente os DE não podem ser observados diretamente e por isso são difíceis de estimar.

---

11. SHAVELL, S. *Economic Analysis...* cit., 1987.

Nesse marco analítico e em uma instância mais refinada Shavell incorpora as mudanças que o DE pode provocar na função de utilidade. Assim, considera que, em muitos casos, sofrer uma perda desse tipo não altera a utilidade marginal da riqueza; em outros, ao contrário, entende que pode aumentar a dita utilidade marginal (como no caso em que o indivíduo necessita serviços especiais de transporte etc.). E também estima que é possível que a mesma se reduza (devido à impossibilidade de desfrutar do dinheiro etc.).

Em seu estudo, considera, basicamente, o caso de agentes com aversão ao risco. Para isto distingue a função de utilidade da riqueza *ex ante* e *ex post* como ocorrência do fato danoso com um componente não patrimonial. Define assim:

$W_n(w)$ como a utilidade da riqueza w *ex ante* ao acidente, com $W_n'(w) > 0; W_n''(w) < 0;$

$W_a(w)$ como a utilidade da riqueza w *ex post* ao acidente, com $W_a'(w) > 0; W_a''(w) < 0;$

sendo $W_a(w) \leq W_n(w)$.

O acidente que envolve um DE de z unidades afeta por duas vias a utilidade do agente. Por um lado desloca a função de utilidade no montante do DE z, enquanto, por outro, pode alterar a utilidade marginal da riqueza pelo fator c provocando uma mudança de pendência na função. Então, se ocorre um fato danoso, a utilidade do agente será:

$W_a(w) = sW_n(w) - z$

Se se considera que os indivíduos podem sofrer ainda um DP de l no mesmo fato, então, a utilidade do indivíduo logo após ocorrido o acidente será:

$W_a(w-l) = sW_n(w-l) - z$

Graficamente o efeito do fato danoso sobre a utilidade do agente pode ser representado da seguinte maneira:

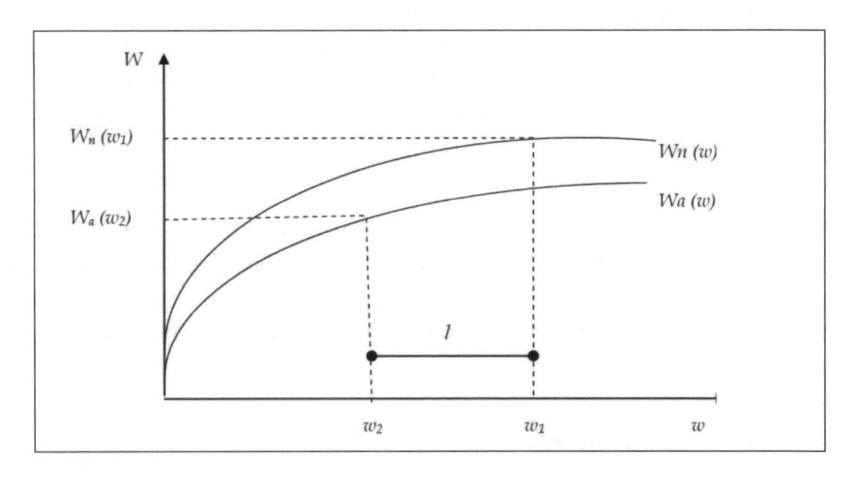

O deslocamento de $W_n(w)$ a $W_a(w)$ é o resultado do DE; se o deslocamento é em forma paralela e no montante z supõe-se que o fato não alterou a unidade marginal da riqueza; pelo contrário se $W_a(w)$ tem uma pendência diferente a $W_n(w)$ o fato modificou a utilidade marginal da riqueza, sendo mais aplanada se essa houvesse diminuído. Se adicionalmente produz-se um DP, o nível de riqueza reduz-se de w_1 a w_2. Dessa maneira, para compensar completamente ao agente deveria estabelecer-se uma indenização que lhe permitisse alcançar o nível de utilidade *ex ante* ao acidente $W_n(w_1)$. Em contrapartida se o dano sofrido é somente de natureza patrimonial, *não se produz nenhum deslocamento na função*, e se lograria a restituição plena estabelecendo uma indenização igual a $(w_1 - w_2)$; o problema circunscreve-se em determinar o montante da indenização no primeiro caso.

Uma aproximação tendente a quantificar a mudança na utilidade provocada pela ocorrência do fato danoso pode realizar se se considera a decisão do agente tendente a contratar um seguro quando o acidente inclui um componente não patrimonial. Com essa base, se o agente está disposto a assegurar-se ante esse risco, poderia determinar-se o montante da indenização em coincidência com o prêmio do seguro correspondente. Shavell estabelece que o montante da cobertura de seguros contra DE que um indivíduo esteja disposto a adquirir depende claramente de como se veja afetada a utilidade marginal do dinheiro. Para isso, supõe que o risco de ocorrência do evento é fixo e independente da conduta do agente, e reconsidera a teoria geral do seguro assumindo que os acidentes envolvem DE. Se a probabilidade do acidente é fixa e o indivíduo adquire uma cobertura q, sua utilidade esperada será:

$$(1-p)W_n(w-\pi) + pW_a(w-\pi+q-l),$$

onde o prêmio $\pi = pq$ é igual ao custo esperado da cobertura. Substituindo π e diferenciando a q obtém-se a seguinte condição de primeira ordem:

$$W_n'(w-pq) = W_a'(w-pq+q-l),$$

que estabelece que a utilidade marginal da riqueza antes e depois de ocorrido o acidente deve igualar-se. No caso em que $W_a(w) = W_n(w) - z$, isto é, quando a utilidade marginal da riqueza não se vê afetada pelo acidente, a equação anterior implica que $q = l$, de maneira que a decisão ideal consiste em assegurar-se somente contra o DP. No caso em que $W_a'(w) < W_n'(w)$, essa equação implica que

$$w - pq > w - pq + q - l$$

(devido a que $W_a''(w)$ e $W_n''(w)$ são negativos), e então $q < l$, isto é, não se assegura nem sequer pelo total do DP. No caso em que $W_a'(w) > W_n'(w)$ a equação implica que $q < l$, tomando uma cobertura maior ao montante do DP.

Shavell conclui que sob a política de seguros da maximização da utilidade esperada, a cobertura deve igualar o DP quando a utilidade marginal da riqueza não se vê afetada pelo acidente; a cobertura deve ser menor que o DP quando a utilidade marginal da riqueza se reduz pelo acidente, e deve exceder o DP quando o acidente incrementa a utilidade marginal da riqueza. Como pode ser visto, somente quando o fato incrementa a utilidade marginal da riqueza o agente estaria disposto a tomar um seguro que alcance o DE. Inversamente, nos restantes casos a vítima potencial não estaria disposta a tomar um seguro, o que – em sua visão – seria equivalente a dizer que existe fundamento suficiente para não conceder-lhe indenização alguma por DE.

A aproximação empírica

Parte da literatura explora uma estratégia diferente à relatada. Ao invés de *deduzir* a decisão de assegurar-se de bases teóricas, pretende *investigar* se a evidência empírica provê fundamentos para pensar que os agentes decidiriam assegurar-se se existisse essa possibilidade. Alguns pretendem extrair fundamentos para essa investigação de dados existentes no mercado. Outros, por meio de técnicas experimentais, pretendem responder à mesma pergunta.

Nessa linha localizam-se os trabalhos de Danzon, Viscusi e Calfee, e Winston. Uma breve exposição das principais conclusões obtidas por esses autores, assim como algumas criticas aos métodos e resultados empregados nestes trabalhos podem ser vistos em Avraham.[12]

Danzon analisa evidência empírica da demanda de seguros *first party* contra DE. Encontra que só 20% da força laboral possui um seguro de longo prazo contra a perda de rendimentos por incapacidade, com uma cobertura que se limita a 70% do salário. Daí conclui que a demanda de seguros no mercado privado é baixa, e que essa conduta relaciona-se ao fato dos agentes em geral percebem que a utilidade marginal da riqueza se reduz depois do acidente.[13]

Viscusi considera que a demanda de seguros contra DE não pode determinar-se *a priori*, e que depende do impacto que o acidente tem sobre a utilidade marginal da renda da pessoa. Conclui, de modo similar a Shavell, que se essa não se modifica, a compensação ideal deve alcançar somente aos DP, se diminui a compensação deve ser menor que os DP e se aumenta deve ser maior. Estabelece que não existem bases teóricas para determinar a pendência da função de utilidade em geral e então desenha diferentes estudos empíricos de tipo experimental para aproximar a pendência da função de utilidade real do individuo, limitando-se a indagar acerca de uma taxa que expresse o *trade-off* existente entre risco e dinheiro, com destaque

---

12. AVRAHAM, R. Pain-and-Suffering Damages in Tort Law: Revisiting the Theoretical Framework and the Empirical Data. *Working Paper*. University of Michigan, John M. Olin Center for Law and Economics, 2003.
13. DANZON, P. Tort Reform and the Role of Government in Private Insurance Markets. *Journal of Legal Studies*, 13, p. 517-533, 1984.

para a experiência dos trabalhadores da indústria química e a de consumidores em um centro comercial. Desses surge que a utilidade marginal do dinheiro decresce quando o acidente tem consequências graves e cresce quando o acidente é menos severo. Baseado nos resultados conclui que os indivíduos não compram cobertura contra DE porque em geral decresce a utilidade marginal da riqueza logo após a ocorrência do acidente.[14]

Calfee e Winston unem-se no estudo da demanda de seguro através de uma pesquisa das vítimas potenciais (empregando o método da validação contingente), que pretende não só estimar a demanda desse tipo de seguros, mas também identificar as diferenças existentes entre a disposição dos consumidores em pagar pelo seguro e o gasto em prevenção. Partem da suposição de que se o dano provoca uma redução na utilidade marginal da riqueza, os indivíduos estarão dispostos a gastar mais em prevenir o acidente do que em contratar um seguro contra as consequências do mesmo. O argumento é que se os agentes pagam mais por prevenir não desejam uma cobertura contra DE. Discorrem sobre o caso dos pais que enviam seus filhos a um acampamento de verão, e argumentam que estariam dispostos a pagar somas importantes por reduzir o risco de um acidente, mas muito pouco por um seguro contra as consequências do mesmo risco. Pretendem deduzir as preferências dos agentes por meio de experimentos que apresentam dois cenários que são quase idênticos, exceto pelo fato que um oferece prevenção e o outro seguro. Concluem que os consumidores estão dispostos a pagar mais para prevenir do que para assegurar-se e que isto significa que não desejam uma cobertura por DE.[15]

O enfoque baseado na disposição a pagar pela redução do risco

Essa alternativa é exposta na literatura sobre o valor da vida, e consiste em levar em conta o valor que a vítima potencial associa ao dano esperado, o risco imposto sobre ela pelo causador. Um aporte fundamental com relação à determinação do valor da vida humana é o realizado por Mishan,[16] que pretende medir as consequências que a implementação de novos projetos de inversão podem ter na vida de uma pessoa tomando como referencia o critério de eficiência de Pareto, estabelecendo que se deve considerar o quanto as pessoas estão dispostas a pagar ou a receber pelo câmbio no risco estimado. Enfatiza que o conceito introduzido em seu artigo não é uma alternativa aos métodos existentes, senão que é o único compatível com a aplicação do critério de Pareto no cálculo do custo-benefício.

---

14. VISCUSI, K. The Value of Risks to Life and Health. *Journal of Economic Literature*, vol. XXXI, n. 4, p. 1912-1946, Dec. 1993.
15. CALFEE, J. et al. The Consumer Welfare Effects of Liability for Pain and Suffering: an Exploratory Analysis. *Brooking Papers on Economic Activity: Microeconomics*, vol. 1, 1993.
16. MISHAN, E. Evaluation of Life and Limb: a Theoretical Approach. *Journal of Political Economy*, vol. 79, p. 687-705, Jul.-Aug. 1971.

Refere-se ao caso da avaliação de um projeto de inversão específico que pode provocar que alguns membros da sociedade melhorem sua situação, outros piorem e outros se mantenham indiferentes. Se uma pessoa melhora, a variação compensadora (CV) mede a magnitude dessa melhora no bem-estar por meio de sua disposição a pagar. Pelo contrário, se piora, trata-se de estabelecer quanto dinheiro aceitaria para que o projeto se pudesse realizar.[17]

Essa é a base do critério da propensão a pagar por reduzir diferenciais de risco – *Willingness to Pay* (WTP) – ou o da propensão a aceitar por assumi--los – *Willingness to Accept* (WTA) –. Em ambos os casos trata-se de extrapolar linearmente o valor assinalado a esse diferencial ou fração de risco nas decisões tomadas cotidianamente. Daqui decorre que o custo social de uma atividade de risco constrói-se sobre a quantidade necessária para ressarcir a cada pessoa pelo risco que sofre independentemente de que em algum momento essa pessoa resulte lesionada ou não.

Esse critério surge a partir da observação de indivíduos que aceitam realizar trabalhos perigosos em troca de elevadas remunerações (uma análise desse tipo realizado para o mercado laboral pode ser visto em Viscusi).[18] Todos esses sujeitos estão pondo implicitamente preço a frações de sua vida e integridade física. Também se produz essa avaliação quando se aceita pagar uma determinada quantidade de dinheiro em troca de reduzir a probabilidade de morrer (com a compra de um carro com *airbag*, com a consulta a um reconhecimento médico, etc.). Ainda que não se possa fazer de forma imediata, é razoável medir como tais condutas afetam determinadas atividades relacionadas à probabilidade de morrer; e de fato existem medições confiáveis conhecidas (especialmente aquelas realiadas por companhias de seguros) tais como a efetividade dos cintos de segurança, dos *airbags* etc.

Seu emprego tem sido muito escasso até o momento no âmbito do Direito de Danos, no entanto, permite que se discuta não apenas os procedimentos concretos com os que levar a cabo a avaliação, como também acerca da validade do método. Uma discussão sobre as limitações do enfoque pode ser encontrada em Broome[19] que sustenta que são depreciáveis as vantagens da avaliação *ex ante* se não se conhece a identidade das vítimas, objetando a possibilidade de aferir um valor monetário à vida. Os comentários que respondem às objeções de Broome podem ser encontrados, entre outros, em Buchanan e Faith.[20]

---

17. Idem.
18. VISCUSI, K. The Value of Risks... cit., 1993.
19. BROOME, J. Trying to Value a Life. *Journal of Public Economics*, vol. 9, n. 1, p. 91-100, Feb. 1978.
20. BUCHANAN, J. et al. Trying Again to Value Life. *Journal of Public Economics*, vol. 12, n. 2, p. 245-248, Oct. 1979.

5. Uma análise crítica

Os resultados das análises que pretendem determinar a valor ideal das reparações abundam em perplexidade. As conclusões das aproximações que se baseiam na teoria dos seguros, por exemplo, mostram um caminho de fundamentação que resulta chamativo. Partem do assumir que certos danos provocam uma perda de utilidade para a vítima maior do que aquela relacionada com seus bens patrimoniais. Entendem, não obstante, que esse tipo de dano é peculiar e que seus caracteres diferenciais com relação aos DP são relevantes na sua quantificação e em sua própria possibilidade de indenizar. Logo, propõem um procedimento para o cálculo da compensação correspondente a essa perda, fundado no que se tem denominado o *paradigma da equivalência entre segurança ideal e a compensação ideal*. Nesse ponto, como se disse, duas tendências, uma teórica e outra empírica, procuram completar o procedimento por caminhos diversos. O extremo de ambas as posições leva a sustentar que nunca deveriam indenizar-se DE, ao menos em algum setor específico como, por exemplo, no direito de responsabilidade por produtos de consumo. As correntes baseadas na disposição a pagar para reduzir o risco apontam para aspectos de discussão próprios. Nas linhas seguintes, distinguir-se-ão objeções comuns a ambas as correntes baseadas na teoria dos seguros, outras que afetam particularmente a cada uma dessas linhas, e por último as que alcançam as orientações baseadas na disposição a pagar para reduzir o risco.

A dedução teórica da decisão de contratar seguro

Como foi exposto no capítulo correspondente, Shavell[21] defende a possibilidade da primeira aproximação. Distingue entre fatos danosos que modificam a utilidade marginal da riqueza para a vítima e outros que não o fazem. Em seu raciocínio, o montante de cobertura de um seguro contra DE que um agente está disposto a adquirir, depende de como o fato danoso afete a utilidade marginal de sua riqueza. Entende que, seguindo a teoria da maximização da utilidade esperada, o individuo adquirirá um seguro contra DE somente se, logo depois de ocorrido o fato, a utilidade marginal da riqueza se incrementasse.

A análise que conduz a tais conclusões é fortemente criticada por Avraham[22] que centra suas objeções nas características da função da utilidade empregada e suas propriedades. A objeção centra-se em torno das propriedades das funções de utilidade pertencentes à família de funções de Von Neumann-Morgenstern (adiante, *funções vNM*) e às de Bernoulli (adiante, *funções B*). No desenvolvimento de sua análise, Shavell explicitamente emprega uma função de utilidade vNM, mas parte

---

21. SHAVELL, S. *Economic Analysis...* cit., 1987.
22. AVRAHAM, R. Pain-and-Suffering Damages in Tort Law... cit., 2003.

de suas conclusões, segundo Avraham, se alcançam somente *se essa função de utilidade reunir também as propriedades de uma função de utilidade B*. Dada a importância do ponto é conveniente detalhar, ao menos de maneira breve, as propriedades das funções consideradas.

Ambos os tipos de funções de utilidade caracterizam-se por ser algo mais que puramente *ordinais*. Para dar conta dessa propriedade, costuma-se dizer que são *cardinalmente mensuráveis*. Esta afirmação deve ser compreendida em sentidos diversos para cada uma dessas famílias de funções, já que mesmo que ambas disponibilizem informação sobre algo mais que a mera ordenação, traz informação diferente sobre a estrutura de preferências de um agente. As funções B representam não só o *ordenamento de classe de bens em condições de certeza*, como também disponibilizam informação acerca da *preferência relativa sobre as classes*. Nesse caso, a concavidade da função importa uma propriedade cardinal, pois permite interpretar que o indivíduo extrai uma utilidade marginal decrescente da riqueza. Entretanto, a função de utilidade vNM traz informação sobre o *ordenamento de preferências sobre probabilidades separadas em classes em situações de risco*. Aqui, a concavidade da função de utilidade expressa que o indivíduo é avesso ao risco. Diferentemente das anteriores, nesta última família de funções *as diferenças na utilidade não são uma medida da preferência relativa: a utilidade não é mensurável no sentido que se correlacione com uma quantidade de satisfação*.

No caso das funções B, *supõe-se* uma função de utilidade côncava como uma reação psicológica do individuo frente à riqueza e que não se estabelece a partir de nenhum comportamento em condições de risco, mas de certeza. No caso das funções vNM, a função de utilidade é a representação das escolhas do indivíduo sob risco. Assim, nestas últimas, a aversão ao risco é uma preferência como qualquer outra e *está representada pela concavidade da função e não explicada por ela*. Cabe destacar que o princípio da utilidade marginal decrescente da riqueza em condições de certeza não faz parte da teoria da utilidade esperada de von Neumann-Morgenstern. É um suposto adicional que pode ser ou não verdadeiro, segundo sua correspondência empírica.

Como foi dito antes, ambas as famílias de funções (B e vNM) são *cardinalmente comparáveis*. Com relação às *comparações interpessoais de utilidade* e *mensurabilidade* das funções de utilidade, se dão dois extremos: por um lado existem funções *absolutamente mensuráveis e totalmente comparáveis do ponto de vista interpessoal* (propriedades características de funções de utilidade pré-paretianas) e por outro, funções *só ordinalmente mensuráveis e não comparáveis do ponto de vista interpessoal*. Entre ambos os polos, existem concepções intermediárias. Nestas, varia o *ponto até o qual podem considerar-se mensuráveis* e a *possibilidade de ser comparáveis do ponto de vista interpessoal*. Uma função *cardinalmente mensurável* transmite mais informação que a que está presente em uma função de utilidade puramente *ordinal*, mas menos que a que transmite uma função *absolutamente mensurável*. Mas, pode--se pensar em uma função na qual careça de sentido falar de níveis absolutos de utilidade (a função não diz nada sobre isso), mas se possa falar sobre as diferenças nos níveis de utilidade. Uma função B, neste sentido, não só transmite informação sobre a *preferência relativa de uma classe por sobre a outra*, senão também sobre o *impacto que vai ter uma classe adicional*. Aqui, sua concavidade expressa que esse impacto será decrescente com relação à utilidade que brinda ao indivíduo.

Outro tipo de mensurabilidade cardinal dá-se nas funções vNM. Neste caso, a concavidade indica que o individuo prefere uma classe segura, contra uma probabilidade do mesmo valor esperado. Não obstante, as funções vNM se bem que cardinalmente mensuráveis *não admitem comparações interpessoais de utilidade*.

Como indicado anteriormente, Shavell supõe uma mudança na função de utilidade do individuo depois da ocorrência do fato danoso. A análise relaciona-se com o que tradicionalmente se realiza na teoria econômica, no marco da noção de utilidade que depende do estado da natureza e como extensão da teoria da utilidade esperada de von Neumann-Morgenstern. O problema não está no resultado matemático obtido, que estabelece que um agente racional adquira cobertura contra o risco de sofrer DE se sua função de utilidade posterior ao acidente apresenta maior pendência que a função original. Existe, contudo, um problema na interpretação econômica que traz Shavell ao resultado obtido, ao considerar que a utilidade marginal da riqueza é maior. Sob a noção de utilidade de von Neumann-Morgenstern não se pode que um aumento na pendência da função de utilidade pós-acidente signifique que haja aumentado a utilidade marginal da riqueza do indivíduo. Para poder afirmar isto é necessário supor que a função de utilidade pertence à família de vNM e *ao mesmo tempo* possui as propriedades das funções B, e interpretar que a função de utilidade empregada *traz informação sobre diferenças relativas de utilidade entre diferentes estados do mundo, além de prover informação sobre o ordenamento de preferências sob risco*.

Com relação às diferentes funções de utilidade consideradas antes e depois do acidente, isto determina um problema de magnitude. Pensar em duas funções diferentes, para um mesmo indivíduo (porque suas preferências têm mudado), apresenta o problema da aderência de recursos entre ambos os estados do mundo, o qual é equivalente ao da aderência *entre dois indivíduos diferentes*. Para isso, *é necessário supor algum tipo de comparação interpessoal*, e como já se disse, *as funções de utilidade de vNM não admitem comparação entre agentes*. Deveria admitir-se, em consequência, que as funções empregadas pertencem à família das funções B e ademais, que é possível, simultaneamente, comparar as preferências dos indivíduos entre probabilidades em situações de risco e suas preferências relativas quanto a situações em condições de certeza.

Em síntese, Shavell, de modo mais ou menos implícito, supõe que as funções de utilidade empregadas são cardinais no sentido de vNM e também, no sentido de B, e interpessoalmente comparáveis, supostos nunca admitidos na teoria da escolha do consumidor.

Como visto, se não pode derivar-se consistentemente a decisão de não se assegurar a partir da representação funcional empregada, a dita objeção ao menos debilita de modo decisivo um dos argumentos mais fortes pelo qual se sustenta que o sistema de responsabilidade civil não deveria indenizar (em todos ou em alguns casos) as vítimas que sofrem DE.

A investigação empírica da decisão de assegurar-se

Como exposto, parte da literatura explora na evidência empírica os fundamentos para pensar que os agentes decidiriam assegurar-se se existisse essa possibilidade. Avraham realiza objeções aos resultados encontrados nos trabalhos mencionados, que levam ao menos a debilitar as posições que sustentam que não se deve indenizar o DE porque os agentes não estão dispostos a assegurar-se contra eles.[23]

Com respeito ao primeiro, questiona a conclusão acerca de que a demanda de seguros é reduzida. Por um lado assinala as limitações dos dados obtidos considerando que é problemático reunir evidência do mercado de seguros porque existem falhas de mercado (basicamente problemas de *moral hazard* e seleção adversa) do lado da oferta. Por outro lado, assinala que Danzon encontra que 45% da força laboral possui cobertura através de uma pensão privada para casos de incapacidade prematura, e que a seguridade social provê cobertura pela mesma rubrica que alcança a 40% dos que ganham mais que um salário mínimo e até 86% para os que recebem o mínimo. Os benefícios pagos por esses sistemas ascendem a oito vezes o pago pelas seguradoras privadas; daqui Avraham conclui que, na realidade, a demanda de seguros não é baixa, mas que está ajustada devido a que os agentes entendem que estão assegurados por outras vias (como os programas sociais) e então seus incentivos a comprar um seguro veem-se reduzidos.

Com respeito ao levantamento realizado por Viscusi, entre outras objeções, Avraham assinala que nos experimentos desenhados se utilizam baixas probabilidades de risco e sustenta que não são claras as bases sobre as quais se extraem as conclusões, já que a distinção entre danos menores e severos parecera artificial e que pode ser que a forma de desenhar os experimentos tenha conduzido aos resultados obtidos.

Com relação ao trabalho de Calfee e Winston, Avraham sustenta que se bem é certo que os indivíduos preferem gastar mais em prevenção que na compra de um seguro quando decresce a utilidade marginal do dinheiro, ocorre o mesmo se a utilidade marginal permanece constante ou, ainda, aumenta-se, e que não se pode

---

23. Idem.

então, dos resultados obtidos, extrair conclusões acerca *da natureza* da perda, isto é, acerca de como se vê afetada a utilidade marginal do dinheiro. Além disso, observa que se o custo de redução do risco é menor que a redução na perda esperada, os agentes preferirão sempre direcionar o gasto à prevenção ao invés de comprar um seguro. A compra do seguro é relevante somente depois de considerados todos os custos de prevenção eficientes e, isto, se sustenta também no caso de perdas patrimoniais. Daqui, assinala que, a seguir-se os autores, poder-se-ia sustentar a eliminação do seguro também para o caso das perdas patrimoniais.

Algumas delimitações gerais sobre a teoria do asseguramento

Nos parágrafos precedentes fez-se referência à validade das conclusões das investigações dirigidas a determinar se os agentes decidiriam assegurar-se, ou não, por DE. Nos que seguem, será discutida a legitimidade exata da teoria do seguro como guia para a conclusão quanto a se deve ou não ser indenizada esta classe de danos.

Costuma-se basear o valor da teoria do seguro como guia normativo dessa matéria a partir da ideia de maximização do bem-estar.

Convencionalmente se aceita que, segundo os pressupostos econômicos de uso geral, em situações baseadas em relações contratuais prévias – como nos casos de aquisição de produtos –, a aplicação da teoria do seguro leva, assim como a da responsabilidade civil, a situações de prevenção ideal e consequente maximização de bem-estar. Assim ocorre na ausência de custos de transação e, nessas condições, supõe-se, é diferente racionalizar o campo da teoria do seguro ou da responsabilidade civil. Pretender determinar a quantidade assegurável, desse modo, implica encontrar um montante de indenização também ideal. O seguro, tanto como a responsabilidade civil, não é em si um objetivo autônomo geral para a análise econômica do direito (e suas versões mais geralmente difundidas), mas sim instrumentos para o objetivo de maximização do bem-estar.

As posições que identificam asseguramento ideal com maximização do bem-estar (ainda, em um setor parcial do Direito de Danos), introduzem uma bifurcação paradoxal no tratamento do assunto. Evidentemente a escolha do objetivo a perseguir, que adote um estudo que envolva aspectos normativos, pode ser discricionária para o analista, mas depois de escolhida uma meta, pode exigir-se consistência entre as particularidades normativas que aconselhe com a dita finalidade. Logo, se o objetivo que se decide perseguir é a *maximização do bem-estar*, o asseguramento ideal será valioso tanto quanto seja consistente com essa meta. Logo, não será *valioso em si* senão *instrumentalmente valioso*.

A conclusão padrão, para DP, costuma afirmar que num modelo como o anteriormente descrito, a teoria de seguros é um esquema conceitual indiferente ao da responsabilidade civil para alcançar esse objetivo. Esta *identidade circunstancial* pode induzir ao erro de pensar que se trata de uma *identidade geral* e levar a racionalizar de modo transitivo, como se as conclusões da teoria de seguros fossem, *em todos os casos*, conclusões equivalentes às requeridas para a maximização do bem-estar. Em concreto, pode se pensar que se a teoria de seguros desse por resultado que um indivíduo em certo gênero de casos não se asseguraria, isto é equivalente a afirmar (de modo universal e incondicionado) que não se deve outorgar indenização nesses mesmos casos, como condição para a maximização do bem-estar. Esta racionalização, como é fácil de advertir, é defeituosa.

Um exemplo pode ilustrar a questão. No que Shavell denomina *acidentes unilaterais* (casos de causa unilateral do dano) entre partes não relacionadas por um contrato, a probabilidade e magnitude do prejuízo depende, exclusivamente, do agente causador do dano. Se este não estiver sujeito a responder pelos danos que produza, evidentemente não terá incentivos para adotar nenhuma medida de prevenção. Como aqui as partes não estão vinculadas antes do dano, o causador do dano não será afetado pelo dano que lhe produza a vítima. Se estiver implicada unicamente a possibilidade de causar um DE, e se admitisse a problemática conclusão de que, em alguns desses casos, se dão as condições para que a vítima preferisse não se assegurar, deveria seguir-se que (nesses casos) não o faria independentemente do nível de risco, sem importar quão alto seja. Em um mundo ideal, a vítima estaria disposta a *subornar* o agente do dano para que tome as medidas de precaução ideais. Mas, com custos de transação ligeiramente positivos, esta solução será impraticável e o agente do dano não terá incentivos para reduzir o risco até o ideal social. Poderia sustentar-se, então, que qualquer nível de risco deve ser considerado ideal com relação à maximização do bem-estar? A resposta é claramente negativa.

Logo, o paradoxo é que, nessas situações produz-se uma bifurcação clara, na qual:

A teoria do asseguramento ideal (segundo os supostos e particulares relações expostas) conduziria à conclusão no sentido de eximir os agentes de toda responsabilidade por esta classe de danos, enquanto a prevenção ideal exigiria impor-lhes responsabilidade ou empregar algum outro mecanismo para lograr essa maximização desejável de custos sociais.

Nestas situações, então, a teoria de seguros deixa de ser uma diretiva consistente com a maximização do bem-estar. E como seu valor é só instrumental com relação ao objetivo escolhido, perde sua força de convicção como argumento de decisão.

Assinala Shavell "(...) if injurer's payments are this high, then the amount victims receive will exceed optimal compensation, which will usually approximate only pecuniary losses. On the other hand if injurer's payments equal only optimal compensation, injurer's incentives to take care will be inadequate. Thus the socially ideal outcome cannot be achieved under the liability system. The magnitude of liability will inevitably result in a compromise between awarding victims correctly a creating appropriate incentives for injurers to reduce risk (...)".[24] A seguir, reconhece que em um sistema ideal de responsabilidade por culpa a indenização plena dos danos extrapatrimoniais seria consistente com a finalidade de maximização do bem-estar porque o agente definitivamente tomaria a precaução adequada e nunca responderia. Nestes casos parece ainda mais irracional a estranha conclusão acerca de que agentes avessos ao risco não se assegurariam contra um dano que poderia alcançar uma altíssima magnitude e elevada probabilidade porque essa decisão os levaria a uma maximização de sua utilidade. Quando se pensa na possibilidade de que um agente avesso ao risco decida igualmente não se assegurar frente a um hipotético dano (da classe que seja), uma possibilidade intuitiva é pensar que o agente o faz – apesar de sua aversão ao perigo –, por considerar-se capaz de eliminar ou reduzir significativamente esse risco por si mesmo, a um custo menor que o prêmio do seguro que deveria pagar. Nestes casos, essa possibilidade fica analiticamente descartada. Logo, estes casos parecem também contraexemplos intuitivos da própria conclusão de que o ideal para estes agentes seria não se assegurar que decorre da literatura que segue a linha de Shavell.

As orientações baseadas na disposição de pagar para reduzir o risco

Estas linhas costumam ser passíveis de algumas objeções conhecidas. As limitações do enfoque são expostas com clareza em Pintos Ager.[25] Uma primeira debilidade surge da inclinação derivada da aplicação ao resto da sociedade de um valor estimado a partir das preferências de sujeitos que escolhem trabalhos mais expostos e outros que incorrem em gastos adicionais em troca de reduções no risco de sofrer lesões. Esta extrapolação apresenta sérios inconvenientes: talvez estes indivíduos sejam mais amantes do risco do que os que rejeitam este tipo de emprego. Além disso, alguns riscos de acidentes afetam a grupos bem definidos de pessoas com preferências que não convêm necessariamente generalizar a outros cenários. A propensão a pagar para evitar acidentes não tem porque ser idêntica entre vítimas potenciais de acidentes em diversos âmbitos.

Outra objeção é a forte dependência do nível de riqueza de cada indivíduo; isto não é um obstáculo quando o objetivo é avaliar o custo ou benefício social de um ajuste que alcança um conjunto muito grande de agentes, mas sim quando se pretende aplicar a uma vítima particular.

De todas as maneiras o debate sobre a validade do enfoque e sua aplicação na avaliação do dano centra-se em aspectos concretos, e um dos pontos mais vulneráveis é o mecanismo empregado para converter o valor referente às pequenas

---

24. SHAVELL, S. *Economic Analysis...* cit., 1987, p. 232.
25. PINTOS AGER, J. *Baremos...* cit., 2000.

mudanças no risco de sofrer acidentes por meio de uma extrapolação, fundamentada na linearidade da função de utilidade com respeito ao risco. Resulta muito questionável a assunção da linearidade como propriedade da função de pagamento que esses estudos adotam. Parece muito evidente que não há dedução teórica nem evidência empírica que a sustente. Um agente pode estar disposto a resignar muito pouca riqueza em troca de obter um incremento em sua segurança quando esse salto se dá a certos níveis (por exemplo, para passar de uma probabilidade de ocorrência de um acidente mortal, de 0,1 a 0,3), mas provavelmente não pense o mesmo em outros níveis (de 1 a 0,8).

6. Reflexões finais

Fica algo a dizer sobre a teoria econômica depois dessas réplicas? Provavelmente a resposta possa ser dividida em dois campos diferenciáveis. Em primeiro lugar, aqueles aspectos que merecem continuar sendo objeto de exploração e definição. Depois, aqueles que, diante da inacabada determinação dos primeiros, igualmente admitem algum gênero, ainda que provisional, de resposta assertiva.

A caracterização do DE: do ponto de vista jurídico, a caracterização dos casos de DE é problemática, flutuante e casuística. Logo, sem uma definição suficientemente estável e precisa, diminui sensivelmente a segurança de toda conclusão geral referida a sua indenização ou quantificação. Por essa mesma imprecisão, não fica claro que todos os casos que se incluem dentro do conceito DE mereçam igual tratamento. Parece necessário recordar que se integram ao mesmo campo situações tão diferentes como os problemas que sofre um viajante a quem se priva de sua bagagem, as consequências não patrimoniais que impactam a um indivíduo que fica em estado vegetativo, e também as derivadas da morte de pessoas próximas. A estratégia de Shavell, que parte da distinção entre os casos nos quais o fato danoso modifica ou não a utilidade da riqueza, e conceitua o dano como perda de bens insubstituíveis, adverte de modo agudo para estas propriedades diferenciais. Não obstante, não resulta tão claro que as categorias empregadas sejam as mais adequadas. Se um indivíduo possui uma pintura original, a mesma, enquanto bem, parece enquadrar-se naqueles *insubstituíveis* segundo a definição de Shavell.[26]

Não obstante, o mesmo autor, na mesma obra, caracteriza este tipo de bem a partir de três propriedades que ele parece entender equivalentes:

---

26. SHAVELL, S. *Economic Analysis*... cit., 1987, indica: "(...) To be more precise about the definitions, consider a model in which there are two goods, a good that can be directly consumed and from which other goods can be produced, and an irreplaceable good, which cannot be produced. In this model, assume that the utility of an individual equals the number of units of the first good and its equivalent in produced goods, plus the utility to him of the irreplaceable good if he possesses it (...)".

- Que não podem ser *comprados em mercados*, logo
- Que não pode ser *substituídos*, e finalmente
- Que não podem ser *produzidos*.

É igual dizer que algo não pode ser *comprado* e que não pode ser *produzido* e que não pode ser *substituído*? O quadro do exemplo não possui a primeira propriedade, porque pode ser comprado no mercado (enquanto exista). Tampouco, com certas precauções, cumpre a terceira, entende-se em sentido fático (enquanto não exista). É, todavia, problemático dizer se cumpre com a segunda. A rigor não existe nenhum bem físico que seja exatamente idêntico a outro. Porém, o critério de substituição costuma apontar, em Economia, mais à percepção do agente frente ao bem que ao bem em si. Pode-se pensar que um quadro é substituto perfeito de outro, se proporciona o mesmo gozo estético. Logo, se o bem comprometido não é a pintura, senão o gozo estético que produzia, essa perda pode ser suprida mediante o emprego de riqueza. Para um indivíduo, outra pintura possivelmente poderia restabelecer esse gozo, em um grau que iguale a utilidade perdida, e essa nova pintura se poderia adquirir com riqueza.

Poderia objetar-se aqui que esse bem eleito, então, não é insubstituível. Simplesmente porque existe um substituto que o faz de modo perfeito. Ora, se a perfeição da substituição se mede pela modificação na utilidade, pelo impacto subjetivo da aquisição de outro bem, então pouco fica do conteúdo do conceito *bem insubstituível*. Em certos níveis de utilidade, sempre é possível encontrar um conjunto de *bens insubstituíveis* entre si, ou uma quantidade de riqueza que equilibre a utilidade perdida. A inutilidade extrapatrimonial resultante de uma perda de saúde (isolada obviamente de toda repercussão na perda de entradas patrimoniais) pode compensar-se com impulso no incremento de utilidade que proporcionem certos bens. Muitos indivíduos estariam dispostos a dar uma mão ou um braço (ou ao menos, um dedo) por um milhão de dólares. Isto nega a *insubstituibilidade* e *para tanto*, a qualidade de DE às não patrimoniais dessa perda de saúde? Isso não é assim, ao menos em sua consideração padrão. Logo, equivalência ou ao menos a relação forte entre *bem insubstituível* e DE, se debilita consideravelmente, se é que não desaparece. No caso que nos serve de exemplo, é certo que, de acordo com os conceitos normalmente aceitos, a perda de um quadro não importa *unicamente* DE. E, em alguns casos, por mais que se mantenha essa originalidade que faz a pintura diferente das demais, tampouco se entenderá que sua perda gera DE *algum*.

No entanto, essa possibilidade de substituição por *equivalente de utilidade* antes exposta parece esfumaçar-se nos casos extremos. Quanto estaria disposto a receber um indivíduo sem herdeiros, em troca de ficar em estado de vida vegetativa nesse exato momento? Estas situações poderiam conduzir à consideração de que a ideia da susbstituibilidade, ainda que não seja adequada para caracterizar *todos* os casos de DE, ao menos o é para definir *alguns* deles. A dúvida, evidente, é se se trata de um problema de qualidade ou de magnitude do dano.

O problema da magnitude: mudar as propriedades dos casos extremos em todos os casos escurece frequentemente o problema. Os casos de difícil determinação precisamente são aqueles de grande magnitude. Com os restantes, a assimilação ao tratamento geral de danos (os de DP), parece menos conflitante. Por isso, a tentação mais evidente é pensar que se trata somente de um problema de magnitude. Não obstante, parece existir algum componente diferencial adicional. Quando se fala de seguro, por exemplo, se um indivíduo possui um bem de grande valor (exclusivamente patrimonial) e é avesso ao risco, pode pensar-se claramente em seu desejo e possibilidade de assegurar-se. Se alguém, avesso ao risco, encontra dois diamantes (que não lhe proporcionam nenhum gozo estético, nem afetivo, nem especial), e possui riqueza adicional suficiente para pagar o prêmio do seguro, pode vender um, e com esse dinheiro assegurar o restante. Se em contrapartida, só possui o amor de dois entes queridos que lhe proporcionam uma utilidade equivalente a esses dois diamantes, não pode vender nada para assegurar-se, mesmo que quisesse fazê-lo.

Nestes casos, recria-se o problema do *valor de uso* e *valor de troca*, e invoca-se a histórica dificuldade da Economia para tratar do primeiro, o que não é menos verdade para as restantes disciplinas da área das ciências sociais. Não obstante, não se trata da única situação na qual se deve lidar com esse problema. Quanto vale a liberdade para um condenado à prisão, para além de sua perda de entradas patrimoniais? A resposta é igualmente difícil e, no entanto, esse problema não parece um fundamento suficiente para deixar de se aplicar sanções privativas de liberdade, com magnitudes objetivas. Mas no que aqui interessa, essas peculiaridades de quantificação fazem que o DE deva ser considerado *outra coisa* comparativamente ao DP e tratado de um modo diferente?

Dano patrimonial e extrapatrimonial: a pergunta acerca de que se devem ser considerados dois conceitos diferentes ou só um com matizes diversos não envolve uma questão de princípio. As propriedades diferenciais podem servir tanto para estabelecer dois gêneros, como duas espécies de um mesmo gênero, segundo o propósito. Para nossos fins, é importante reconhecer, sim, ao menos uma propriedade diferencial: a especial dificuldade de quantificação. Logo, interessa também estudar se essa dificuldade é suficiente para um tratamento diferenciado. Tratar-se--á, na continuidade, do aspecto concernente à indenizabilidade e à quantificação.

A indenizabilidade: os argumentos tratados anteriormente, não parecem dar fundamento suficiente para apartar-se da situação geral. Isto é, se se trata de uma perda de bem-estar, e o objeto da análise tende à maximização do bem-estar, então devem seguir-se as regras gerais para o desenho dos incentivos consistentes com a dita finalidade. Se os problemas são de quantificação, então, cabe tratar desse aspecto.

A quantificação. Vários aspectos se relacionam com o ponto.

Os pequenos DE: Shavell, outros autores, e a linha jurisprudencial clássica, sustentam que não devem ser indenizados. O argumento baseado na maximização do bem-estar sustenta que sua quantificação, dada a dificuldade reconhecida à respeito, importa mais custos que benefícios. Por isso, é mais conveniente denegá--los. Esse raciocínio é problemático. O conveniente é não consumir mais custos do que os benefícios que proporciona a quantificação. Logo, se o procedimento de quantificação é suficientemente barato, não há obstáculo para que se indenizem ainda estes danos.

As particularidades idiossincráticas da validação, a utilidade dos agentes e o valor de troca: nos casos de DP costuma se indenizar as perdas sofridas de acordo com o valor de mercado de certos bens. Esse valor reflete sua escassez relativa e não a utilidade que o bem provia ao seu dono. Tal modo de indenizar produz uma objetivação do valor que se toma em conta, e parece, por sua vez, de modo indireto, compensar igualmente bem essa utilidade ligada ao bem perdido. A chave desta ideia, para a maioria dos autores, é a possibilidade de substituição ou reposição. Se o bem perdido tem um substituto perfeito no mercado, a indenização permitirá à vítima adquirir esse substituto e o mesmo, por definição, lhe proporcionará a mesma utilidade que o bem substituído.

Esta possibilidade, não obstante, é só uma grosseira aproximação ao problema e não é uma consequência necessária dessa objetivação da validação. Em direito, existe um debate interessante sobre como indenizar tipos de DP. Por um automóvel danificado depois de um acidente, costuma-se pagar o custo do reparo e, além disso, a diminuição que sofre o valor de venda desse automóvel pelo efeito do reparo. Não obstante, enquanto a vítima não venda o veiculo, terá um carro danificado e reparado e algo mais de dinheiro, enquanto antes tinha um carro sem danos nem reparos e um pouco menos de dinheiro. Se o vende, obterá o dinheiro da venda. Ainda que dificilmente, se se trata de um carro usado, possa adquirir com esse dinheiro um que lhe resulte totalmente equivalente ao seu conhecido carro antes do acidente.

A intertemporalidade é outro problema chave e geral a todo o sistema. A vítima sofre um dano em um momento histórico, e recebe a compensação muito tempo depois. Para compensar essa perda, paga-se uma taxa de interesse padrão. Não obstante, a utilidade dessa vítima muito provavelmente seja uma função de variáveis distintas das que determinam o nível dessa taxa geral, e para tanto, a compensação talvez guarde uma relação com a utilidade do agente muito mais débil do que a pretendida.

A objetivação da compensação, em consequência, na maioria dos casos, tende a ser somente uma aproximação bastante primitiva de uma compensação de perdas de utilidade real. Enquanto se assume essa debilidade estrutural do sistema de compensação de danos, a questão a decidir passa a ser menos aguda. O valor de mercado, nos casos de compensação de DP, é possivelmente o mecanismo menos imperfeito de aproximação ao restabelecimento de utilidades. *O desafio, então, é pensar não em substitutos dos bens afetados nos casos de DE, senão em substitutos equivalentes desse mecanismo que se emprega para determinar DP.* Em outras palavras, pretender algum procedimento que, de modo repetitivo e razoavelmente barato, possa lograr a melhor aproximação possível.

Algumas linhas de ação

O resultado intuitivo seria intentar levar em conta a preferência de cada agente em relação ao balanço dos riscos (de sofrer danos) e benefícios de certos níveis e modos de realização das atividades que geram esses riscos e coordenar do melhor modo possível essas preferências. Se existisse um procedimento perfeito para lográ-lo, seu resultado equivaleria, em um mundo ideal, ao sistema de responsabilidade (igualmente ideal), no qual as indenizações se determinaram pelo procedimento da disposição de pagar para reduzir esses riscos. Se se parte da disposição para pagar, se pode concluir que agentes perfeitamente informados de seus riscos e de suas utilidades estariam dispostos a pagar aos potenciais agentes do dano para reduzir suas atividades ou tomar precauções até o nível preferido. O resultado desse mercado seria um equilíbrio no nível ideal de atividades e riscos. Se se pensasse em termos tradicionais na disposição a assegurar-se – excluindo as especiais formulações já criticadas – o resultado seria idêntico.

Os mercados convencionais[27] atuam como mecanismos diretos de coordenação de preferências, dado que as dos agentes, como participantes desse mercado, influem no resultado. No caso dos sistemas de responsabilidade, as preferências dos agentes submetidos à decisão (judicial) não influem no resultado na hora de determinar indenizações. O recurso ao mercado é aqui indireto. Trata-se de uma simples aproximação instrumental de segunda ordem. Um instrumento (a referência ao mercado), baseada em outro instrumento (o mercado).

Quando se adverte que a discussão gira em torno da conveniência de mecanismos instrumentais e imperfeitos que se podem distinguir conceitualmente

---

27. A literatura neoinstitucionalista e boa parte da geralmente compreendida dentro do AED, costuma usar o término *mercado* em um sentido amplíssimo que abarca ainda essas situações que identificamos como mecanismos de coordenação de preferências. Assim, como é conhecido, se costuma falar de um *mercado político* e até de um *mercado da violência*. Daí, o emprego da qualificação *mercado tradicional* ou *convencional* que utilizamos para propiciar uma distinção. A respeito, por exemplo, DIXIT, A. *The Making of Economic Policy.* Cambridge: The MIT Press, 1997; NORTH, D. *Instituciones, Cambio Institucional y Desempeño Económico.* Ed. Fondo de Cultura, 1993; OLSON, M. *Poder y Prosperidad. La superación de las dictaduras comunistas y capitalistas.* Ed. Siglo Veintiuno, 2001.

dos objetivos, então a questão se traslada dos princípios à tecnologia disponível para satisfazer essas metas. Nestas condições se pode comparar, por exemplo, um sistema de responsabilidade de determinação judicial livre, com outro sistema no qual as indenizações de DE se fixem segundo um cálculo legal.

Não está dentro do alcance proposto para esses parágrafos discutir a adequação do mercado como mecanismo de coordenação de preferências. A distinção que se intenta é, simplesmente, conceitual, e tende a diferenciar o *objetivo* (*maximização do bem-estar*, em alguma de suas variantes), do *instrumento* ou sistema (*mercado*, em alguma de suas concepções). Quando se fala de reproduzir os resultados de um hipotético mercado em situações denominadas de não mercado, essa reprodução se entende valiosa porque se supõe que compre o objetivo de maximização, não por sê-lo *em si mesma*. Logo, a reprodução dos resultados de um mercado imperfeito (que não conduz necessariamente à maximização), não é *identicamente* desejável. Pode sê-lo por se tratar do *melhor instrumento possível*, mas essa circunstancia deveria discutir-se sobre bases próprias.

Pode ser útil explorar um ponto de partida pouco convencional. Imagina-se um sistema de determinação judicial livre no qual o juiz decide fixar para um caso de DE uma indenização de valor arbitrário, sem maior preocupação de que reflita um critério razoável. Uma vez determinado esse valor em sua sentença, se o mesmo fosse muito baixo segundo as preferências da vítima e dos restantes indivíduos submetidos à sua jurisdição (os que computarão esse valor em sua função de utilidade para o caso de sofrer um dano da mesma classe) o criticariam e empreenderiam as ações suficientes para que se modifique esse critério em futuras sentenças. Logo, a coordenação de ações individuais levaria o valor da indenização tendente a compensar esse DE a um ponto de equilíbrio que refletiria na coordenação das preferências dos indivíduos a respeito.

Algo similar ocorreria com um cálculo sancionado por uma lei: nesse mesmo mundo fictício e idílico, os legisladores atuando em seu próprio benefício perceberiam essa conjunção de preferências e modificariam o cálculo, originalmente arbitrário, até alcançar o ponto de equilíbrio.

Evidentemente, nenhuma dessas possibilidades funciona desse modo no mundo real. Não obstante, outros instrumentos, como a pesquisa de um substituto direto de mercado (própria dos DP), ou a revelação da disposição fictícia a assegurar-se, tampouco costumam prover um marco mais seguro para os casos de DE. Provavelmente as imperfeições reais desses mecanismos idealmente *suaves* (segundo se descreveu quanto à determinação judicial arbitraria e aos cálculos legais), não são de uma magnitude muito diferente das que impedem o funcionamento perfeito de suas alternativas.

Logo, se se trata de buscar um objetivo por meio dos melhores instrumentos possíveis, nenhum desses será mais valioso *em si*, senão que o será, simplesmente, por sua utilidade instrumental. No Direito Penal, por exemplo, se costuma fixar as classes e magnitudes das penas através de um cálculo flexível (com máximos e mínimos), de origem legislativa e ampla discrição judicial, e esse procedimento não costuma parecer estranho.[28] As penas, poder-se-ia entender, variam ao longo do tempo, com relação à variação das preferências dos agentes, assim como acontece com o preço do pão ou do dinheiro. Só que aqui, o mecanismo de coordenação que desloca a influência dessas preferências ao resultado, não é um mercado tradicional, senão um mecanismo político.

Parece tão inadequado pretender determinar a quantidade de anos de prisão que deva sofrer um homicida, através de uma referencia direta a algum mercado convencional (unicamente), como fixar o preço de todos os bens por uma decisão política ou judicial, o qual não implica excluir absolutamente *nenhum* desses campos, relativamente às *determinações* usualmente derivadas dos restantes.

Assumir estas premissas permite pensar em questões técnicas mais usuais e menos fundamentais. Cada sistema concreto será *melhor* ou *pior*, segundo as condições reais (segundo a estrutura de custos de transação) do contexto social no qual se pretende implementar e por sua consistência nessas circunstancias com os objetivos tidos em mira. A consideração institucional é aqui elemento de definição para uma decisão normativa concreta sobre o ponto.

Contrariamente às propriedades esboçadas para caracterizar um mundo ideal, o sistema de determinação judicial é escassamente permeável à crítica direta dos indivíduos como procedimento efetivo para ajustar os valores estabelecidos em suas decisões. O acesso dos cidadãos à informação relacionada às sentenças é praticamente nulo. Somente alguns casos costumam chegar ao grande público. Sem embargo, por outro lado, existe uma crítica especializada que é mais imediata e efetiva. As sentenças dos juízes são comentadas por especialistas e investigadores que costumam opinam sobre seu mérito e estas conclusões dos especialistas, sim, costumam servir de fonte direta às sentenças futuras, sem dúvida muito mais do que o texto da lei. A literatura especializada, em consequência, costuma ser uma instância intermediaria entre as preferências dos indivíduos e os resultados dessas sentenças.

Paradoxalmente, então, o problema costuma trasladar-se dos juízes aos juristas acadêmicos. Quanto capta a literatura jurídica das preferências dos indivíduos? A resposta não é simples. As particularidades idiossincráticas são aqui sumamente relevantes e as investigações de um país não são extrapoláveis aos restantes. Na maioria dos países da *Civil Law* (em geral, Europa Continental e Latino-América),

---

28. ROSENKRANTZ, C. El Daño Moral o no Pecuniario, lãs Reglas de la Economía y el Derecho del Consumidor. *Revista Apuntes de Derecho*, n. VIII. Santiago de Chile: Universidad Diego Portales, 2000.

a formação jurídica não costuma outorgar relevância aos instrumentos quantitativos e isso se reflete em um desinteresse generalizado pelas investigações de campo sob essa base. Logo, a literatura se costuma basear em instituições mais ou menos razoáveis, mas dificilmente controvertíveis com o devido rigor.

No caso das tabelas legais, se podem reproduzir, com certas variantes, alguns obstáculos já expostos em relação o sistema judicial. Entre suas vantagens encontra-se a possibilidade de fazer explícitas as variáveis relacionadas com as indenizações.

As decisões judiciais frequentemente não explicitam essas relações, não obstante, a análise de seus resultados da conta que, mais além do declamado, costumam pesar de modo significativo algumas (poucas) circunstâncias.

Os legisladores, diferentemente dos juízes, não são vitalícios e chegam ao seu posto através do voto popular, pelo qual a opinião do cidadão comum influi de modo diferente em seu cálculo. Não obstante, essa característica de seu acesso à função pode predispô-los a uma decisão legislativa demagógica na qual se privilegie o curto prazo. Poder-se-ia pensar, por exemplo, que uma proposta legislativa que confiasse elevados montantes de indenização a certos casos particularmente sensíveis à opinião pública (perda de filhos, danos corporais de magnitude etc.), seria sempre preferida pelos votantes, sem considerar os efeitos de longo prazo dessa decisão (redução dos níveis de atividade de certas indústrias e seus efeitos subsequentes). A coordenação ideal de preferências requereria uma perfeita informação desses cidadãos que deveriam preferir um montante associado a certo nível de medidas de precaução e consequente redução de certas atividades. A segunda parte dessa afirmação é de muito difícil consecução. Não obstante, se assinalam fatos que operam em sentido contrário e de modo muito mais robusto. As atividades produtoras de certas classes de danos e o asseguramento costumam ter uma organização desconhecida das vítimas. Logo, o efeito da pressão das primeiras costuma ser imensamente mais efetivo que a inorgânica ação das segundas, pelo qual no caso de cálculos, tendem a reduzirem-se os montantes.

Outra vantagem relativa das tabelas – talvez a mais relevante – é sua redução de custos de determinação e suas vantagens de transmissão de informação. Disse-se que os cidadãos não costumam conhecer com quanto se compensa cada tipo de DE. Porém, menos ainda costumam conhecer a variabilidade existente entre os diferentes juízes e tribunais e a dispersão é enormemente relevante. Logo, qualquer intenção de cálculo sobre a base desse tipo de informação alcança um custo exorbitante. As baremas, para esta classe de danos têm uma dupla vantagem. Enquanto permitem conhecer facilmente os valores com que se compensará cada tipo de dano, por um lado poupam custos na hora de calcular se empreender ou não uma atividade, e por outro, permitem a crítica tendente a modificá-los. Estas vantagens persistem ainda quando se trate de cálculos indicativos, dos quais os juízes possam apartar-se – em mais ou em menos – para casos excepcionais.

Possivelmente, a dificuldade de quantificação dos DE, que tem dado origem às particularidades de seu tratamento é um argumento mais forte para propor a vigência de cálculos a fim de negar sua indenizabilidade. Um argumento, de raiz empírica, empregado por algumas destas tendências, pode ser especialmente redirigido em seu contra. Se se entende que não existe uma demanda efetiva de asseguramento contra DE, também deve conceber-se que não existe um movimento social tendente a suprimi-los, ou sequer a modificá-los. Pode se pensar que isto ocorre por uma informação enormemente imperfeita a respeito. Mas essa disfunção afeta a ambos os argumentos, de modo semelhante.

A decisão estadunidense de conceder um montante calculado de compensação por DE às vítimas de 11 de setembro (com todas as particularidades dessa situação) parece consistente com boa parte dessas ideias.

A particularidade mais evidente parece ser que nos casos ordinais, talvez o argumento de maior peso a considerar seja o efeito dissuasivo. Aqui, o atentado foi produziu por um grupo de pessoas e a compensação recairá sobre o Estado norte--americano. Ainda que pudesse pensar-se que o efeito seria contra a *falta de prevenção* do Estado em antecipar e frustrar o fato, não parece um argumento decisivo nessas circunstancias, dado o insignificante custo das indenizações por DE em relação aos danos totais. Não obstante poderia pensar-se, não sem verossimilhança, que os votantes norte-americanos não tolerariam com facilidade que se deixasse sem compensação essas vítimas. Nessa opção comentada, entre as possibilidades parece que optariam por uma que incluísse essas indenizações. A decisão de criar esse fundo e compensar esses danos parece ser mais consistente com as preferências dessa sociedade que as propostas de denegar as indenizações, com base no particular emprego da teoria de seguros da forma como propõem algumas correntes relatadas.

Talvez, o programa de investigação de análise jurídica e econômica mais razoável a respeito do problema dos DE não consiste em pretender encontrar um modelo teórico único que intenta dar respostas gerais através de uma pretendida reprodução de fragmentos do mercado, como o são o particular mercado de seguros, ou os mercados explícitos de redução de riscos. Provavelmente, seja mais frutífero conceber o problema no marco de um mecanismo de coordenação mais abarcante, e como um setor mais sujeito ao mercado, entendido este em um sentido mais amplo, nos que se conjugam preferências sobre alternativas, compostas por combinações de riscos e atividades, mas com vias de ajuste intermediadas por instituições. São mercados com enormes problemas de informação, que escurecem tantos as *relações* entre as variáveis implicadas (por exemplo, entre as indenizações e as atividades que geram os riscos), quanto os próprios valores de ditas variáveis (os valores reais da probabilidade, e magnitude de sofrer esta classe de danos, os valores esperados da indenização a perceber, etc.). Talvez, finalmente, explicitar essas relações e esses dados, e integrar os diversos instrumentos de investigação possíveis (mesmo os experimentais) seja um requisito inicial do caminho, sempre perfectível, para revelar as demandas e ofertas de seguridade, de indenização e de cobertura, e poder captar os modelos de comportamento e estruturas de preferências implicados.

Apêndice

Com a intenção de avaliar os critérios implícitos seguidos pelos juízes argentinos na hora de determinar as compensações por DE, apresentamos modelos alternativos de regressão linear a partir dos dados obtidos da Base de Montantes Indenizatórios por Danos Pessoais da Câmara Nacional de Apelações no Civil (Argentina), de II Justiça, até o ano 2003. A hipótese é que, tal como o indicado, ainda que não se explicitem nas sentenças *existem certas variáveis objetivas importantes no momento de quantificar a inutilidade da vítima na esfera não patrimonial.* Mais amplamente do que a determinação de uma soma por dano moral costumam decidir-se os juízes invocando um grupo de variáveis, sendo que *algumas delas são efetivamente relevantes e outras, não o são.*[29]

Em principio se supôs que deviam considerar-se a gravidade da lesão (se toma a porcentagem de incapacidade como *proxy*), a idade da vítima, seu gênero, e a incapacidade superveniente que compensa as perdas de remuneração do que sofre o dano.

Em uma primeira aproximação, se pretendeu identificar se a idade da vítima (Edad), seu gênero (Sexo), a porcentagem de incapacidade resultante das lesões (Incap) e o montante em moeda recebido como indenização pela capacidade superveniente – entendida como dano patrimonial – (Sobrev) impactam no montante obtido a partir do conceito de DE[30] (Compens). Os resultados da regressão efetuada[31] para o conjunto das 700 observações disponíveis são mostrados na sequência.

---

29. Diz-se de GEEST, G. em Law & Economics y Derecho Comparado. El Diseño de Doctrinas Jurídicas Óptimas. *Já Lexis Nexis*, número especial sobre "Derecho y Economía", (Hugo A. Acciarri, coord.), Buenos Aires, 17.05.2006, p. 70: "(...) os cientistas do Direito não contam com informação direta acerca do quê passa pela mente dos juízes. Ao contrário, devem confiar no que se expressam os textos de suas sentenças. (...) Esta é uma questão filosófica válida para todas as ciências. Os biólogos não sabem o que há na mente dos animais. Só observam seu comportamento e o interpretam. Se os leões marinhos machos lutam entre si imediatamente antes da época de acasalamento, os biólogos concluem que lutam por seus 'direitos reprodutivos'. Os leões marinhos não conhecem o termo 'direitos reprodutivos' e podem, inclusive, ignorar porque estão lutando. Mas essas circunstancias não fazem com que a teoria biológica seja considerada incorreta do ponto de vista científico. Os cientistas têm direito a descrever o comportamento usando outras palavras que não aquelas que utiliza seu objeto de estudo. As palavras refletem ideias profundas acerca das coisas e muito frequentemente os seres vivos possuem menos conhecimento acerca de seu comportamento que os científicos (...)". (NT: trad. livre).
30. Nos casos em que se reconhecia prejuízo estético e incapacidade psicológica, os montantes se somaram ao outorgado em conceito de DE.
31. Na que se utilizou o método consistente de White, tendo em conta que o teste de White havia mostrado a presença de heteroscedastidade. Tanto o estadístico de Durbibn e Watson como o teste de Breusch Godfrey mostraram ausência de autocorrelação.

Quadro 1
COMPENS = α C + β INCAP + σ SOBREV + Ψ SEXO + φ EDAD

Dependent Variable: COMPENS
Method: Least Squares
Date: 08/22/03 Time: 15:58
Sample: 1 701
Included observations: 666
Excluded observations: 35

White Heteroskedasticity-Consistent Standard Errors & Covariance				
Variable	Coefficient	Std. Error	t-Statistic	Prob.
EDAD	-33.71093	43.97777	-0.766545	0.4436
SEXO	269.2540	1911.712	0.140844	0.8880
SOBREV	0.405745	0.032501	12.48417	0.0000
INCAP	329.1159	64.12318	5.132558	0.0000
C	-1029.750	2381.400	-0.432414	0.6656
R-squared	0.671813	Mean dependent var		35022.25
Adjusted R-squared	0.669827	S.D. dependent var		39594.96
S.E. of regression	22751.52	Akaike info criterion		22.91013
Sum squared resid	3.42E+11	Schwarz criterion		22.94392
Log likelihood	-7624.073	F-statistic		338.2746
Durbin-Watson stat	2.292601	Prob(F-statistic)		0.000000

A porcentagem de incapacidade e o montante outorgado por incapacidade superveniente resultaram variáveis significativas, o que não se observa quanto à idade ou gênero. Isto era previsível ainda que o componente patrimonial não devesse de uma perspectiva teórica, ser determinante. Mas a evidência empírica utilizada mostra resultados robustos, dado que mesmo quando se efetuaram regressões utilizando submostras em função do nível de incapacidade,[32] a variável Sobrev se manteve sempre significativa e com valores que oscilaram dentro da margem de 0,25 a 0,50 correspondendo os maiores algarismos os extratos de 40 e 50% de incapacidade.

Quando se realizaram regressões analisando separadamente a incidência das variações Incap e Sobrev os resultados (Quadros 2 e 3) *permitiram inferir um maior poder explicativo desta última.*[33]

Quadro 2

COMPENS = α C + β INCAP + Ψ SEXO + ϕ EDAD

Dependent Variable: COMPENS				
Method: Least Squares				
Date: 08/22/03 Time: 17:02				
Sample: 1 701				
Included observations: 701				
White Heteroskedasticity-Consistent Standard Errors & Covariance				
Variable	Coefficient	Std. Error	t-Statistic	Prob.
EDAD	-334.2155	51.42993	-6.498463	0.0000
SEXO	349.9680	2258.855	0.154932	0.8769
INCAP	990.7039	80.43954	12.31613	0.0000

---

32. Foram consideraram 8 grupos: 10%, 20%, 30%, 40%, de 48 a 52%, 60%, 66 a 75%, mais de 75%.
33. Considerando-se a possível não linearidade da relação entre Compens e Sobrev se incluiu na regressão o quadrado desta última. Os resultados foram consistentes ao mostrarem que a compensação se incrementa proporcionalmente à medida que cresce o montante em relação à incapacidade superveniente. O teste de Ramsay aplicado a esta última regressão não mostra erros de especificação e o teste de Wald permite confirmar a pertinência da inclusão de Sobrev e Sobrev^2.

C	4000.005	2980.182	1.342202	0.1800
R-squared	0.417312	Mean dependent var		33996.82
Adjusted R-squared	0.414804	S.D. dependent var		38987.35
S.E. of regression	29824.58	Akaike info criterion		23.44974
Sum squared resid	6.20E+11	Schwarz criterion		23.47572
Log likelihood	-8215.135	F-statistic		166.3936
Durbin-Watson stat	2.075193	Prob(F-statistic)		0.000000

Quadro 3
COMPENS = α C + σ SOBREV + Ψ SEXO + ϕ EDAD

Dependent Variable: COMPENS				
Method: Least Squares				
Date: 08/22/03 Time: 17:01				
Sample: 1 701				
Included observations: 666				
Excluded observations: 35				
White Heteroskedasticity-Consistent Standard Errors & Covariance				
Variable	Coefficient	Std. Error	t-Statistic	Prob.
EDAD	12.87994	47.85691	0.269134	0.7879
SEXO	1481.069	1944.875	0.761524	0.4466

SOBREV	0.483476	0.040631	11.89913	0.0000
C	6540.037	3301.260	1.981073	0.0480
R-squared	0.647824	Mean dependent var		35022.25
Adjusted R-squared	0.646228	S.D. dependent var		39594.96
S.E. of regression	23550.59	Akaike info criterion		22.97768
Sum squared resid	3.67E+11	Schwarz criterion		23.00471
Log likelihood	-7647.566	F-statistic		405.9136
Durbin-Watson stat	2.210919	Prob(F-statistic)		0.000000

Capítulo VII
A RELAÇÃO DE CAUSALIDADE*

1. Os problemas causais na responsabilidade por danos

A relação de causalidade entre o comportamento ativo ou omissivo de um sujeito e um resultado danoso, usualmente se entende como um requisito da responsabilidade por danos, e também – com certas variantes – das medidas geradoras de dissuasão específica ou *specific deterrence*. Ainda que a necessidade deste requisito tenha sido objeto de críticas, a sabedoria convencional segue exigindo, em termos gerais, que para ser onerado com o dever de indenizar (ao menos, no campo da responsabilidade direta) o sujeito em questão seja considerado *causante* desse dano, em termos jurídicos.

As questões relacionadas com a vinculação causal no Direito de Danos costumam inserir-se em várias ordens diferentes de problemas. Algumas situações paradigmáticas servem para exemplificar esta diversidade. Para começar: se estamos diante de um sujeito que dispara um revólver, cuja bala impacta em outro que morre imediatamente – fatos estes todos estabelecidos –, dificilmente encontraríamos uma questão causal interessante para nossos propósitos. Quem acionou o gatilho se consideraria causador do disparo e da morte (ou também "agente do dano" na linguagem que se vem utilizando) e quem o recebeu, *vítima* do fato danoso.

Sobre este simples exemplo se podem agregar algumas complicações. Por um lado, poderiam surgir problemas de prova. Suponhamos, por exemplo, que em vez de uma, várias pessoas dispararam suas armas e que só uma das balas acertou a vítima. E que – por alguma razão técnica – não resulta possível identificar de que arma saiu a bala ou quem disparou cada arma.

Por outro lado poderiam aparecer questões diferentes. Suponhamos agora que quem reclama com fundamento no fato, não são os filhos ou o cônjuge do falecido senão, por exemplo, seu sócio, que invoca que a morte da vítima lhe produziu um

---

* A maioria das ideias deste capítulo coincidem livremente com algumas contidas em uma obra integralmente dedicada as relações causais no Direito de Danos: *La relación de causalidad y las funciones del derecho de daños. Reparación, prevención, minimización de costos sociales*. Buenos Aires: Abeledo Perrot, 2009.

prejuízo incalculável. Ou um terceiro, para quem a vítima era seu principal cliente e cuja morte lhe ocasionou importantes perdas.

Nestes dois últimos casos, suponhamos também que não haja dúvida nenhuma que se a vítima não tivesse morrido, não se teriam produzido as perdas de seu sócio ou de seu fornecedor. Ainda assim estaríamos dispostos a entender que quem disparou foi o *causador jurídico* desses prejuízos? Diferente do caso dos múltiplos disparos, nada fica aqui por provar: antes assumimos que estão comprovados tanto o disparo, quanto os prejuízos de quem os reclama e também (contrafactualmente) que damos por certo que esses prejuízos não se teriam produzido se não houvesse morrido a vítima. De toda forma seria fácil responder afirmativamente à pergunta anterior?

Analisemos um caso diferente. Um automóvel atropela um pedestre em uma rua qualquer. Não restam dúvidas aqui acerca de que se o carro não houvesse estado nesse lugar e nesse momento, o fato não teria se produzido. Tampouco, de que se não houvesse estado presente o pedestre, não se haveria dado o fato. Mais ainda: não se está indagando se houve "culpas concorrentes" ou não. Não estamos, ainda, julgando quem se comportou com menor cuidado que o devido. A pergunta, nesta instância, é diferente (e logicamente prévia): quem *causou* o fato que nos ocupa? Se nos decidimos pela resposta "ambos" (porque se um houvesse ocupado outra situação tempo-espacial não haveria tido contato), razões de consistência nos forçariam a responder que no primeiro caso, também, tanto quem recebeu o disparo, quanto quem o efetuou (*ambos*) causaram o fato, dado que a situação é conceitualmente simétrica: houvesse bastado que a vítima se situasse a uns centímetros para que não tivesse havido impacto. Mas isso não aconteceu.

Outros casos clássicos também nos levam a dilemas interessantes: um sujeito A põe uma quantidade não letal de veneno no copo em que beberá C. Outro sujeito B completa a quantidade mortal, agregando exatamente a mesma dose de veneno que pôs A. Se não o tivesse feito, sabemos que C não teria morrido, e que tampouco haveria falecido se A não tivesse agido.

Todavia, este último caso pode parecer uma extravagância acadêmica, irrelevante para a prática cotidiana do Direito de Danos. Mas substituamos a ação de pôr o veneno por uma oposta: adotar medidas de prevenção idôneas para que um dano não se produza. Logo, muitas vezes, se A adota as ditas medidas e B, não o faz, será previsível que o dano se produza e não o será se B também impede.

E para finalizar esta desordenada ilustração, também seria possível que a adoção de certas medidas de prevenção minimize a probabilidade (dado que a certeza costuma estar fora das possibilidades humanas) de que um dano aconteça. Suponhamos, por exemplo, que um fato danoso inicialmente provável passa em virtude da prevenção que adota alguém obrigado a isto, a constituir-se somente em uma eventualidade remota: em um fato com uma probabilidade de acontecer de um em mil. Assumamos que as precauções adotadas são muito mais que as usuais. De qualquer forma, se o fato indesejado sucede, nessas condições, deveríamos sustentar, para fins do Direito de Danos, que essa pessoa *causou* esse dano?

Os exemplos anteriores simplesmente servem nesta instância para expor algo que para os cultores do Direito de Danos é uma verdade assumida: os problemas relacionados com a relação causal introduzem uma dificuldade maiúscula e um aspecto sempre espinhoso à matéria. E dado que não são questões de resposta óbvia, nem única, a perspectiva que se adote para seu tratamento pode nos orientar frente a diferentes alternativas, em um ou outro sentido. Em outras palavras: os objetivos que decidamos perseguir utilizando o Direito de Danos determinarão que muitas dessas questões devam ser respondidas de uma e não de outra maneira.

Caso deixemos estáveis os elementos restantes do sistema de Direito de Danos (*coeteris paribus*), e somente analisamos variantes a respeito da consideração jurídica das vinculações causais, veremos que – dado certo marco – poderemos predizer que as condutas dos agentes reagirão de modo diferente frente a algumas dessas possibilidades do que frente a outras. Assim mesmo, algumas dessas condutas serão mais consistentes com a minimização do custo social, que as restantes. Ambos os aspectos são matéria usual do AED. Mais tecnicamente, poderíamos dizer que *o custo social é – também – função das regras da determinação dos vínculos causais relevantes para o Direito de Danos*. Alguns dos desenvolvimentos nesta área ocuparão este capítulo.

2. O tratamento básico dos problemas causais no AED

No campo do AED, o tratamento da relação causal é matéria habitual de uma profusa literatura. Nos primeiros estudos das normas de responsabilidade pela perspectiva econômica, a questão causal foi tratada de um modo tal que alguns entendem equivalente a sua desconsideração.[1] O trabalho pioneiro de Coase,[2] precisamente, racionaliza em termos de *reciprocidade causal*: não se deve pensar – ao seu entender – unicamente em um agente do dano que causa um prejuízo a uma vítima, senão que o objetivo de maximizar o bem-estar agregado sugere a equivalência de entender que *o primeiro danifica a segunda* (enquanto não esteja paga uma indenização equivalente) ou que *a vítima "danifica" o primeiro* (se o agente do dano

---

1. BEN-SHAHAR, O. Causation And Forseeability. In: Edward Elgar e Universidade de Ghent (eds.), Bouckaert, B. e De Geest, G. (dir). *Encyclopedia of Law & Economics*, 1999. Disponível em: [http://encyclo.findlaw.com/3300book.pdf]. Ao contrário de sua opinião, poderia se dizer que esse modo de considerar a causalidade implica uma novidade notável enquanto a seu rol na área da responsabilidade. Que não se trata de uma *desconsideração* do problema, senão de uma *consideração cuidadosamente diferente*.
2. COASE, R. The Problem... cit, 1960, p. 1-44.

jurídico deve pagar-lhe uma indenização ou tomar precauções para não danificá-la). Este modo de conceber a causalidade, tão diverso do tradicional e tão subordinado a um objetivo explícito, é o que justifica a denominação de *minimalistas causais*,[3] empregada para qualificar aos autores envolvidos nesta linha.

O trabalho de Coase introduziu uma novidade sumamente importante nesta área, porém ainda não suficientemente desenvolvida. Assim, a inauguração do tratamento específico do problema da causalidade desta perspectiva costuma associar-se a um trabalho de Calabresi,[4] aparecido apenas uma década e meia mais tarde. O propósito principal desse estudo é analisar o significado dos termos próprios da linguagem causal no Direito e seu rol com relação ao objetivo de maximização da riqueza social (ou redução de custos sociais). A análise se centra em categorias típicas da *Common Law*. Estuda prioritariamente os conceitos de "but-for" (ou condição *sine qua non*), de "proximate cause" e de "probabilistic linkage" e sua influência sobre a alocação de recursos. Suas reflexões, sem embargo, podem se estender a muitos aspectos gerais da causalidade jurídica, comuns à maioria dos diferentes ordenamentos nacionais.

As conclusões desse trabalho reforçam a ideia do "minimalismo" causal que se atribuiu a esta corrente.[5] A avaliação que faz Calabresi do sistema positivo pode-se revelar através de duas atitudes. Com um olhar pessimista, se pode afirmar que revela amplas inconsistências entre os critérios de causalidade vigentes no Direito anglo-saxão (basicamente naqueles traços que comparte com a maioria dos ordenamentos jurídicos romanistas) e o objetivo geral de redução de custos sociais. Adverte esse tipo contradições – de modo fundamental – na necessidade de que o dano efetivamente se produza ("causa atual"), como requisito para impor o dever de responder. Se alguém realiza uma atividade que previsivelmente acarretará mais custos sociais que benefícios, pareceria mais adequado dissuadi-lo ainda antes que aconteça algum dano, como sucede com os delitos penais de perigo.

Enquanto ao emprego da probabilidade como limite dos vínculos causais conclui que – ao menos em muitos casos – essa diretiva não fomenta a redução de custos. Isso ocorre, por exemplo, em situações nas quais se exclui da causalidade

---

3. HONORÉ, T. Causation in the law (1999). In: Zalta, E. N. (ed.). *The Stanford Encyclopedia of Philosophy*, 2000/2003. Disponível em: [http://plato.stanford.edu/entries/causation-law/].
4. CALABRESI, G. Concerning Cause and the Law of Torts: An Essay for Harry Kalven, J. *University of Chicago Law Review*, n. 537, p. 43, 1975.
5. HART, H. L. A.; HONORÉ, T. Causation... cit., 1985, no prefácio, p. lxxi, observam que ainda que Calabresi pareça ser uma exceção quanto ao minimalismo causal que atribuem a corrente que integra, igualmente poder-se-ia ser classificado dentro dos minimalistas causais.

ao demandado em base à imprevisibilidade do resultado danoso, mas *esse resultado pode ser, todavia mais imprevisível com relação à atividade da vítima*. Nesses casos, precisamente aquele para quem o dano é *mais* imprevisível (e para tanto, menos modificável), termina arcando somente com o custo de seu prejuízo. O objetivo de minimização de custos, desse modo, não se cumpre quando se adota esse tipo de limites causais nesse gênero de situações.⁶

De um ponto de vista otimista, em contrapartida, se pode afirmar que revela alguns pontos de consistência importantes. Por exemplo, a exigência – natural a todos os sistemas de Direito de Danos – de que se produza efetivamente o dano para impor responsabilidade, ainda que possa ser censurada sobre bases abstratas, pode se ver como uma boa possibilidade, *dentro das alternativas reais*, para construir uma base de dados que sirva para tomar decisões acerca dos custos das atividades a empreender.⁷

A proposta normativa de Calabresi é menos desalentadora. Sobre as bases e relações que resultam de sua análise positiva, advoga por um conceito de causalidade "flexível", que não refira a relações "inerentes" ou "naturais" (poderíamos dizer "ontológicas"), senão que sirva instrumentalmente ao processo de identificar aqueles pontos de tensão relevantes para seu objetivo prioritário de redução de custos.

A questão básica neste esquema é determinar se os conceitos causais (ao menos, os conceitos causais que integram classicamente os discursos jurídicos), podem empregar-se de modo consistente com esse objetivo de minimização de custos, consentindo essa *flexibilidade* pela que advoga Calabresi. Ou se, pelo contrário, mesmo com essas concessões ao relaxamento, resultam escassamente adequados para essa meta. O tema requer uma análise mais refinada das primitivas linhas gerais, tarefas que deu (e segue dando) matéria a uma boa quantidade de estudos.

---

6. O caso "Palsgraf v. Long Island" (R.R, 248 N.Y. 339, 162 N.E. 99 (1928)), clássico do direito estadunidense, costuma ser citado para ilustrar sobre este modo de decidir que exclui a causalidade pelos resultados imprevisíveis. No caso, os empregados de uma empresa ferroviária, ajudando a subir um passageiro a um vagão em movimento (comportamento este, considerado visivelmente culpado), fizeram que este deixasse cair um pacote que trazia, que continha de modo oculto fogos de artifício, os quais explodiram. Do outro lado da plataforma, a vários metros, caíram uns objetos (provavelmente, por terem sido empurrados pela multidão em pânico que escapava) sobre a reclamante, o qual lhe produziu danos pessoais. Observe-se a analogia com o célebre e amplamente citado no direito continental "caso Thomas", no qual a manipulação de um barril que aparentemente continha caviar – e ocultamente, pólvora – pelos operários do trem Mosel, determinou que este explodisse.
7. CALABRESI, G. Concerning Cause... cit., 1975, p. 78-79.

Nesta fase resulta inescusável referir os trabalhos de Shavell[8] e Landes e Posner[9] a respeito.

Steven Shavell, para começar, sustenta que as exigências de "causa real"[10] e "previsibilidade", que restringem o alcance da responsabilidade pelas consequências danosas, implicitamente servem ao objetivo de maximizar o bem-estar social (entendido como outra forma de expressar a meta de *minimizar os custos sociais*). Aconselha, para tanto, adotar esses fatores para construir os critérios causais dos sistemas de danos.

Para essa finalidade constrói um modelo no qual *uma ação é considerada* "*causa necessária*" *de uma consequência relativa à outra ação* (e por simplicidade, geralmente alude esse conceito diretamente mediante o termo "causa") *se, dado esse estado do mundo no que sucedem, a consequência havia sido diferente se a segunda ação se tivesse realizado.*[11]

---

8. Basicamente, suas ideias contidas em SHAVELL, S. An Analysis of Causation and the Scope of Liability in the Law of Torts. *Journal of Legal Studies*, vol. 9, p. 463-516, Jun. 1980, e em seu livro *Economic Analysis...* cit., 1987.
9. LANDES, W. M.; POSNER, R., de modo fundamental no artigo Causation in Tort Law: An Economic Approach. *Journal of Legal Studies*, vol. 12, p. 109, 1983, e em seu livro posterior, *The Economic Structure of Tort Law*. Harvard University Press, 1987.
10. Não meramente "potência", como parecia ser a diretiva preferível – ainda que estranha a os sistemas vigentes de responsabilidade – para Calabresi.
11. "(...) In general define one action to be the necessary cause of a consequence relative to another action if, given the state of the world, the consequence would have been different had the second action been taken (...)". (SHAVELL, S. *Economic Analysis...* cit., 1987, p. 106). Sem embargo, em uma obra posterior o mesmo autor retorna ao ponto afirmando: "(...) The principal meaning of causation that will be employed here is the one used in ordinary language: we will say that a person's act caused harm if the harm would not have occurred had the person not committed the act. For example, a person's speeding will be said to have caused an accident if the accident would not have occurred if he had not been speeding. This notion of causation is sometimes referred to as causation in fact, or as but for causation (as in 'but for the speeding, the accident would not have occurred'), or as necessary causation, to distinguish it from other concepts of causation that fall under the heading of proximate causation (...)". (SHAVELL, S. Economic Analysis of Accident Law. *National Bureau of Economic Research. Working Paper*, n. 9.483, Feb. 2003, disponível em: [www.nber.org/papers/w9483] – ênfase agregada –). Várias observações poderiam se fazer à linguagem empregada. De modo principal, ressalta o alcance particular do termo "ação". Do mesmo modo, a primeira definição, mesmo que pretenda caracterizar a ideia de "necessidade", parece mais próxima ao conceito convencional de "suficiência" que ao de "necessidade", enquanto que o contrario ocorre com a segunda. Esta contradição resulta ainda mais evidente quando no primeiro de seus trabalhos referidos (no apêndice matemático do livro), provê uma definição formal de sua ideia. Expressa concretamente: "(...) Definition of necessary causation. Given the state of the world s, taking level of care x_1 is a necessary cause of

A RELAÇÃO DE CAUSALIDADE | 165

Nesse sentido entende que é consistente com o objetivo de minimização de custos que se tenha a cada sujeito por *causante jurídico* daqueles danos a respeito dos quais *sua conduta poderia teria podido influir*, excluindo de sua esfera a aqueles que igualmente se haviam produzido se houvesse adotado qualquer outro comportamento. Emprega o exemplo da construção de uma muralha costeira para prevenir inundações (que não foi, de fato, erguida) e que, segundo o estado da tecnologia, poderia ter prevenido os dados que provavelmente se seguissem de *tormentas moderadas*, mas não o que sucedessem com motivo de *tormentas graves*.[12] Essa omissão de levantar o muro, então, deveria considerar-se *causa jurídica* dos danos que se houverem produzido logo de *tormentas moderadas*, mas não dos prejuízos derivados de *tormentas graves*, dado que a muralha, ainda que houvesse sido construída, tampouco as haveria impedido.

Na análise da conduta do potencial causador (no caso, o Estado que omite construir o muro) encontra que a previsão dos danos que se vão a produzir média ou não sua ação positiva, não influirá em sua decisão de atuar ou deixar de fazê-lo.

---

losses of $l(x_1,s)$ relative to taking level of care x_2 if $l(x_1,s) \neq l(x_2,s)$ (...)". (SHAVELL, S. Economic Analysis... cit., 1987, p. 119). Se é suficiente substituir (unicamente) x_1 por x_2 para que varie l, isto indicaria que *essa substituição* é condição suficiente dessa variação, não condição necessária, dado que de ser uma condição deste último tipo, bem poderia dar-se sem que se produzisse mudança alguma. Dado um certo estado do mundo em que não exista oxigênio, não poderá produzir-se uma chama. Logo, se se agrega oxigênio (condição necessária), essa variação possibilitará que se produza, mas não determinará que assim seja. Então, para que sempre que se agregue uma variável a esse estado do mundo inicial, se de um certo resultado, essa variável deveria ser suficiente (ainda que não necessária). Em termos mais precisos de análise condicional se poderia dizer que essa formulação que provê o Prof. Shavell é ambígua, dado que eliminar uma condição necessária (x_1, segundo o pretende o autor), evidentemente impede que se dê o consequente – para o qual seja necessária –, pelo qual varia o consequente, mas agregar uma condição suficiente para a variação desse consequente (x_2 poderia sê-lo), também dá por resultado que o consequente varie, mesmo que essa condição agregada substitua uma variável que não seja necessária. Logo, essa fórmula antes aludida não define de modo unívoco a necessidade de x_1, como parece pretender fazê-lo, senão que melhor requer previamente que x_1 esteja definida como condição necessária (o qual restaria toda utilidade a dita fórmula, que perderia sua entidade de definição). Quando agrega, à continuação dessa fórmula "(...) This definition must be stated as relative to a particular level of care x_2 since whether taking a level of care different from x_1 would change losses may depend on what the level of care alternative to x_1 is (...)" esta vinculação da qualidade necessária de uma condição a respeito de outra (além da relação entre essa condição original e o consequente), dificulta ainda mais o entendimento de sua formulação.

12. O exemplo de Shavell se assemelha – ainda com algumas diferenças que não são aqui relevantes – ao caso, realmente acontecido, e que foi matéria do processo *City of Piqua v. Morris*, 120 N.E. 300, 1918.

Se deve gastar 1 na construção e prevê que deverá afrontar 1 ou 10 em indenizações, igualmente preferirá não gastar nada em construir o muro, já que sempre deverá pagar a indenização (qualquer que seja o montante que resulte) sem que importe quanto haja convertido em prevenção. Logo, *somente os danos que se poderia haver evitado (ou reduzido) sua ação omitida vão entrar em seu cálculo* no momento de decidir se agir (prevenir) ou omitir (não o fazer). Shavell considera, consequentemente, que o critério jurídico de causalidade deve respeitar este princípio, já que atribuir causalidade jurídica por danos que não são possíveis de prevenir, desalentaria a realização de atividades socialmente valiosas, sem nenhum benefício.

Em troca, se pronuncia de modo negativo enquanto à (mera) *previsibilidade* como guia para limitar o alcance da atribuição causal. Entende que para construir corretamente uma *tabela atuarial* (tal como propunha Calabresi), o agente do dano deve responder por *todos* os danos que *cause* (segundo sua concepção de *causa necessária*, antes exposta e criticada), ainda aqueles que sejam pouco previsíveis. Nesses casos de limitada probabilidade de produção, se responderá poucas vezes, enquanto que nos muito prováveis, muitas. Da conjunção de todos os casos, associados a sua probabilidade de responder, surgirá essa tabela atuarial que estima útil para prover informação sobre o custo de cada atividade. Concede, sem embargo – ainda com grandes reservas –, a possibilidade por certos danos muito "estranhos" ("freak"), enquanto habitualmente não entram no cálculo dos agentes, e para tanto, não influem no nível de precaução a adotar ou na decisão de empreender uma atividade.[13]

Landes e Posner desenvolvem o tema de um modo substancialmente próximo ao precedente, embora com diferenças. Começam por assinalar que uma corrente importante dentro do tratamento filosófico contemporâneo da causalidade subordina a eleição de uma *causa* jurídica entre as condições de um fato, às razões pelas quais se pretende estabelecer essa vinculação causal. Logo, se o propósito do Direito de Danos, – em seu sentir – é ou deve ser a minimização de custos, logo, a conduta de um demandado deverá ser considerada causa de um dano quando fazê-lo causador (e responsável) promova uma alocação eficiente de recursos.

---

13. SHAVELL, S. *Economic Analysis*... cit., 1987, p. 129-130. Mantém esta conclusão em SHAVELL, S. *Economic Analysis*... cit., 2003, Capítulo IV, p. 11. O argumento que toma em conta a imperfeita informação dos agentes sobre a probabilidade de certos danos, pareceria ser um fundamento *a favor* de sua reparabilidade, e não *em contra*, como chamativamente o sugere. Pareceria – ao menos em alguns casos, em concreto quando a desinformação é "remediável" – aconselhável incluir esses danos singulares dentro do campo das consequências indenizáveis, a fim de informar, desse modo, sobre sua probabilidade de produção, e corrigir assim a desinformação que se apresenta a seu respeito.

Ditos autores se mostram relutantes a proporcionar uma caracterização conceitual geral de sua noção de *causa jurídica*, ainda que empreguem exemplos simples que permitem aproximar-se à compreensão de sua ideia. Sustentam, por exemplo, "(...) o agente do dano 'causa' o dano quando ele é quem pode evitá-lo de modo menos custoso, mas não, se não o é. (...)".[14] A partir daí – lhe reconhecem – há um pequeno passo até afirmar que a ideia de causa pode ser dispensada de uma análise econômica do Direito de Danos.[15] Sem embargo não advogam por eliminar essa família de termos do discurso jurídico, dado que os juristas práticos ou "operadores do Direito" – afirmam – não possuem uma linguagem econômica através do qual expressar as mesmas noções. Mas os investigadores que aderem a esta corrente rezam, não necessitam esta termologia.

Quanto à definição formal destas ideias, introduzem algum refinamento a respeito das formulações de Shavell. Em concreto distinguem três gêneros de probabilidades:

A probabilidade de que se produza uma consequência danosa, se se cumpre (pelo possível agente do dano), com o padrão de precaução[16] que o eximiria de ser considerado culpado (em um sistema de atribuição subjetiva de responsabilidade);

A probabilidade de que se produza uma consequência danosa, *se não se cumpre com esse padrão*, e

A probabilidade de *alcançar esse padrão*. Esta última depende do que se investe em prevenção: quanto mais se investe, (a partir de zero), mais perto se estará de alcançar esse padrão, até, em um ponto, alcançá-lo e daí a frente – caso siga-se investindo –, superá-lo.

Logo, se não há diferença quanto à probabilidade de que se dê uma consequência danosa, seja que se alcance ou não o padrão de diligência exigível, carece de sentido (econômico) investir para alcançar esse "piso" de prevenção devida. Se, entretanto, é menor a probabilidade de que se produza essa consequência caso se atue com a diligência exigível que ante a alternativa de não fazê-lo, então corresponderá comparar *quanto se investiu para intentar alcançar o padrão de diligência*. Landes e Posner entendem que deverá considerar-se "causador" a quem não tenha

---

14. LANDES, W. M.; POSNER, R. *The Economic Structure...* cit., 1987, p. 229. "(...) In this view, the injurer 'causes' the injury when he is the lower-cost avoider of it but not otherwise (...)".
15. Em um sentido assimilável e dentro dos ainda escassos trabalhos em língua castelhana na área, SALVADOR CODERCH, P. Causalidad y responsabilidad (versión actualizada). *InDret* 03/2002, en [www.indret.com].
16. No Direito de Danos anglo-saxão se costuma usar o termo "due care" (cuidado ou precaução devida), para denotar o nível mínimo de diligência que exime de ser considerado culpado.

investido até o ponto em que *o benefício social desse investimento iguale ao custo social que importe a mesma*. Cada dólar que se invista para alcançar o padrão de diligência exigível reduzirá a probabilidade do resultado danoso. Logo, enquanto fosse possível investir *um dólar mais* (que o efetivamente investido) que reduza *em mais de um dólar* o custo dos danos, deverá considerar-se "causador jurídico" a esse agente que não o fez.[17] Ainda que esta noção, tal como está formulada, parece pensada exclusivamente para o campo da responsabilidade subjetiva, os autores explicam expressamente que se deve entender aplicável, também, ao âmbito da responsabilidade objetiva.[18]

Até aqui, as formulações mais básicas. Não obstante, esta modalidade de análise se tem estendido a vários gêneros de casos particulares. Só de modo explicativo, referir-se-ão a alguns desses desenvolvimentos.

3. Incerteza e custos administrativos

Quando se introduzem novos fatos para captar mais exatamente a realidade dos problemas, surgem algumas distinções importantes dentro dessas formulações gerais. Casos nos quais não resulta claro se o fato se haveria produzido igualmente, de ter agido de outro modo o potencial agente do dano.

O problema pode-se apresentar deste modo: caso se trate de casos nos quais se pode concluir facilmente que o resultado danoso teria sido produzido igualmente, mesmo que a conduta do agente do dano houvesse sido outra (mais diligente), as regras até agora expostas indicariam que *não se deveria considerá-lo causador*. Ou, em outros termos, que fazê-lo não fomentaria a redução de custos sociais. Ao contrário, se puder ser apreciado com facilidade que o fato danoso não se teria produzido, ter mediado um fato distinto por parte do suposto agente do dano, pelo contrário, *deveria lhe conferir causalidade nesse resultado danoso*.

O problema surge quando o resultado dessa avaliação não é claro: quando não é possível alcançar certo limiar de certeza em um ou outro sentido. Nestes casos, os custos administrativos que essa determinação exige, podem superar os benefícios sociais de uma correta (em termos econômicos) atribuição de causalidade jurídica.

Não se trata aqui de casos de improvável ocorrência, senão de casos talvez frequentes, mas nos quais está envolvida esta dificuldade (*epistêmica*) de apre-

---

17. Como visto, se trata de uma consideração *marginalista*, usual na economia padrão. Somente em procura de simplicidade, se intenta expressar em termos não matemáticos o que os autores indicam através de suas expressões formais. Este procedimento de "tradução" costuma dar resultados questionáveis. Se se prefere precisão, é conveniente consultar a exposição formal original em LANDES, W. M.; POSNER, R. *The Economic Structure*... cit., 1987, p. 230 y ss.
18. LANDES, W. M.; POSNER, R. *The Economic Structure*... cit., 1987, p. 233.

ciação. Landes e Posner ilustram esta possibilidade mediante o caso "New York Cent. R. Co. v. Grimstad",[19] no qual a vítima caiu pela borda de uma embarcação que, por omissão, do demandado, não estava equipada com salva-vidas. A esposa da vítima advertiu sua queda e entrou na cabine para procurar uma corda. Quando saiu, seu marido havia desaparecido da superfície. O tribunal determinou a ausência de responsabilidade do demandado por entender que, ainda que houvesse um salva-vidas disponível no convés da embarcação, as características do fato não haveriam dado o tempo suficiente para usá-lo, pelo qual o resultado teria sido o mesmo.

Neste tipo de casos não é suficientemente claro que outra conduta por parte do suposto causador não teria modificado a probabilidade de ocorrência do fato. Landes e Posner sustentam que, aqui, a decisão de denegar o fato a ressarcimento sobre a base de falta de vínculo causal é economicamente correta, tomando em conta precisamente essa incerteza. Entendem que, caso contrário, se ventilariam muitos processos desta classe, com custos administrativos importantes, ainda que os benefícios sociais de pretender determinar *exatamente* a vinculação causal seriam mínimos. De mesmo modo que a atribuição de responsabilidade determinaria um desincentivo a *atividades socialmente benéficas, mas concomitantes com muitos fatos danosos*, nos quais influiria escassamente que a atividade em questão se desenvolvesse de um modo mais diligente (e mais custoso).[20]

4. Incerteza sobre a identidade das vítimas

Em algumas situações se podem conhecer, por exemplo, que certa atividade tem incrementado os casos de uma enfermidade em uma magnitude determinada. Dar-se-ia essa situação se o número de casos de tal enfermidade na população geral é de 100 por 1.000.000, e na zona que se realiza essa atividade (em ausência de outros fatores relevantes) é de 140/1.000.000. Se a enfermidade é mortal em todos os casos, se poderia interpretar o dado anterior assegurando que a atividade em questão "causou" a morte de 40 pessoas adicionais. O problema é determinar a identidade dessas vítimas. Logo, quando se propõe um processo pela morte de *uma* pessoa, se poderia pensar que deve ser descartada, porque quem sofreu o dano poderia ter contraído a enfermidade ainda que essa atividade questionada não se houvesse desenvolvido em sua proximidade (é, inclusive, mais provável que se trate de uma das 100 pessoas que morreriam na ausência dessa atividade de risco, que das 40 adicionais que se relacionam com a presença da mesma). *O problema é aqui que o mesmo que se poderia dizer em cada um dos 140 casos. Logo, o titular da atividade referida não responderia nunca.* Caso se pensasse inversa-

---

19. 264 Fed. 334 (2d Circ. 1920).
20. LANDES, W. M.; POSNER, R. *The Economic Structure...* cit., 1987, p. 240.

mente, *responderia sempre*,²¹ ainda pelos 100 casos que teriam acontecido sem que empreendesse sua atividade.

Shavell, nestas condições, aconselha atribuir (com relação a cada uma das vítimas), *causalidade unicamente pelo incremento na probabilidade de contrair a enfermidade*. A resposta de Landes e Posner inclui maiores complexidades. Após uma análise certamente detalhada, concluem que deveria indenizar *a todas as pessoas submetidas ao risco* (ainda a aquelas que não contraíram a enfermidade), dado que sua expectativa estatística de vida se reduziu – e esse seria o dano singular que sofreram –, ainda que essa redução não se reflita em seu caso concreto.²²

5. Incerteza sobre a identidade do agente do dano. Dano de autor anônimo dentro de um grupo identificável e dano causado por grupos de risco

Reiteradamente se referiu a esse gênero de casos nos quais não se pode determinar qual indivíduo, integrante de um grupo, deve ser considerado causador de um fato danoso, por dificuldades de prova. Trata-se de casos nos quais se assume que, caso se contasse com mais informações, ter-se-ia por causador um dos integrantes desse grupo, e não outros. Costuma-se falar nestas situações de *responsabilidade coletiva*,²³ e se distingue a responsabilidade em hipótese de

---

21. Esta última ideia parecera haver pesado na decisão recaída no celebre caso argentino D., D. y otros c. Fábrica de Opalinas Hurlingham S. A., CNCiv., sala I, junio 30, 1994, *La Ley*, 1995, C, p. 361, com nota de BUSTAMANTE ALSINA, J. Responsabilidad por Daño Ambiental (Existen desechos industriales que no son los residuos peligrosos de la ley 24.051). Nesse caso se deu por acertada uma especial sensibilidade da vítima a contrair o mal que o sofreu, não obstante o qual, isto não foi impedimento à determinação de causalidade em contra da demandada.
22. LANDES, W. M.; POSNER, R. *The Economic Structure*... cit., 1987, p. 256 y ss. Dedicam todo um capítulo (o 9.º) a discutir o que denominam "catastrophic personal injuries". Em contra, ROSENKRANTZ, C. F. El Riesgo y la Responsabilidad Extracontractual: Consideraciones Filosóficas, Jurídicas y Económicas de una Difícil Relación. *Revista Jurídica de la Universidad de Palermo*, n. 4, p. 55 y ss., 1998.
23. A termologia nesses casos é variável. No ambiente argentino, às vezes se emprega o termo "responsabilidade coletiva", como equivalente de "responsabilidade por autoria anônima", mas não de "responsabilidade por acionar riscos de um grupo". Assim o fazem, por exemplo, as conclusões da Comissão 2, das XVII Jornadas Nacionais de Direito Civil celebradas em Buenos Aires, 1997. Todavia o Projeto de Código único de 1998, por exemplo, emprega o termo "responsabilidade coletiva" para titular um capítulo que inclui supostos que poderiam enquadrar-se nas hipóteses de "autoria anônima" (art. 1.672) e a norma geral de responsabilidade pelo acionar de grupos perigosos (seu art. 1.673).

autoria anônima daquela derivada da participação em um *grupo perigoso*.[24] O caso emblemático no direito norte-americano é o célebre "Summer v. Tice",[25] no qual dois caçadores descuidadamente dispararam em direção da vítima, sem que pudesse determinar-se qual das balas (se soube que foi uma só) impactou em seu corpo.

A questão, aqui, é decidir se é preferível que todos respondam pelo todo ou não, e se o fazem, se é melhor admitir a ação de contribuição entre os responsáveis ou não o é.

Landes e Posner se pronunciam claramente por atribuir responsabilidade pelo todo, sem ação de regresso. O problema deste tipo de concepções é que na responsabilidade por danos – no Direito de tradição continental tanto como na *Common Law* –, a indenização que a vítima recebe em definitivo alcançará o mesmo

---

24. Esta distinção é sumamente interessante: nos casos que se costumam denominar de *autoria anônima* (ALTERINI, A. A.; AMEAL, O.; LOPEZ CABANA, R. *Derecho de Obligaciones. Civiles y Comerciales*. Abeledo Perrot, 1995. p. 817), se pensa unicamente em causalidade ordinária – individual –, com dificuldade de prova para discerni-la. Entretanto, nos casos de *responsabilidade coletiva por pertinência a grupos perigosos*, se tem em mente inicialmente que a causalidade corresponde *ao grupo* – a todos seus integrantes ou ao grupo considerado como "termo da relação causal" ou "relata" – enquanto contribuíram todos a gerar o perigo. Esses diferentes modos de categorizar os diversos supostos se refletem nos excludentes: nos casos de *autoria anônima*, basta com identificar ao causador principal para eximir-se. Todavia, nos casos de *pertinência a um grupo perigoso*, se deve demonstrar que não se interveio *na geração do perigo* (que se emprega, aqui, como propriedade suficiente para identificar ao elemento – grupo – causador do dano). Como se pode ver, os casos referidos neste parágrafo enquadram melhor nos denominados de *autoria anônima*, dado que se um dos demandados houvesse provado que a bala saiu da arma de seu companheiro, se haveria eximido de responsabilidade (assim o explicam LANDES, W. M.; POSNER, R. *The Economic Structure...* cit., 1987, p. 212). O Código Civil alemão (BGB), que lidera o grupo daqueles que reconhecem expressamente este tipo de responsabilidades, prevê em seu § 830, 1: "(...) Haben mehrere durch eine gemeinschaftlich begangene unerlaubte Handlung einen Schaden verursacht, so ist jeder für den Schaden verantwortlich. Das Gleiche gilt, wenn sich nicht ermitteln lässt, wer von mehreren Beteiligten den Schaden durch seine Handlung verursacht hat (...)". Os danos de autoria anônima enquadrariam na segunda parte deste parágrafo (que poderia ser traduzido como que se responsabiliza a todos – os integrantes do grupo – se não pode descobrir-se que há causado o dano mediante sua ação. Em câmbio, se se tratasse de *responsabilidade coletiva por pertinência a um grupo perigoso*, lhe caberia demonstrar que não contribuiu ao risco comum que gerou o grupo e seu atualizou o dano, o qual é certamente diferente. O caso se incluiria dentro dos de "várias pessoas que tem causado um dano em comum", ao que se refere a primeira parte do parágrafo ("(...) mehrere durch eine gemeinschaftlich begangene unerlaubte Handlung einen Schaden verursacht (...)").

25. 33 Cal. 2d 80, 199 P.2d 1 (1948).

montante sejam um ou mais os responsáveis. Logo, ainda que não exista a ação de contribuição que criticam Landes e Posner, *o valor esperado que deva afrontar cada um dos agentes do dano será sempre inferior ao total*, porque bem pode tocar-lhe, nos fatos, pagar a um ou a outro.

O tratamento desta classe de casos no Direito anglo-saxão tem sido árduo e perpetuamente em revisão. Por exemplo, a House of Lords inglesa resolveu o caso "Fairchild",[26] no qual se discutia a responsabilidade de sucessivos empregadores do ator por ter contraído um mesotelioma. Os juízes entenderam que não se conhece com exatidão o mecanismo pelo qual se desencadeia essa enfermidade e que a transformação de uma célula em neoplásica pode dever-se à ação de uma só fibra de amianto ou de muitas, mas que devia descartar-se a ação de outra causa alheia a essa inalação de amianto em seu trabalho.[27] O problema residia em que durante os diferentes períodos de sua vida laboral se viu submetido ao pó de amianto, da mesma qualidade e isso explica a decisão foi atribuir causalidade a todos os empregadores, pelo todo. No que aqui interessa, se teve por base da decisão que *não existiu uma acumulação no efeito da inalação de amianto que levou ao resultado, senão que se pôde ter adquirido por aspirar no primeiro dia de trabalho uma só fibra*.

Em "Holtby",[28] em contrapartida, se demandou por asbestoses só a um dos sucessivos empregadores que tinham submetido o ator ao contato com amianto. Nesse caso, o mesmo tribunal julgou sobre a base de que sua enfermidade era progressiva e *decidiu atribuir causalidade (e consequentemente responsabilidade) somente proporcional ao empregador*, pelo tempo de permanência do trabalhador às suas ordens.

Na literatura do AED, contrariamente a Landes e Posner, alguns trabalhos mais recentes consideraram preferível esta atribuição proporcional de causalidade.[29] Outros, tem ido um passo mais além e tem propugnado soluções inovadoras sobre o modo de distribuição, incluindo a possibilidade de cobrar a indenização integralmente de cada um dos agentes do dano, pagar somente o montante de seu dano à vítima, e destinar o saldo ao Estado na maneira de multa.[30]

---

26. Fairchild, et al v Glenhaven Funeral Services Ltd. et al, 2002, WLR 89 (HL).
27. As bases científicas desta decisão mereceram críticas. A respeito, STAPLETON, J. Lords Aleaping Evidentiary Gaps. 10 *Torts LJ*, 276, p. 120, cit. por PORAT, A.; STEIN, A. Indeterminate Causation and Apportionment of Damages: An Essay on Holtby, Allen, and Fairchild. *Oxford Journal of Legal Studies*, vol. 23, n. 4, p. 670, nota 11, 2003.
28. Holby v Brigham & Cowan (Hull) Ltd., 2003, 3 All ER 421 p. 423 (CA).
29. PORAT, A.; STEIN, A. Indeterminate Causation... cit., 2003. Também, o que referir-se-á à continuação em VII.3 e em VII.5.
30. A respeito, MICELI, T. J. y SEGERSON, K. Joint Liability in Torts: Marginal and Infra-Marginal Efficiency. *International Review of Law and Economics*, 11, p. 235, 1991.

6. O problema da contribuição causal da vítima

Até aqui, a análise básica tomou em conta só um ou vários suspeitos agentes do dano e uma vítima. O primeiro ou os primeiros poderiam ser considerados causadores ou não, segundo fosse sua contribuição ao dano sofrido pela segunda. Porém, por simplicidade, presumiu-se na análise da situação que a vítima era "passiva" ou, em outras palavras, que sua contribuição causal ao dano era nula ou depreciável. Os modelos teóricos expostos, não obstante, parecem facilmente extensíveis para considerar alguma influência causal relevante por parte da vítima.[31] e dar por resultado, igualmente, os níveis ideais de investimento em precaução para cada parte.

Sem embargo, esta intuição não está isenta de problemas, e problemas muito graves. Em 1996 Calabresi observou que na investigação jurídica e econômica da *Common Law* atraiu pouco interesse da repartição de responsabilidade entre um agente do dano inocente e uma vítima igualmente inocente, sobre a base de sua contribuição causal relativa.

Em 2001, quando acometem essa tarefa, Parisi e Fon, agregam que as regras vigentes nesse sistema carecem de definições explicitas sobre essa distribuição.[32] Esta afirmação pode resultar surpreendente para muitos juristas de formação romanista, e particularmente, para os argentinos. O ambiente jurídico argentino aceita – de modo francamente majoritário – que a regra é, precisamente, a distribuição de responsabilidade *com base na contribuição causal*, tanto se trate de responsabilidade subjetiva, quanto de responsabilidade objetiva. Costuma-se pensar, nas palavras de Matilde Zavala de González: "(...) a chave para as soluções (se refere à distribuição da magnitude do dano) radica no contribuição causal da vítima ao próprio dano, e não à repressão dessa causa, pois aquelas não variarão ainda que o danificado não seja culpado (...)";[33] "(...) a causalidade não somente governa a imputação objetiva do dano a um fato fonte, mas também define a medida em que aquele pode atribuir-se a este; isto é, delimita se o dano deve ser ressarcido e com que alcance corresponde determiná-lo. Insistimos em que o alcance do ressarcimento se fixa em função da causalidade não da culpabilidade (...)".[34]

---

31. Assim parecem, inclusive, insinuá-lo POSNER, R.; LANDES W. M. *The Economic Structure...* cit., 1987, p. 233, nota 9.
32. PARISI, F.; FON, V. Comparative Causation. (2001). Disponível em: [www.gmu.edu/departments/law/faculty/papers/docs/01-30.pdf], onde assinalam: "(...) Existing legal rules lack explicit ways to apportion the loss between a faultless victim and a faultless tortfeasor (...)".
33. ZAVALA DE GONZÁLEZ, M. Resarcimiento de Daños. Presupuestos y Funciones del Derecho de Daños. Ed. Hammurabi, 1999. t. 4, p. 387.
34. Idem, p. 251. Não obstante, não se trata de uma discussão completamente fechada, dado que muito importantes autores e o Projeto de Código Civil de 1998, entendem que só

Talvez essa diversidade de regimes positivos explica porque os analistas anglo-saxões insinuaram a questão durante tanto tempo. Essa particularidade idiossincrática parece a razão de um esquecimento facilmente remediável com ligeiras modificações *ad hoc* dos ensinamentos gerais. Sem embargo, quando se procura analisar a contribuição causal da vítima mediante os modelos gerais do AEDD, os resultados são impressionantes. Ao contrário do que se pode intuir-se, o resultado é que *não existe uma possibilidade geral de produzir os incentivos eficientes, caso se leve em conta essa modalidade de contribuição causal.*[35] Assume-se, em outras palavras, que, enquanto a causalidade dependa da atividade de ambas as partes da relação (vítima – causador do dano), não se pode encontrar uma regra (insiste-se, *geral*) para distribuir a responsabilidade de modo de gerar incentivos perfeitamente consistentes com a minimização de custos sociais.

Esta conclusão pode parecer paradoxal, mas o problema básico consiste em que um fato A de uma das partes (isolado) pode incrementar levemente o valor esperado de um dano, se não metade de certo fato B da outra. Esse fato B, isolado, também pode incrementar só muito levemente o valor esperado do dano. Mas quando se dão conjuntamente A e B, essa conjunção pode ser devastadora, e pode incrementar substancialmente o valor esperado do prejuízo.[36] Logo, esse tipo de relação produz um jogo paradoxal de incentivos.

A explicação padrão do problema na AED afirma que se a influência causal da contraparte fosse nula (como o supõem os modelos básicos com relação à vitima), mais além de certas complexidades, a solução seria relativamente simples. Não obstante, a questão causal toma relevância, precisamente, quando se suspeitam ou supõem influências causais atribuíveis a diferentes agentes. *Quando isto sucede, a posição tradicional conclui não haver modo de que a atribuição ex post produza um alinhamento de incentivos ex ante, perfeitamente eficiente, em todos os casos.*

Isto, enquanto, quando se julga (*ex post*) se toma em consideração a influência causal *com relação ao fato já acontecido.* Quando as partes decidem como agir (*ex ante*), somente podem considerar probabilidades *sobre o que vai ocorrer.*

---

deve eximir de responsabilidade (total ou parcialmente) ao agente do dano – no âmbito objetivo –, a conduta da vítima quando seja *culpada*.

35. Apresentamos este problema e explicamos essa conclusão em ACCIARRI, H. A.; BARBERO, A.; CASTELLANO, A. Daños, Instituciones e Incentivos. Hacia un modelo unificado de responsabilidad civil contractual y extracontractual – Proposta apresentada ante a XXXVI Reunión Anual de la Asociación Argentina Economía Política (Buenos Aires, 14 a 16.11.2001). Publicado en *Anales de la Asociación Argentina Economía Política.* 2001. Disponível em: [www.aaep.org.ar/espa/anales/pdf_01/acciarri_castellano_barbero.pdf]. Nesse trabalho se efetua uma demonstração formal detalhada dessa afirmação. PARISI, F; FON, V. Comparative... cit., 2001, fazem o próprio, com maior detalhe.

36. Expor-se-á com mais precisão este problema mais adiante, em VII.5.

Por isso, se afirma, resulta ilusório pensar que pode induzir-se a cada parte a comportar-se "corretamente" (em termos de custos sociais), atribuindo-lhe, no caso de que um fato danoso, suceda, uma porcentagem do custo do resultado vinculado a sua "contribuição causal" no mesmo, já que a medida dessa "contribuição" não depende somente de sua conduta, mas também da de outros. Logo, caso se pudesse prever com certeza que os outros vão se comportar "corretamente", as precauções a adotar deveriam ser menores que caso se previsse que os outros podem comportar-se de modo incorreto. Mas essa circunstância – o comportamento dos outros – não se pode conhecer com certeza *ex ante*, e para tanto, devem tomar-se mais precauções que o ideal, ao menos, em um sistema de atribuição objetiva de responsabilidade.

Em um sistema subjetivo este efeito estará inclinado, ademais, fortemente *contra as vítimas*, dado que – por definição da responsabilidade subjetiva – o suspeito agente do dano se exime de responder provando que alcançou certo nível de precaução. Logo, tudo o que aconteça a partir daí será encargo da vítima. Em muitos casos, logo ocorrerá que a vítima deva tomar muito mais precauções que o ideal, e essa circunstância afetará gravemente a função de redução de custos sociais do sistema.

Esta posição clássica na AED tem merecido algumas tentativas de superação. Referir-se-ão a elas mais adiante.

7. As críticas à teoria causal da Law & Economics

As análises do tipo relatadas, embora muito influentes no direito prático anglo-saxão – e muito pouco tidos em conta na praxe jurídica dos países de tradição continental –, são objeto de críticas acadêmicas ferozes.

Um gênero muito frequente de censuras se levanta como corolário da objeção geral contra este modo *econômico* de analisar o Direito. Isto, tanto em sua face positiva (descritiva), quanto normativa (a que aconselha como deveria ser o sistema). Autores que participam dessa posição crítica geral, não obstante, têm se preocupado em dirigir ataques particulares contras as análises econômicas da causalidade no Direito de Danos.

Um exemplo acabado destas posições rivais é o trabalho de Wright.[37] Quando contradiz a Shavell, por exemplo, indica que as conclusões deste último "(...) descansam em assunções irreais, ilustrações artificiais e fórmulas matemáticas

---

37. WRIGHT, R. W. Causation, Responsibility, Risk, Probability, Naked Statistics, And Proof: Pruning The Bramble Bush By Clarifying The Concepts. *Iowa Law Review*, n. 1001, p. 1002 y ss., Jul. 1988; Actual Causation vs. Probabilistic Linkage: The Bane of Economic Analysis. *Journal of Legal Studies*, 14, p. 435 y ss., 1985.

defeituosas (...)",[38] as críticas são de varias ordens. Procurar-se-á na continuação distinguir alguns delas.

8. Na face positiva

Objeta-se que as correntes que analisam o tema sobre bases econômicas não descrevem adequadamente o que se entende como causalidade no discurso jurídico. Ao menos, no discurso do Direito anglo-saxão. A crítica costuma denunciar que esta linha de pensamento viola em sua análise a premissa de analisar a causalidade *ex post*, própria da *Common Law*, ao qual são alheias – se sustenta – às considerações de previsibilidade *ex ante*. Este ponto de partida, se diz, é o mal que vicia muitas das conclusões desta corrente.

9. Na face negativa

Quanto ao modo em que a perspectiva econômica *aconselha* construir os critérios jurídicos de causalidade, as censuras afetam vários aspectos. Em primeiro lugar, e muito relacionado com a crítica na face descritiva, se questiona uma confusão entre o modo de considerar as probabilidades *ex ante* e *ex post*. Servirá para exemplificar este debate a análise que Landes e Posner efetuam ao caso "Weeks v. McNulty".[39] Tratava-se de um caso no qual o demandado havia omitido construir em seu hotel saídas de emergência requeridas pela regulação administrativa. Após um incêndio, se produz a morte da vítima, o que dá lugar à demanda. O demandado, não obstante, foi absolvido por entender-se que essa morte, por suas particulares circunstâncias, seria produzida igualmente ainda que houvessem existido essas saídas de emergência. Landes e Posner entendem que a absolvição é correta em termos econômicos. Segundo sua teoria básica, outro comportamento (construir saídas de emergência) não teria modificado a probabilidade dessa morte e para tanto a omissão de construir as saídas não deve ser considerada causa da morte.

Wright critica essa conclusão e sustenta que se trata de um exemplo emblemático dessa confusão imputada entre probabilidade *ex ante* e *ex post*. Em seu

---

38. "(...) Shavell's proofs relies on unrealistic assumptions, contrived illustrations, and faulty mathematical formulas (...)". (WRIGHT, R. W. Actual Causation..., cit., 1985, p. 444). Na mesma linha, cabe referir o próprio título de outro trabalho do mesmo autor (e, obviamente, seu conteúdo): The Efficiency Theory of Causation and Responsibility: Unscientific Formalism and False Semantics. *Chicago-Kent Law Review*, 63, p. 553 y ss., 1987.
39. 101 Tenn. 495, 48 S.W. 809 (1898). O caso é tratado originalmente por LANDES, W. M.; POSNER, R. de modo fundamental no artigo Causation... cit., 1983, p. 115-116, criticado por WRIGHT, R. W. em Actual Causation vs. Probabilistic Linkage... cit., 1985, p. 453 y ss., e dita crítica é replicada em LANDES, W. M.; POSNER, R. *The Economic Structure*... cit., 1987, p. 235.

entender, logo após conhecidas as circunstâncias particulares da morte (*ex post*), efetivamente se pôde afirmar que a existência de saídas de emergência não teria mudado o triste resultado. Sem embargo, não pode sustentar-se que o benefício esperado de instalar essas saídas fosse nulo *ex ante* (ao tempo relevante para tomar a decisão de fazê-lo ou não, que é o centro de gravidade da análise econômica). Ao contrário, nessa instância prévia se podia prever que instalar as saídas faria menos provável o acontecimento de um fato danoso desse tipo.

Landes e Posner, em seu turno, refutam essa conclusão. Afirmam que em realidade, a falta de saídas de emergência não diminuiria a probabilidade *desse tipo* de mortes (como a do ator no processo), mesmo que, em geral, diminuía *a esperança de vida de todos os passageiros*, o qual sim deveria considerar-se um dano indenizável também para os que concluíram o episódio sem sequelas físicas, mas uma doutrina que justificasse a ressarcibilidade desse tipo de danos estava – não só na época do julgamento do caso (1898), mas também na data de publicação de seu livro (1987) – ainda em embrião. E que, fora dessa modificação substancial que representaria acolher esse novo tipo de prejuízos, nada pode objetar-se ao julgador. No marco em que se moveu o julgador, entendem, não se pode duvidar que sua decisão foi eficiente, ou – em outros termos – que essa atribuição de causalidade foi consistente com a minimização de custos sociais.

Estas críticas relativas à análise probabilística e sua interpretação se estendem também a aspectos particulares, e a certas formalizações.[40] Como se intentará demonstrar mais adiante, se trata de um debate estéril, dado que os contraditores partem de bases diversas e incomensuráveis entre si.

Mais além desta crítica geral se costumam formular outros reparos. Um dos mais graves, talvez, seja a apontada desconsideração da interação causal das partes (vítima e suposto agente do dano) nos modelos básicos. Precisamente os problemas causais costumam fortalecer, para o Direito, quando se procura *atribuir um resultado a um ou outro dos participantes* (ou a um deles e terceiros, incluindo fatos da natureza). Não se trata de um problema marginal, senão talvez do núcleo severo do problema prático dos juristas nesta matéria, pelo qual não parece justificável sua alusão na teoria geral. Isto é muito mais grave se – como acontece – ao intentar incluir este problema nos marcos teóricos, se observa que num amplo conjunto de casos não existe possibilidade matemática de conciliar, de modo geral, essa atribuição causal com os incentivos desejáveis para o comprimento dos objetivos normativos da análise econômica.

---

40. Considerações desta classe levanta WRIGHT, R. W. Actual Causation vs. Probabilistic Linkage... cit., 1985, p. 448, contra a análise de SHAVELL, S. (An Analysis of Causation... cit., 1980, p. 494 y ss.) do caso dos dois caçadores ("Tice v. Summers", 1948). Aí, mais além da consideração geral do problema das bases da análise probabilística, que se efetuará mais adiante, se discute a interpretação de um par de variáveis.

10. Algumas observações críticas à teoria e a seus opositores

Análise positiva (descritiva) e normativa (prescritiva) e análise funcional

Provavelmente, muitas críticas das que se levantam contra os estudos que abordam a causalidade jurídica da perspectiva econômica tenham algo ou muito de fundamento. Talvez, uma das principais debilidades desta aproximação derive da intenção de *explicar* a *Common Law* sobre fundamentos eficientistas (intenção central em Posner em uma época, mas que não é compartida por outros autores). Este compromisso forte, subjacente em sua análise positiva, tem implicâncias políticas relevantes, mas não necessariamente constitui um pressuposto da outra face, a *normativa*.

A intenção proselitista dessa primeira decisão parece claro: caso se assume que o Direito (a *Common Law*), *persegue* a eficiência, então cumprir com o Direito implica, de algum modo, perseguir a eficiência, ou confluir em direção dela. Daí a incorrer na falácia de afirmar o consequente ("persegue a eficiência é cumprir com o Direito"), há um passo bastante pequeno. Em consequência, quantas mais provas se *revelem*, que ratifiquem esta propriedade do Direito, mais sólida será a base de tal procedimento. É possível que essa circunstância constitua uma motivação suficiente para algumas interpretações enviesadas, quando não forçadas, do sistema jurídico.

A *análise normativa ou prescritiva*, não requer, sem embargo desse tipo de bases. Não é necessário demonstrar que "o Direito vigente persegue a eficiência", ou a redução de custos, para aconselhar que "o Direito (em tal ou qual setor) deveria perseguir a eficiência".

Em *análise funcional*, tal qual o caracterizar com anterioridade, está ainda mais longe dessa primeira possibilidade. Não sustenta que "o Direito persegue a eficiência" e tampouco aconselha que "o Direito deveria perseguir a eficiência". Em câmbio, intenta *descobrir relações* segundo as quais seja plausível afirmar que, *caso se dê uma certa configuração do sistema jurídico (ou de algum de seus componentes), se favorecerá a poupança de custos sociais, e caso se dê outra, isto não ocorrerá*. Não aconselha, mas sim intenta mostrar relações que podem ser empregadas por quem queira alcançar certas metas (cuja defesa fica fora de análise) ou alusões, por quem considere que esses efeitos são inteiramente depreciáveis.

Deste ponto de vista, deixando de lado a preferência do objetivo de minimização de custos sociais, e com referência unicamente às análises instrumentais relativas a esse objetivo, se podem efetuar algumas considerações modestas.

O uso da análise probabilística no campo da causalidade, segundo a AED

Uma das críticas gerais, como se viu, aponta ao modo que estas correntes utilizam na análise probabilística. Podem-se encontrar dois gêneros principais de objeções. Em primeiro lugar, as que entendem que o conceito de causalidade (em geral ou para o Direito), é alheio à avaliação de probabilidades *ex ante*. Em segundo termo, aquelas que censuram o uso ligeiro, indiscriminado ou promíscuo, das probabilidades *ex ante* e *ex post*.

O primeiro dos ataques não parece tão evidentemente fundado como pretendem seus sustentadores. Em todos os ambientes jurídicos nos quais prevalece a Teoria da Causa Adequada,[41] esta objeção pareceria exótica. Mas ainda, pretender excluir sem mais o conceito de *probabilidade ex ante* das ideias causais gerais ou de sentido comum, é um tema arduamente problemático.

Quanto à interpretação do debate sobre probabilidades *ex ante* e *ex post*, a análise de ambas as posições rivais se pode ilustrar através de uma estilização dos fatos ventilados no caso "Weeks v. McNulty". Landes e Posner sustentavam que a falta de saídas de emergência não incrementou a probabilidade de morte da vítima, dado o modo como esta se produziu. Wright criticava que essa afirmação correspondia a probabilidades *ex post*: quando, já sucedidas, se puderam conhecer as circunstâncias exatas da morte, se pôde afirmar legitimamente que a falta de saídas não influenciou no resultado. Mas *ex ante*, ao não se conhecer quais iriam ser ditas circunstâncias em detalhe, não poderia ter-se afirmado que a probabilidade de morte, associada à falta de saídas, iria ser nula.

Trata essa discussão de uma diferença *sobre o cálculo das probabilidades*? Este tipo de diferenças poderiam se apresentar de vários modos.

Por exemplo:

a) Case se lance uma moeda (com uma distribuição de peso particular e desconhecida) ao ar, e saem duas vezes cara e uma coroa, poder-se-ia dizer, frente a terceira tentativa, em sentido "frequentista", que a probabilidade de que saia cara é de 2/3 e de que saia coroa, 1/3. Isto, *ex ante* da quarta tentativa. Logo, se nesse quarto lance e *ex ante* de um hipotético quinto lance, poderia dizer-se que as probabilidades frequentistas de que saia tanto cara como coroa, são – segundo essa base epistêmica – de 2/4 (50% de probabilidades para cada possibilidade). Aqui, poder-se-ia falar de uma diferença entre as probabilidades frequentistas *ex ante* e *ex post desse quarto lance*, segundo nos situemos antes de executado, ou logo depois de produzido o mesmo.

O novo conhecimento atualiza as bases epistêmicas de cálculo da probabilidade: até o terceiro lance se consideravam 2 *casos favoráveis* a cara, sobre 3 possíveis;

---

41. Na década de 1880, Johannes von Kries formulou o conjunto de ideias que se denominou "Teoria da Causa ou da Causalidade Adequada". Costumam referir-se como suas obras essenciais, von KRIES, J. *Die Prinzipien der Wahrscheinlichkeits-rechnung* (1886); *Über den Begriff der objektiven Möglichkeit und einiger Anwendungen desselben* (1888) y *Über die Begriffe der Wahrscheinlichkeit und Möglichkeit und ihre Bedeutung im Strafrechte* (1889).

logo depois do quarto lance, o número de *casos favoráveis* a cara, segue sendo de 2, mas agora sobre 4 possíveis, pelo qual sua probabilidade decresceu. Nestes termos, caso se pretendesse usar a probabilidade *ex post* (ao quarto lance) como idêntica da *ex ante*, se trataria de um evidente erro.

b) Em um sentido diferente se pode utilizar o termo probabilidades *ex post* e *ex ante*, para fazer referência a *probabilidades condicionadas* em que o emprega no Teorema de Bayes.[42] Para esse tipo de investigação, a partir de que há ocorrido o sucesso B ("há ocorrido um acidente") se pode deduzir as probabilidades de que haja ocorrido o sucesso A ("Estava chovendo – ou não –?"). Uma vez que se incorpora a informação de que há ocorrido um acidente, as probabilidades do sucesso A mudam (com relação às que existiam *ex ante*, sem incorporar-se ao cálculo a informação de que se deu o sucesso B): são probabilidades condicionadas, que se costumam denominar "propriedades a posteriori".

Na disputa que aqui interessa, entretanto, o problema parece ser de uma ordem diferente, que não se inclui em nenhum dos gêneros de problemas antes expostos. Trata-se, melhor, de uma *diferença de descrição*. Landes e Posner *descrevem* o fato consequente (morte da vítima Weeks, no caso comentado) *segundo certas circunstâncias particulares do caso individual*. Wright *o faz em termos mais gerais*.

Assim, se esse fato se descreve como "morte de um sujeito que não haveria resistido a inalação de fumaça por mais de cinco segundos", e se tem por certo que o trajeto até a rua de onde estava situado Weeks, se houvessem saídas de emergência, haveria demorado mais de cinco segundos, logo, é razoável sustentar – à maneira de Landes-Posner –, que a construção dessas saídas não haveria modificado significativamente a probabilidade do resultado.

Contudo, se essa propriedade "resistência à inalação de fumaça por um tempo não maior aos cinco segundos" não se incorpora à descrição do fato consequente, poderia afirmar-se de modo igualmente razoável que a construção das saídas de emergência *sim teria modificado a probabilidade do resultado*.[43]

A questão então implica um dos – frequentes em questões de probabilidade –, *problemas de descrição*. Poder-se-ia entender que se ambos os opositores aceitaram

---

42. Que se expressa na conhecida fórmula $P(A_i/B) = \dfrac{P(A_1)*P(B/A_1)}{\sum P(Ai)*P(B/Ai)}$

43. Também se poderia argumentar que *ex ante* não havia modo de saber se o ocupante desse quarto que contratou Weeks ia possuir essa propriedade (essa escassa resistência à asfixia), ou não, e que para tanto, a mesma devia incluir-se como só provável aos efeitos do cálculo. Logo, a construção das saídas haveria modificado a propriedade de salvação de um sujeito que tivesse essa mínima resistência à fumaça ou não, com uma probabilidade diferente segundo quão provável fosse que apresentasse ou não essa propriedade.

a descrição de Landes-Posner, coincidiriam em atribuir-lhe à ausência de saídas de emergência um *incremento nula de probabilidade desse resultado*.[44] Se, ao contrário, tomaram em conta a descrição mais ampla do infortúnio que supõe Wright, também coincidiriam, em sentido contrário, em que *essa falta de saídas modificou de modo significativo a probabilidade da morte*.[45] Logo, o debate não versa sobre o *cálculo* da probabilidade, mas sim sobre *a descrição dos termos desse cálculo*. E nessa fase, ninguém está "equivocado" nem "correto", porque não há uma descrição "verdadeira e única" dos fatos. Isto, sem embargo, não implica que não existam modos de descrever os fatos que favoreçam melhor a função de redução de custos.

Os problemas de definição, contribuição causal, informação e custos administrativos

Os problemas de definição

Os críticos imputam a esta classe de estudos graves problemas na definição das bases conceituais do que se entende por "causalidade". Às vezes, é possível coincidir em que existe tal gênero de problemas, mas de um modo muito cauto. A formulação já clássica de Shavell, por exemplo, apresenta algumas nebulosidades

---

44. Nestes termos deve entender-se a afirmação de Wright "(...) only after the victim's death, when we look backward at everything that actually happened, that we know that the defendant's failure did not make a difference in this particular case (...)". (WRIGHT, R. W. Actual Causation vs. Probabilistic Linkage... cit., 1985, p. 453). O erro, aqui, é que não se trata de um problema de conhecimento, senão de descrição. Ainda que a segunda dependa do primeiro, não está determinada pelo menos. Saber mais sobre um fato, não nos leva forçosamente a incluir todos os detalhes que conhecemos na descrição desse fato. E paradoxalmente, a probabilidade costuma decrescer quando consideramos o consequente com mais detalhe: em uma manobra imprudente, é mais provável bater um carro, que um carro vermelho, mais um carro vermelho que um carro de certa marca, etc., mesmo que não todo detalhe que se agregue dará por resultado esse tipo de relação decrescente: é mais provável que morra em uma batida uma pessoa débil (com alguma certa debilidade dos denominados "eggshell skulls"), que uma pessoa, em geral, ainda que a primeira discrição é mais detalhada que a segunda. No reclame de Weeks, se – hipoteticamente – se lhe houvesse descrito o fato com essas particularidades que Landes-Posner entenderam relevantes, ex ante do fato, seguramente Wright também haveria consentido que a falta de saídas não incrementou a probabilidade de que aconteceria o fato caracterizado pro essa descrição.

45. Neste sentido deve entender-se a afirmação de Landes-Posner sobre "(...) there is even a sense, and an important one, in which McNulty could be thought to have harmed al, including Weeks, whom he exposed to danger (...) his damages would be the costs of a reduced life expectancy, not the costs of death (...)" (LANDES, W. M.; POSNER, R. *The Economic Structure*... cit., 1987, p. 235). Para considerar que a expectativa de vida de Weeks se reduziu pela falta de saídas de emergência, devem incluir-se no cálculo sucessos descritos de outro modo que no anteriormente empregado por Landes-Posner.

particulares às que foram aludidas em parágrafos precedentes. Trata-se, sem embargo, de um problema diferente aos que se costumam criticar.

O aspecto que segue, do mesmo modo, resulta um campo particularmente interessante para discorrer a respeito.

Os problemas de contribuição causal

Como advertido em alguns parágrafos atrás, os problemas de contribuição causal resultam particularmente interessantes e compreendem algumas das principais debilidades da literatura clássica do AED. As dificuldades que se observam em seu tratamento indicam que a falta de integração deste gênero de problemas na teoria básica não é menor.

Adiante, não obstante, que existem algumas iniciativas que procuram superar alguns obstáculos especialmente complexos. Nesse sentido, Parisi e Fon[46] estudam o jogo da culpa junto à causalidade para chegar a um ideal social que lhe resulta esquivo à literatura padrão de *Law & Economics*. Singh,[47] por sua parte, analisa as condições que deveria reunir um critério causal para conseguir superar essa mesma impossibilidade.

Salvador-Coderch, Garoupa e Gómez Liguerre[48] em uma linha próxima estudam quando resulta eficiente ampliar o círculo de causadores-responsáveis.

Em um sentido convergente com algumas de tais ideias, em um trabalho anterior em coautoria com Castellano e Tohmé[49] procuramos estruturar, de um modo formalmente consistente, um esquema de análise que cumpriria as condições requeridas para superar essa aparente impossibilidade de distribuir a responsabilidade proporcionalmente ao reporte causal e chegar (ao menos formalmente) a um resultado socialmente ideal.

Para a literatura convencional, o problema, muito sinteticamente exposto, parte de considerar que a proporção em que cada agente causa um dano, é correlativa à diferença entre o estado do mundo em qual o dano não existe, e aquele em qual se verifica (em qualquer medida) esse dano. O fato ou omissão de cada

---

46. PARISI, F.; FON, V. Comparative... cit., 2001.
47. SINGH, R. Causation, Economic Efficiency and the Law of Torts. *Centre for Development Economics, Dehli School of Economics working paper* 102, 2002. Disponível em: [www.cdedse.org/pdf/work102.pdf].
48. SALVADOR-CODERCH, P.; GAROUPA, N.; GÓMEZ LIGUERRE, C. (2004). Scope of Liability, the Vanishing Distinction between Negligence and Strict Liability. *Latin American and Caribbean Law and Economics Association Annual, Papers*, paper 6. Disponível em: [http://repositories.cdlib.org/bple/alacde/6].
49. ACCIARRI, H.; CASTELLANO, A.; TOHME, F. On Causal Apportioning... cit., 2007.

agente, logo, guardaria uma proporção que se determinaria a partir desse *ponto zero* (inexistência de dano).

Um exemplo numérico pode ajudar a compreender melhor o problema:

x	y	L
0	0	21
2	4	3

Assume-se em geral que tanto a *precaução* quanto o *nível de atividade* de cada uma das partes guarda uma relação "causal" com o valor esperado dos danos. Quanto à primeira, *mais precauções* fariam previsível *menos danos*, seja porque a probabilidade ou o montante dos danos (caso ocorram) diminuíam. Trata-se de uma relação inversa. No que cabe à segunda, *mais atividade incrementará os danos* (também aqui, seja em sua possibilidade ou em sua magnitude, caso ocorra). Trata-se de uma relação *direta*.

Em definitivo, seguindo a Parisi e Fon, se chamará "insumos causais" ("casual imputs") à conjunção desses fatos postos por cada um dos agentes.

Os valores da coluna "x" referem-se ao valor dos *insumos causais* correspondentes a um dos agentes implicados. Por exemplo, o agente do dano. A "y" ao do agente restante. E a "L" expõe o custo dos danos, segundo esse nível de insumos causais.

Também se assume que o procedimento para atribuir uma proporção em causalidade (e para tanto, na indenização) será *dividir o valor dos insumos causais de cada agente, pela soma dos insumos causais de ambos*. Na tabela que antecede, se expõe uma relação de um terço para x y dois terços para y.

Isto surge, para x de:

$$\frac{2}{2+4}$$

E para y

$$\frac{4}{2+4}$$

Ao variar, seja sua precaução, seja seu nível de atividade, cada um dos agentes produzirá duas variações simultâneas:

a) Variará a *causa total*, mas também;

b) Variará (poderá variar) sua *proporção na causa*.

A simplificação que se procurou introduzir requer uma nota adiciona. Disse-se anteriormente que os insumos causais de cada agente se compunham de um valor (precaução) que se correlacionava *inversamente* e outro (nível de atividade) que o fazia de modo *direto*. Não obstante logo se passou a usar só um valor que se correlaciona *diretamente*. A interpretação mais simples é pensar que isto ocorre sem problemas com o nível de atividade (realizar mais da mesma atividade "causa" mais danos) e que a precaução ingressa a esse valor *como uma economia*. Em outras palavras, poder-se-ia entender que 10 de insumo causal correspondem tanto a 5 de nível de atividade e 5 de "economia" em precauções não tomadas, quanto a 6 do primeiro e 4 do segundo etc.

Por agora, só é interessante deixar claro que, na explicação que segue, assumir-se-á que um maior nível de *insumo causal* se entende *mais benéfico* para o agente que o reporta (assume menos custos ao atuar – digamos – mais inescrupuloso ou descuidadamente) e *mais produtor de danos*.

Ora: o problema deste modo de construir o modelo é que a um agente *lhe pode resultar conveniente incrementar seu insumo causal* (e, para tanto, incrementar o valor do dano que vá produzir-se) se o benefício *adicional* derivado de atuar desse modo supera *o incremento* da porção que se atribua, do total do dano em questão.

Voltemos à tabela anterior, com uma nova fila (a última) que expresse esta situação:

X	Y	L
0	0	21
2	4	3
3	4	4

Vê-se aqui, com relação à segunda fila, que x incrementou seu insumo causal – quer dizer, incrementou seu nível de atividade ou sua "economia" em precauções – (passou de 2 a 3) e também se incrementou o dano causado (passou de 3 a 4).

Com relação aos dois efeitos antes descritos:

a) Variou a causa total do dano (se causou *mais dano*: 4 agora contra 3 antes), e também;

b) Variaram as proporções relativas da causa (cresceu a proporção de x: antes reportava só *um terço* e agora participa com *três sétimos* da responsabilidade).

$$\frac{3}{3+4}$$

Um terço de 3 é 1, e três sétimos de 4 = 1,71.

E o interessante, aqui, é observar os *incrementos*.

a) Do lado do benefício de x, este se incrementou em 1 (passou de 2 a 3 de insumo causal).[50]

b) Do lado dos custos de x, estes se incrementaram em só 0,71 (passaram de 1 – a proporção do dano na primeira situação – a 1,71 – a mesma proporção na segunda).

Por isso, em termos de custo-benefício, resultará conveniente ao nosso hipotético agente do dano (x) relaxar seu nível de precaução ou incrementar seu nível de atividade, dado que (julgando-o deste modo) *o excedente que deva suportar na indenização não alcançará a compensar o excedente de benefícios que sua ação lhe reporte*.

A conclusão tradicional então é que a distribuição da responsabilidade em proporção à causalidade resulta ineficiente ou, em outras palavras, que não seria uma boa estratégia para reduzir custos sociais. Isto, mais além de qualquer problema relacionado com o mundo real e o conhecimento que as partes e os juízes possam adquirir sobre os fatos. A ineficiência seria uma consequência que poderia explicar-se de um ponto de vista meramente formal, e seria inevitável.

Nossa posição a respeito parte de advertir que esse modo de modelar o problema, igualmente à ideia básica de Shavell que antes analisara, contém um ressabio da crença de que existe um modo único de entender a causalidade "no mundo" que deve respeitar-se no Direito, ao menos para considerar as determinações causais no campo jurídico *genuinamente causais*. Ao contrário, assumimos que é possível selecionar, dentre todas as condições de um fato, aquela ou aquelas que convenham, segundo o nosso propósito e esse procedimento é perfeitamente usual nas determinações causais (e na linguagem causal), tanto na vida cotidiana quanto na ciência e na técnica. Dessa maneira, a atribuição de responsabilidade entre essas condições selecionadas como causa jurídica é uma questão de política jurídica e não surge por força de traço algum do mundo.[51]

Sobre estas bases, logo, se pode investigar se é possível desenhar um modela de causalidade para o Direito de Danos que sorteie aquela aparente impossibilidade de alcançar formalmente a eficiência.

Um modelo tal deveria:

---

50. Para simplificar, pode se pensar que isto ocorre simplesmente se se poupa 1 em precaução. Ao não gastá-lo, x se beneficia na mesma quantidade.
51. Esta afirmação expõe muito apressadamente um conjunto de afirmações que não se intenta aqui justificar. Serão, não obstante, objeto específico de outra obra especificamente dedicada ao tema.

- Representar razoavelmente as noções gerais do racionamento causal.
- Prover uma visão ajustada do racionamento jurídico neste campo como um subtipo do racionamento causal geral.
- Proporcionar diretivas para distinguir entre todos os fatos e omissões do mundo, aqueles que dever ser considerados fatores causais aos fins jurídicos daqueles que não dever sê-lo.
- Gerar instrumentos conceituais que permitam atribuir responsabilidade entre os fatores considerados causais aos fins jurídicos, de modo consistente com propósitos de eficiência ou minimização de custos sociais.
- Concentrar-se na distribuição de responsabilidade e desenhar um procedimento que permita dita distribuição proporcional de um modo que supere a aparente impossibilidade de alcançar, por essa via, a redução ideal de custos sociais.

As complicações para completar essa tarefa são importantes. As precisões lógicas e matemáticas de detalhe seguramente excedem os propósitos desta obra, mas ao menos é possível expor – em palavras simples – alguns de seus aspectos básicos.

O primeiro deles se relaciona com a escolha dos agentes implicados. Em geral (ainda que não sempre) será simples identificar à vítima enquanto sofre o fato danoso, mas quem é (são) o(s) agente(s) do dano? Em muitos trabalhos se dá por acertado que sua escolha é uma questão natural, mas ao contrário, todo desenho com fins de eficiência guarda forte relação com este primeiro passo do procedimento de atribuição de responsabilidade.

Logo, é possível pensar (conceitualmente) em distinguir entre todos os sujeitos do mundo, a aqueles que podem realizar a conduta que se inclua no "caso eficiente" (caso aqui entendido como *possibilidade que conjuga várias condutas e um resultado danoso*).

Esse primeiro passo identificará aos causadores jurídicos (tratar-se-ia, em termos antes empregados, de "casualidade em nível de autoria"). Mas cada um desses sujeitos, ainda que tivessem a possibilidade de realizar a conduta socialmente ideal, podem não tê-la realizado, e haver atuado, em contrapartida, de outro modo.

Aqui, enquanto a visão tradicional da AEDD parte de definir o que cada agente "pôs" de causalidade do modo antes descrito – que é um modo de atribuir causalidade *a partir de um ponto zero*, da inexistência do dano – é possível fazê-lo *a partir do caso eficiente*. Assim, todo apartamento do comportamento ideal, pode ser visto como *um incremento na quota de causalidade do agente que o efetue*.

Se retornarmos ao caso anterior, no qual um agente "poupa" 1 em prevenção adicional e suporta só 0,71 adicional de indenização (se a determina de acordo ao modelo tradicional da AEDD), podemos observar que este novo modo de ver o problema evita esse efeito que gera incentivos perversos. Caso partimos do caso eficiente, sabemos, por definição de qualquer "economia" ou "benefício" que obtenha uma parte por seu comportamento ideal, não pode ser superior ao incremento do dano que cause essa variação, porque se o fosse, esta nova circunstância geraria um caso superior ao anterior e por definição (porque partimos do ideal), nenhum pode sê-lo.

Logo, se o custo do dano adicional (a respeito do dano ideal) supera o benefício adicional que obtenha quem introduz essa variação, *sempre será possível distribuir esse excedente de um modo que lhe represente a quem desviou seu comportamento do ideal, uma situação desvantajosa*. Em outras palavras, para que o incremento de seu custo (por via da quota de responsabilidade que lhe toque afronta com relação a esse dano adicional) exceda ao incremento de seu benefício.[52]

Uma vantagem mais, todavia, é que quando ambas as partes desviem seu comportamento do ideal, este novo modelo assegura que exista mais de um modo de distribuir a responsabilidade sobre esse excedente e que todos esses respeitem as condições consistentes com a solução eficiente. Um procedimento evidente para distribuir a responsabilidade seria atribuí-la em proporção direta ao montante da "poupança" ou benefício obtido por cada parte com seu comportamento desviado do ideal. E fazê-lo neste novo modelo, daria sempre resultados eficientes na atribuição de recursos. Mas, como o adiante, há outras possibilidades, algumas das quais cumprem com precisão *outros* critérios de justiça,[53] distintos da tradicional proporcionalidade, que são matéria de toda uma nova literatura a esse respeito.[54] E também são eficientes.

---

52. Em ACCIARRI, H.; CASTELLANO, A.; TOHME, F. On Causal Apportioning... cit., 2007, tratamos com detalhe unicamente o caso de um agente do dano e uma vítima. Não obstante, o procedimento básico empregado aí pode generalizar-se a uma quantidade indeterminada de participantes que hajam contribuído à causa do dano.

53. Em ACCIARRI, H.; CASTELLANO, A.; TOHME, F. On Causal Apportioning... cit., 2007, utilizamos de um modo particular o procedimento revelado por Aumann, R. e Maschler, e denominado *Contested Garment Principle* ("CG-Principle"), exposto em AUMANN, R.; MASCHLER, M. Game Theoretic Analysis of a Bankruptcy Problem from the Talmud. *Journal of Economic Theory*, 36, 1985, p. 195-213. O resultado desse procedimento assegura que a solução cumpre a sua vez com vários critérios de eficiência e justiça postulados para analisar essas situações (ver nota seguinte). Cumpre à vez com a idealidade Paretiana (no caso, potencial) e para tanto com o critério de Kaldor-Hicks e também com o axioma de Shapley, e a ideia de justiça que intenta captar.

A novidade a respeito do uso destes instrumentos teóricos é que usualmente se empregaram para dividir *bens* (ver nota seguinte), enquanto que o trabalho em questão os empregamos para dividir *males*, como é o custo de afrontar um dano.

54. A literatura em questão se ocupa de uma ampla relação de problemas, desde questões aparentemente ínfimas como a divisão mais justa de uma torta (que em realidade

O que interessa aqui, por cima das questões de detalhe (que, por certo, são mais complexas que esta breve síntese), é que uma atribuição de causalidade baseada consistentemente na consecução de objetivos (aqui, do objetivo de redução de custos sociais) é possível e permite superar a impossibilidade que o tratamento clássico da questão na literatura de *Law & Economics*.

Este intento de superação de um obstáculo formal, por certo, não pretende superar ao mesmo tempo as restrições do mundo real. Sem embargo, não parece desatinado pensar que o estudo (e superação) dos obstáculos formais que aparentemente impedem a consecução de certos objetivos, pode contribuir de algum modo ao avanço no tratamento de problemas reais. Dificilmente algum partidário dessas técnicas pensa que se podem alcançar ideais restritos no mundo. Mas estudar suas propriedades e os canais que conduzem aos mesmos podem, por sua vez, contribuir a explorar os procedimentos reais que melhor superem as restrições do mundo empírico, dentro de todas aquelas que tendam a esses objetos.

Finalmente, por fora dos problemas estritamente relacionados com a contribuição causal, a enorme variedade possível de questões de informação e custos administrativos, são aspectos que afetam de modo relevante ao saneamento descritiva dos modelos. Ante propostas teóricas fortemente dependente de magnitudes quantificáveis, tanto *ex ante* para os sujeitos envolvidos (a hora de decidir suas atividades) quanto *ex post*, para o julgador (no momento de atribuir causalidades e responsabilidades), a imperfeição de informação parece catastrófica. Que informação sobre a probabilidade de ser investido tem o pedestre quando decide cruzar certa rua? Como pode calcular seu nível de atividade preferível – por exemplo, quantos minutos caminhar ao longo da sua vida –? E para agravá-lo tudo como pode conhecer e calcular todo o necessário o juiz, de modo razoavelmente barato?

A relevância das críticas e a possibilidade deste gênero de análise

Expostas deste modo, as objeções parecem demasiadas e muito concludentes. Resta ver se são suficientes para impedir de modo absoluto o estudo de qualquer tipo de relação entre os modos de configurar um critério jurídico de causalidade, e a minimização (ou não) de custos sociais.

As respostas podem distinguir-se e correlacionar-se com certa classe de críticas. Algumas objeções apontam a falhas – reais ou supostas – em certos

---

se utilizam como casos arquetípicos para disparar generalizações) até para a divisão (por exemplo, em divórcios ou liquidações de sociedades) dos bens importantes, que apresentem diferentes propriedades. O problema que nucleia a esta literatura costuma denominar-se "cake cutting" e constitui uma área especial da Teoria de Jogos. Para uma abordagem geral, BRAMS, S.; TAYLOR, A. *Fair Division: from Cake Cutting to Dispute Resolution*. Cambridge University Press, NY, 1996.

aspectos das fórmulas ou dos modelos que se empregam na análise. Isto ocorre quando se censura, por exemplo, que uma variável restou haver sido definida de outro modo, ou se identificam debilidades nos modelos que as conjugam, para descrever corretamente as situações que pretender expor. Outras, mais substancialmente, descartam a possibilidade de alcançar os objetivos de eficiência que essas corretas perseguem.

O primeiro gênero de reparos poderia considerar-se uma contradição *amigável*. Em geral, quando se critica um aspecto particular de um racionamento (seja discursivo ou formal), se tem em mente a possibilidade de reconstruí-lo de algum modo que seria correto. Tratar-se-ia nada mais que de uma crítica construtiva tendente a aperfeiçoar a análise.

A seguinte classe de objeções, ainda que fosse fundada, não afetaria os objetivos deste trabalho. As vezes – em muitos campos das ciências sociais, do racionamento em geral – se confunde a impossibilidade de encontrar *ideais* com a impossibilidade de encontrar alternativas *superiores* que outras. Aqui, se dá frequentemente esse tipo de questões. Que não se possam alcançar ideais gerais (mais estritamente, que se possa demonstrar formalmente essa possibilidade), não significa que qualquer sistema institucional seja, a esse respeito, igual a outro. O segundo não se segue ao primeiro. Ao contrario, fica por diante o trabalho, árduo e particular, de estudar a relação entre distintas alternativas de desenho dos critérios jurídicos de causalidade e as possibilidades *mais e menos custosas* que se possam prever (tanto no geral, como em cada um dos campos do Direito de Danos em especial).

Resta, todavia, um obstáculo grave, bem conhecido e que já mereceu alguns parágrafos anteriores. Neste setor, como em todos os do Direito, estão implicadas ações humanas. Quando se fala de *"minimizar custos"*, se tem em mente que se pode prever que, dadas certas normal, as pessoas vão atuar de um modo tal que vá minimizar, ou não, esses custos sociais. A questão substancial é *se se pode sustentar essa confiança na possibilidade de predizer os comportamentos humanos*.[55]

---

55. Uma anedota pode ilustrar este tipo de desconfiança. Um astrofísico pretendia explicar a um jornalista seus avanços na denominada *Teoria das Cordas*, ramo de altíssima abstração matemática. O jornalista se assombrava ante a enorme complexidade da matéria. O físico, ao contrário, assinalando-lhe seu filho pequeno que estava tocando o piano, replicou que era mais difícil conhecer que tecla exata ia tocar o menino em cada instante preciso, que predizer alguns de seus resultado. A anedota – é real – capta essa ideia de desconfiança na possibilidade de predizer os comportamentos humanos. Sem embargo se pode objetar, à inversa, que é muitíssimo mais fácil predizer se o menino vai chorar ou sorrir ante – alternativamente – a um grito ou a uma carícia súbitos de seu pai, que conhecer a temperatura exata (por exemplo, com uma exatidão de um milhão de decimais) de qualquer centímetro quadrado da superfície terrestre, nesse mesmo instante futuro. Trata-se, em definitivo, de distinguir *campos de predição, e graus de exatidão das*

Entre a fé extrema e o ceticismo absoluto, parece haver um amplo espectro. Quando um pedestre se enfrenta ao cruzamento de uma rua, é muito pouco provável que ingresse em sua consideração o que prescreve tal ou qual artigo do Código Civil, ou as arestas particulares do critério causal aplicável aos episódios de transito, segundo a visão dos juízes ou dos doutrinários.

Mas não parece que possa dizer-se o mesmo de uma empresa que vá lançar um novo medicamento ao mercado. Ou de quem calcula os custos para instalar uma empresa de medicina, de transporte ou de auditoria contábil. É bastante difícil pensar que os critérios jurídicos não influirão nestes últimos casos sobre as decisões que se possam adotar, e que esses comportamentos não respondam – ao menos, de modo geral – a algumas relações gerais fáceis de definir.

No mesmo sentido que aqui se ocupa se costumam questionar as leis da Economia em geral. Critica-se sua capacidade preditiva, com base nos reconhecidos fracassos de certos prognósticos e disso se pretende restar-lhe confiabilidade a todas as relações implicadas.

Sem embargo, se pode pensar em algumas hipóteses bastante seguras. Por exemplo, se poderia predizer – muito confiavelmente –, que se alguém decide vender carros a $ 1, venderá mais unidades que se fixa seu preço unitário em $ 1.000.000. Disso, não obstante, não se segue que se possa predizer com a mesma confiabilidade o tipo de câmbio entre duas moedas dentro de cento e 50 anos, ou a evolução do mercado de valores durante um mês do próximo século. Sem embargo, a dificuldade para predizer com exatidão a situação das partículas elementares (ou sequer das moléculas) que formam este papel, para a mesma época, tampouco invalida o poder preditivo da Física. Ao mesmo que o sustentou com relação à função de prevenção, *que seja muito difícil predizer não significa que nada se possa predizer, não pode justificar o desinteresse geral por investigar do melhor modo possível, as consequências sociais dos sistemas jurídicos.*

A expressão de relações mediante fórmulas matemáticas, por outra parte, não implica necessariamente uma fé ingênua quanto à exatidão das predições que se baseiam em tais representações. Trata-se, ao contrário, de um mero procedimento para extrair implicações, a partir de certas relações simples. E – na instancia de discussão e controle dos argumentos – resulta um procedimento democrático e humilde, enquanto permitir a inspeção detalhada do racionamento, passo a passo, sem necessidade de virtudes especiais para segui-lo. Sem exigência de renome, títulos ou autoridades em disciplina alguma, permite a discussão e refutação de todo ou parte do desenvolvimento do contraditor. No todo são fórmulas na dis-

---

predições, condicionadas à possibilidade dos procedimentos disponíveis em cada matéria, mais que adotar posições absolutas a respeito.

cussão, mas tampouco se trata unicamente de ideias cujas relações não possam expressar-se de modos simples e formais.

11. Alguns elementos mínimos e preliminares para um conjunto aberto de diretivas tendentes à maximização de custos sociais na ária dos vínculos causais

Neste entendimento, se podem estabelecer algumas diretivas mínimas para relacionar os critérios causais e a minimização de custos sociais.

Em primeiro lugar, não parece desacertado afirmar – de modo geral – que caso se considera causador a quem não pode atuar de modo *previsivelmente influente – ex ante –* sobre o fato danoso (sobre sua magnitude ou sua probabilidade de acontecimento) e não se atribui qualidade causal a quem sim pode fazê-lo, essa determinação incrementará os custos sociais. Simplesmente, porque é mais simples atuar sem precauções que com diligência, e para tanto, nos setores nos quais não haja freios morais, ou outro tipo de restrições que façam previsível que se atue com precaução, não terá incentivos para prevenir precisamente a pessoa que melhor poderia fazê-lo. Esta afirmação tão geral é suficiente para dar base a um trabalho detalhado na hora de estudar a atribuição de causalidade em cada setor particular do sistema.

Logo, ampliar o número dos considerados causadores jurídicos, não sempre, nem até qualquer extremo será consistente com a intenção de reduzir custos sociais. A relação entre o número e as propriedades dos causadores jurídicos que se determinem e os diferentes níveis da função de custos sociais, é um tema complexo e está sujeito a algumas relações antes insinuadas de modo geral. Essas relações dependem fortemente do estado da tecnologia e do tipo de caso que se trate.

Quanto aos problemas de informação, assiste razão à literatura especializada quando sustenta que se trata de um aspecto crucial para prever o efeito que se siga de uma ou outra atribuição causal. Neste sentido, se uma parte carece de informação sobre a relação entre sua conduta e as derivações prováveis da mesma, essa circunstância deformará o efeito dos incentivos criados por uma atribuição causal. Se alguém não sabe com que probabilidade se seguirá um dano de sua conduta, poderá subestimar ou sobre-estimar dita probabilidade e atuar em consequência, tomando precauções insuficientes ou exageradas, e em ambos os casos, incrementará seus custos privados e os custos sociais.

A resposta previsível – e própria da Economia Neoclássica – é a tendência ao "ajuste" da conduta humana, ao incorporar nova informação. Assim, alguém pode desconhecer que efeitos se sigam regularmente de certa conduta, mas mediante aprendizagem, incorporará essa informação e corrigirá suas ações. Sem embargo, esta sensibilidade aos incentivos e à nova informação não é igual para todos os sujeitos.

Reconhece-se geralmente que a possibilidade de obter informação depende da reiteração das condutas e da capacidade de captar os novos dados. Não é intenção abordar acabadamente este ponto aqui. Não obstante, parece razoável conjecturar que em certas atividades intencionalmente organizadas e orientadas à obtenção de benefícios econômicos (que se podem denominar genericamente *empresariais*), esta possibilidade é, em geral, mais importante que em outras.

Assim, por exemplo, os danos que se seguem do emprego de um produto elaborado, costumam ser matéria de investigação mais acessível para as empresas que os produzem, que para os consumidores que os utilizam. As empresas produzem muitas unidades de um mesmo produto, recebem reclames de muitos consumidores, e investigam com os melhores meios ao seu alcance. Os consumidores, em câmbio, em muitos casos adquirem um produto desse tipo umas poucas vezes ao longo de sua vida, ignoram as estatísticas de riscos e seguramente não investigarão cientificamente essas regularidades. A experiência de uns, às vezes não se comunica fácil nem exatamente a outros. Nestes casos, logo, se os consumidores são considerados causadores com um dano relacionado com o emprego de produtos, dificilmente esta determinação jurídica se traduza em uma conduta perfeitamente consequente. Se ao contrário, as empresas são consideradas causadores, provavelmente seu comportamento mostre maior elasticidade a esse tipo de determinação. Não se trata unicamente, como assinala algum autor, de tomar em conta a informação que *possui* cada sujeito, senão de *avaliar a possibilidade de obter essa informação e o custo desse processo*.

Com estas premissas, se se busca que a determinação causal gere incentivos para reduzir custos sociais, muitas vezes será preferível efetuá-la de modo que incentive à parte mais sensível a reagir a esses incentivos ao longo prazo, compreendendo a possibilidade de corrigir sua conduta ao agregar – de modo eficiente – nova informação. Esta diretiva pode generalizar-se, e bem pode empregar-se para justificar, por exemplo, a atribuição dos chamados *riscos do* desenvolvimento[56] às empresas, antes que aos consumidores. Ainda que *para ambas as partes seja insuficiente a informação disponível* como para prevenir *ex ante* a probabilidade do resultado danoso, uma delas (a empresa) tem possibilidades *de produzir* (obter) essa informação a um custo diferencial. Excluí-la da causalidade por tais riscos importa carregá-los à vítima, a quem – paradoxalmente –, como advertia Calabresi, *lhes resultam ainda mais imprevisíveis*, porque não conta com a informação nem com uma possibilidade assimilável de possuí-la.

---

56. Costuma falar-se de *riscos do desenvolvimento* em casos nos quais o dano deveria julgar-se provável segundo o estado do conhecimento vigente à época do julgamento, mas não segundo o que se sabia ao momento de realização da ação ou atividade que se suspeita causante. Na variante de Rumelin, sobre a base epistêmica a tomar em quanta aos efeitos da Teoria da Causa Adequada, os deveria considerar causados por dita atividade ou fato.

No concernente aos danos pessoais, também parece razoável analisar a situação sobre a base da conclusão padrão que entende que, frequentemente, os mesmos são subcompensados. Sem indagar suas causas, se pode sustentar que ao menos em muitos casos, as vítimas que sofrem danos pessoais não mudarão, *ex ante* de sofrê-los, seu estado psicofísico anterior ao fato, por sua condição posterior ao mesmo, mais a indenização percebida. Logo, com independência dos problemas de informação, esta circunstância mostra outro lado a considerar: nos casos de danos pessoas, não parece razoável pensar que a vitima vá incrementar suas precauções se a considera causador (e deve arcar somente com seus prejuízos). Esta circunstância se assemelha ao problema de informação quanto à inelasticidade da conduta de uma parte, frente a possibilidades de atribuição causal diferentes. Diferencia-se, em câmbio, em que se daria ainda com informação perfeita por parte da vítima.

Outro aspecto interessante é uma especial assimetria da vítima a respeito de terceiros. Aos fins jurídicos muitos danos são considerados causados pela natureza. De incêndios subsequentes a tormentas elétricas, inundações, até enfermidades. A respeito dos mesmos, a vítima arca integralmente com o prejuízo. Sem embargo, frequentemente, há alguém mais que poderia haver contribuído a minimizar esses danos. Logo, essa tendência *in fieri*, antes advertida, orientada a atribuir causalidade jurídica a certas pessoas por acontecimentos que antes se consideravam consequências de fatos naturais, pode ser consistente com esta observação geral.

Quanto aos problemas de descrição ou marco, provavelmente sejam dos mais graves a este respeito. Segundo a descrição que façamos de um antecedente e um consequente, não só variará sua probabilidade, mas também a qualidade de condição *necessária*, *suficiente* etc., do fato antecedente a respeito do consequente. Shavell, por exemplo, adverte claramente o problema, ainda que a solução que sugere é questionável.[57]

Ainda que o tema mereça um tratamento próprio que excede o alcance destes parágrafos, é possível sugerir que – provavelmente – a estratégia mais adequada a este respeito é uma que há sido empregada frequentemente para muitos fins, e que não é estranha ao Direito. No campo jurídico é habitual criar categorias de relações ou de sujeitos, baseadas em certas propriedades que se têm por relevantes. Se pensássemos, por exemplo, que a razão pela qual os legisladores (humanos, não metafísicos) desenharam o regulamento laboral ou a de proteção dos consumidores é a presunção de uma certa posição diferencial entre as partes da relação, não se pode crer que pensaram que tal assimetria se daria em *todos* os casos de relações entre trabalhadores e empregadores, ou em *todas* as relações entre consumidores e provedores.

---

57. SHAVELL, S. *Economic Analysis...* cit., 1987, p. 110 e suas remessas.

Se, por exemplo, se pensasse em uma informação diferencial dos provedores acerca dos produtos que comercializam, provavelmente haja algum caso no qual um consumidor especializado conheça mais desse artigo que o próprio provedor. O problema é que caso se tente julgar sobre a base dessa última propriedade (informação diferencial) e não sobre a base de uma qualidade mais facilmente perceptível (consumidor ou provedor), o custo social de verificar se em cada caso existe aquela propriedade, seria exorbitante. Em câmbio, se se decide encerrar o debate, considerando "desinformados" a todos os consumidores, provavelmente se alcançará o objetivo perseguido na enorme maioria dos casos, ainda que existam certas "fugas" em alguns assuntos particulares. Logo, poderia considerar-se preferível afrontar essas exceções, que discutir em cada juízo, esse aspecto substancial do assunto.

Esse modo de proceder pode considerar-se uma estratégia imperfeita, mas possível também nesses casos. Provavelmente, julgar em base a um conjunto bastante delimitado de descrições típicas (que captem melhor essa possibilidade de reduzir custos sociais, de modo "grosso"), seja menos custoso que estudar em cada caso individual todas as relações relevantes para essa função e decidir sobre essa base.

De ser assim, por exemplo, talvez seria mais favorável a minimização de custos a posição de Wright *na classe de casos da que participa* "Weeks v. McNulty", que a de Landes-Posner. Isto será assim, ainda quando assista razão a estes últimos quanto ao melhor modo de alcançar a solução eficiente, no caso individual em questão. Talvez, nessa classe de casos seria melhor uma descrição que incentivasse ao hoteleiros a construir saídas de emergência, porque essa diretiva pode ser facilmente compreendida por seus destinatários e modificar sua conduta, em um horizonte previsível para os agentes e os julgadores.

Os mesmos princípios reportam uma boa razão para a crescente inclusão critérios de alcance particular, de presunções ou de determinações especiais de causalidade, em setores dignos de enquadre especial, e aptos para ser subtraídos a uma discussão minuciosa, incerta e – muitas vezes – socialmente dispendiosa.

Contrariamente à posição tradicional de *Law & Economics* sobre o ponto, é possível superar os obstáculos formais que pareciam decretar a ineficiência da atribuição de responsabilidade sobre a base da contribuição causal de vários participantes de um fato danoso.

Superar esse gênero de obstáculos, não significa que, em todos os casos do mundo real, esse tipo de atribuição conduza à minimização de custos sociais, senão que esta possibilidade integra o conjunto de instrumentos disponíveis para dita finalidade, sem nenhum veto que a desqualifique em uma instancia logicamente precedente.

Capítulo VIII
JUROS NA INDENIZAÇÃO POR DANOS EXTRACONTRATUAIS E EM SITUAÇÕES NEGOCIAIS*

1. **As questões relacionadas aos juros na investigação jurídica e o direito prático**

O pagamento da indenização por danos normalmente acontece num momento distante do que ocorreu o dano. Mais precisamente, entre o momento que o dano ocorre e a sentença que determina a indenização, é comum que transcorra um tempo considerável e, desde então, até o tempo em que se efetua o pagamento, que transcorra outro lapso, às vezes também prolongado. Os juros são o remédio típico para cobrir estas situações.

A enorme produção de estudos e jurisprudência sobre os juros das obrigações em pecúnia, gerada ao longo de muitos séculos, parecem ser suficientes para desalentar qualquer tentativa de nova análise das bases desse problema. A história – facilmente perceptível – consolidou um bom número de ideias, conceitos e hábitos que estão integrados à cultura dos juristas. Ao percorrer os textos, por exemplo, se observam algumas estratégias tradicionais para enfrentar as principais questões implicadas. Geralmente se aceita que o termo "juros" – referente às obrigações patrimoniais – denota um conceito de limites bastante amplos, mas suficientemente definidos. Pode-se encontrar também uma característica maneira de decidir quais situações, que rendam juros, são merecedoras de uma consequência normativa, e para quais são preferíveis uma regulamentação diferente.

Neste sentido, frequentemente se observa que a matéria se divide em algumas áreas, de cujos domínios se espera que *rejam* e *devam reger* soluções jurídicas idênticas. É habitual, por exemplo, falar em taxa máxima – juridicamente admissível

---

* O conteúdo deste capítulo está baseado no trabalho Intereses en las Obligaciones de Dinero. Un ensayo sobre clases jurídicas y criterios instrumentales para abordar la cuestión, capítulo do livro *Ensayos Jurídicos*. In: María del Carmen Valdés (compiladora). Xalapa, México, Universidad Veracruzana, enero de 2007, p. 9-35, en coautoría con Pamela Tolosa y Matías Irigoyen Testa.

– para certa espécie de juros (no caso, para servir de teto aos juros compensatórios pactuados nos contratos) ou de uma taxa única, à qual deverão liquidar-se os juros devidos em situações não contratuais (emblematicamente, juros vinculados a indenizações por danos extracontratuais). De alguma maneira implícita, parece subjazer a convicção de que esse proceder constitui uma decisão natural, que cumpre a diretriz de "tratar do mesmo modo o que é igual" (ou ao menos análogo) ou – mais especificamente – de regulamentar do mesmo modo conjuntos de situações individuais que integram "naturalmente" uma mesma *espécie* de situações (a *espécie de casos em que se pactuam juros compensatórios*, a *espécie de casos em que se liquidam juros moratórios judiciais* etc.).[1]

Nesse marco, o propósito deste trabalho é analisar a justificação deste proceder e algumas implicações que resultam de assumi-lo ou de adotar uma estratégia diferente.

2. Espécies de situações em que aparecem questões vinculadas aos juros

Na praxe social se emprega o termo *juros* em diferentes situações. É dito que alguém é obrigado a pagar *juros*, por exemplo, quando se compromete a devolver uma quantia maior à percebida por um empréstimo de dinheiro. Recorre-se ao mesmo termo para designar as somas de dinheiro que adicionadas às indenizações por danos extracontratuais, ainda quando, evidentemente, não houve intenção – e tampouco possibilidade material – de pactuar nada a esse respeito. Em outras situações, ainda que se pactuem *juros* para a devolução oportuna de um empréstimo monetário, também são chamadas *juros* as somas agregadas em caso de mora. Denominam-se como *juros*, ainda, as quantias de valores que – como sanção e somadas aos juros moratórios e compensatórios, no mesmo caso – são impostas à parte que protela um processo judicial ou que atua de maneira imprópria no mesmo.

---

1. Ao que se refere especificamente ao controle judicial da taxa de juros pactuada, RIVERA J. C. Ejercicio del Control de la Tasa de Interés. *Suplemento Especial de la Revista Jurídica Argentina La Ley. Intereses*, Jul. 2004, p. 226 y ss., afirma: "(...) En fin, muchos tribunales carecen de toda capacidad de diferenciación entre las distintas situaciones que se presentan en los casos que les toca juzgar (...)". A conjectura que motiva estes parágrafos difere – talvez sutilmente – dessa apreciação. Meu ponto de partida consiste no posicionamento de que, para muitos juristas (muitos deles, inclusive, juízes) as espécies de situações de juros que se deve diferenciar *vêm dadas por alguma necessidade externa e objetiva, e que provavelmente tal convicção (geralmente implícita) é produto do mero costume e reiteração de categorias tradicionais*, mais do que qualquer esforço de análise ou outra espécie de fundamentos. Minha intenção nestas linhas é, em primeiro lugar, discutir essa hipótese (se existem categorias externas e fixas de situações de juros que devam ser respeitadas e regidas pelas mesmas regras, por algum tipo de necessidade). Após, se se toma partido pela negativa a esta primeira questão, sugerir quais critérios podem ser adotados para agrupar algumas das situações implicadas em categorias preferíveis.

A literatura jurídica sustenta que alguns termos compostos designam subespécies de uma mais geral (a denominada de "juros", sem adjetivações). Com algumas variações, então, fala-se de "juros *compensatórios*" para designar os que se pactuam para a devolução de um empréstimo ou para operações assimiláveis; "juros *moratórios*", para os que provêm da mora etc.

Neste contexto, mostra-se interessante – e importante – definir quais são as implicações ao sustentar essas noções, termos e estratégias, com relação às possibilidades de regulamentação das situações individuais implicadas, que são moeda corrente na visão tradicional do Direito. Ou seja: reconhecer a unidade conceitual de algumas situações sociais das quais provêm juros ou uma *espécie* de juros (por exemplo, *a espécie dos juros moratórios*). Implica, forçadamente – por algum tipo de necessidade – que se deva atribuir as mesmas consequências jurídicas a todos os casos individuais em que se discutam *questões de interesses moratórios*? Deve reger, por exemplo, uma mesma taxa de juros moratórios que seja aplicável a todas as situações individuais dessa *espécie*?

Para muitos juristas a resposta afirmativa pode resultar natural. Tratando-se de *uma mesma espécie de situações*, parece mais razoável escolher *as mesmas soluções jurídicas*. Presumindo-se essa convicção sobre sua assimilação, pode se pensar que também exercerá influência no que tange a própria aplicação do Direito. No entanto, geralmente se dá um passo a mais, e pensa-se que se o Direito vigente regulamenta de alguma maneira *algumas* dessas situações incluídas em uma espécie, poderia se considerar plausível a extensão dessas mesmas consequências a *todas* as situações restantes *da mesma classe*, por meio da analogia ou aplicação extensiva. Logo, o problema em questão tem implicações tanto prescritivas (referentes *a quais deveriam ser as soluções jurídicas* que regem esses casos), quanto positivas (referentes à *aplicação de um ordenamento jurídico vigente*).

Essa situação inicial sobre a conveniência de tratar *as situações incluídas em uma mesma espécie de uma mesma maneira* pode, no entanto, ser desafiada com facilidade. Quando se pensa em certos casos paradigmáticos, não parece tão claro que seja razoável tratá-los de maneira idêntica. Se uma grande companhia multinacional se obriga a pagar uma taxa compensatória anual de 100% a outra de iguais características, e – em um caso individual independente – um consumidor se compromete a pagar uma taxa da mesma magnitude a uma companhia similar às anteriores, não se percebe com clareza que em ambos os casos seja razoável adotar uma mesma decisão, incondicionalmente. Ainda, ao se decidir regulamentar ambos os casos de maneira uniforme, não fica claro que essa solução resulte *naturalmente* apenas pelo fato de ambos pertencerem a uma mesma espécie conceitual de situações.

Na fase positiva, também se pode encontrar casos que semeiam a dúvida sobre essa afirmação inicial que questionei. Dada a ausência de uma norma expressa, não é evidentemente correto estender analogamente a vigência de uma norma particular para abarcar todos os casos incluídos dentro de *sua mesma* espécie. Se existe, em um ordenamento positivo, uma norma que descreva uma taxa de juros a determinados contratos comerciais típicos, não é lógico que seu alcance deva se estender, por exemplo, a *todas* as obrigações comerciais – por entender-se que se trata de obrigações da mesma *espécie*.[2] Provavelmente existem boas razões para pensar-se que esse modo extensivo de aplicar tal regra não é o melhor possível.

A AED também pode fazer parte desse assunto. Para estudar este problema, consequentemente, mostra-se conveniente analisar dois aspectos aproximadamente relacionados. Em primeiro lugar, discutir a "naturalidade" dessas *espécies* de situações que frequentemente se denominam *classes naturais* de situações nos discursos jurídicos. Depois, estudar quais fatores se mostram relevantes para a regulamentação de situações individuais diversas.

3. O Direito e as "classes naturais"

Quando se tenta definir se um conjunto de fatos ou objetos individuais é da mesma *classe* ou – em outras palavras – são integrantes ou não de uma mesma *espécie de fatos ou de objetos*, as estratégias para responder a questão podem tomar caminhos diferentes. Para alguns, a resposta ficaria de fora da decisão de quem enfrenta a questão. A indagação a ser feita seria do tipo daquelas que conduzem à *descoberta* de um fato, tal como acontece quando tentamos averiguar se caíram muitas maçãs de uma árvore ou somente uma. Neste mesmo sentido se poderia *descobrir* aqui, se existe uma classe de "questões sobre juros" (ou uma mais restringida, por exemplo, de "questões sobre juros moratórios") ou não. Entretanto, a própria existência da espécie não estaria nas mãos do investigador, nem puramente em sua mente.

Uma estratégia diferente, por outro lado, consiste em entender que se trata de uma *decisão* entre *possibilidades de organização ou sistematização* desses mesmos

---

2. Assim o fazem alguns tribunais argentinos, por exemplo, ao aplicar o art. 565 do Código de Comércio Argentino (que regulamenta os juros de empréstimos comerciais) a todas as situações nas quais se reclamam créditos provenientes de obrigações comerciais. Essa posição é sustentada por, v.g., la Cámara Civil y Comercial de Bahía Blanca (Argentina), Sala I, in re *Piñero Hipólito c/ Banco del Sud S.A. s/ Cobro de Pesos* del 28.03.1995, expte. 92973/1995. No mesmo sentido, as decisões proferidas em expte. 86.465 del 08.10.1991; expte. 87897 del 21.04.1993. No direito mexicano, a mesma discussão pode ser apresentada, por exemplo, em torno da aplicabilidade extensiva de uma norma destinada a reger um contrato especial (mútuo com juros), como a contida no art. 2.396 do *Código Civil para o Distrito Federal em Matéria Comum e para toda a República em Matéria Federal*: "Si se ha convenido un interés más alto que el legal, el deudor, después de seis meses contados desde que se celebró el contrato, puede reembolsar el capital, cualquiera que sea el plazo fijado para ello, dando aviso al acreedor con dos meses de anticipación y pagando los intereses vencidos".

fatos (ou melhor, *das afirmações que se fazem sobre determinados fatos*) e que as distintas possibilidades de sistematização não são verdadeiras nem falsas, senão mais ou menos convenientes para certos propósitos operativos. Caso se aceite essa perspectiva, a questão em relação a se certos *casos individuais de juros* integram uma mesma espécie ou pertencem a *várias* classes diferentes de situações, se passa a uma indagação menos "natural", menos exógena à reflexão jurídica ou econômica, e mais reativa ao método e objetivos do estudo.

A questão apresentada pode ser vinculada ao debate sobre a existência ou possibilidade das "classes naturais", tema que tem ocupado a discussão filosófica com diferente intensidade em épocas sucessivas. O tratamento detalhado da questão excede o propósito destes parágrafos – e, certamente, minhas capacidades. No entanto, é possível fazer um esboço, ao menos, de certos traços úteis para o desenvolvimento que proponho.

A posição que sustenta a *existência real* das classes foi a preponderante desde o essencialismo platônico. O próprio termo "classe" provem de *eidos*, termo pelo qual Platão designa suas ideias, única realidade autêntica, das quais os objetos individuais derivavam como aparência ou sombras.

Sem consentir com esse modelo de mundo ideal, desde Aristóteles, uma corrente de pensamento considera que as classes naturais possuem *essências reais* e entende estas últimas como estruturas causais existentes nas coisas, das quais podem derivar propriedades observáveis, ainda que por caminhos desconhecidos pelos observadores.

Na Filosofia da Idade Média se intensificou o debate pelo que se referia à *disputa sobre os universais*. Para caracterizar de alguma maneira (certamente rudimentar) as posições enfrentadas, poder-se-ia qualificar de *nominalistas* a quem sustenta que nada é geral, salvo os nomes. Ao *universal, ou ideal universal* ("água", "homem", "vegetal" etc.), não corresponde outra realidade senão a dos indivíduos aos quais é aplicada a ideia de que "homem" não tem maior realidade do que a dos indivíduos a que chamamos "homens" e a materialidade da emissão fonética pela qual se pronuncia essa palavra (*nomen*). Os universais não são, portanto, coisas, mas sim palavras (vozes ou nomes).

Em contraste, se costuma chamar de *realistas* (a estes efeitos), a seus contraditores: os que afirmam que as essências das espécies têm *alguma maneira de ser na realidade das coisas*. Além dessas generalidades, as variantes compreendidas em cada uma dessas linhas, no entanto, são notavelmente diversas e numerosas.[3]

---

3. Entre os filósofos da escola do *realismo* existem desde as posições mais radicais (como a de Boecio e Guillermo de Champeaux) até algumas bem menos drásticas (como a de Pedro Abelardo), e o mesmo ocorre com seus rivais. Desde então, é difícil encontrar um filósofo importante da época que – de alguma maneira – se abstenha de tomar partido

Nos séculos XIX e XX, a polêmica recobrou um específico interesse e não se limitou às áreas mais abstratas, mas projetou suas implicações a áreas bem variadas. Desde os novos desenvolvimentos da biologia, até a política, a ética e a teoria do direito[4] receberam repercussões das diversas posições que abordam o problema. Na primeira década do século XX, Charles S. Pierce se volta progressivamente a um realismo definido e renovado.[5] Na década de 1970, Putnam[6] e Kripke chegam separadamente a conclusões que se inscrevem em "outro" novo realismo. Um realismo sobre as classes naturais fundado, certamente, sobre bases bastante distintas do essencialismo platônico[7] e mais próximo às que fundamentam as ideias de

---

neste tipo de questão. As consequências de adotar uma ou outra posição não se limitaram, naquela parte da história, unicamente ao prestígio acadêmico do autor.

4. A título de exemplo, colacionam-se as posições realistas de Putnam e Kripke para contribuir no fundamento das posições antibortistas. Sobre o assunto, NUBIOLA, J. Filosofía desde la Teoría Causal de la Referencia. *Anuario Filosófico*, XXIV/1, p. 153-163, 1991. Disponível em: [www.unav.es/users/FilosofiaTeoriaReferencia.html].

5. PEIRCE, C. S. *Minute Logic*, 1902, – conforme tradução castelhana (parcial) da primeira seção, capítulo segundo: "Una Clasificación Detallada de las Ciencias", de VEVIA, F. C. 1997. Disponível em: [www.unav.es/gep/OnScienceAnd NaturalClasses.html] –, indica: "(...) (es) una metafísica superficial y propia de eruditos a la violeta, la metafísica que declara que una 'clase real', en el sentido que esos escritores dan al término, es una cosa imposible. Al mismo tiempo, me es imposible ver alguna necesidad en la ciencia positiva de considerar clases metafísicamente reales. Según mi opinión, el asunto de la clasificación no tiene que ver con ellas, sólo con las clases verdaderas y naturales, en otro sentido puramente experimental. Por ejemplo, si yo intentara clasificar las artes, cosa que no haré, tendría que reconocer como una de ellas el arte de la iluminación, y tendría ocasión de observar que las lámparas forman una clase, natural, real, verdadera, porque cada lámpara ha sido hecha y ha llegado al ser como resultado de un propósito común y peculiar a todas las lámparas. Una clase, por supuesto, es el total de objetos cualesquiera que puede haber en el universo y que responden a una determinada descripción. ¿Qué sucederá si tratamos de tomar el término 'clase real' o 'natural' para indicar una clase en la que todos los miembros deban su existencia como miembros de la clase a una causa final? Es algo vago, pero es mejor permitir a un término como éste que quede vago, hasta que veamos nuestro camino hacia una precisión racional (...)".

6. PUTNAM, H. The Meaning of "Meaning. *Language, Mind and Knowledge*. University Studies in the Philosophy of Science VII. Minneapolis: University of Minnesota Press, 1975, versión castellana: El Significado de "Significado". *Cuadernos de Crítica*, n. 28. México: Unam, 1974, trad. Jorge Flematti Alcalde. Asimismo, seu trabajo *Philosophical Papers, Vol. II: Mind, Language and Reality*. Cambridge University Press, 1975, versión castellana del capítulo 1: El Lenguaje y la Filosofía. *Cuadernos de Crítica*, n. 34. México: Unam, 1984, trad. Martha Gorostiza.

7. A terminologia empregada para designar estas posições, assim como, por exemplo, as que adotam Wittgenstein ou Quine, apresenta problemas e debates específicos. Por essa circunstância e pelo limitado propósito deste trabalho, nos absteremos de maiores precisões. Sobre o assunto, DEFEZ I MARTÍN, A. Realismo Esencialista y Nominalismo

Pierce, ainda que com significativas diferenças. Seus desenvolvimentos encadeiam um conjunto de ideias – algumas de grande complexidade – que alcançaram uma grande difusão na filosofia da linguagem e outros saberes próximos. Para Putnam os significados em geral e os significados dos termos que designam classes naturais específicas, não estão meramente *na mente* de quem os emprega. A extensão dos termos – na opinião de Putnam – não está definida por quem fala (que não "decide" qual a extensão[8] dos termos que emprega, que talvez tampouco conheça completamente seu alcance), mas sim que é uma construção sociolinguística. De acordo com a postulada *divisão do trabalho linguístico*, em cada comunidade aceitamos que certos indivíduos definam a extensão de, pelo menos, alguns termos.[9]

Kripke, por sua vez, enfatiza especialmente a ideia de *designadores rígidos*.[10] Podemos conceber um mundo – logicamente possível –, aonde existam tigres sem

---

Irrealista. Acerca de la Objetividad del Conocimiento del Mundo. *Pensamiento*, vol. 54, n. 210, p. 417-442. Madrid: Universidad Pontificia de Comillas, 1998.

8. Na filosofia da linguagem classicamente se fala de *intensidade e extensão* dos termos. Faz-se referência à "extensão" de um *termo* para indicar o conjunto de objetos que se refere o termo. A "intensidade", em contrapartida, indica os atributos ou propriedades que caracterizam os objetos. Se nos referirmos ao termo da espécie "água", a intensidade deveria ser um determinado conjunto de propriedades, e sua extensão deveria abranger todas as moléculas compostas por dois átomos de hidrogênio e um de oxigênio.

9. Por isso consentimos que os cientistas indiquem, por exemplo, que "água" é um termo que deve ser aplicado a todos os casos de líquidos predominantemente formados por moléculas de hidrogênio e oxigênio (H_2O), e se um líquido aparentemente idêntico à água, mas resultando não ser constituído quimicamente por H_2O, diríamos que não é "água", ainda que inicialmente tivéssemos afirmado o oposto segundo nossa limitada capacidade de análise e percepção individual. E isso será assim, além de nossos propósitos operacionais.

10. Mais precisamente, Kripke chama de "rígido" um designador (em uma dada oração) se (naquela oração) se refere a um mesmo indivíduo em todos os mundos possíveis nos quais o designador designa. Putnam entende que essa ideia está proximamente relacionada com sua noção de "indexicalidade" ("indexicality"). Existem termos obviamente indexicáveis ("eu", "aqui", "agora", "isto" etc.), que se caracterizam por extensões diferentes em idioletos diferentes: se uma pessoa diz "eu" e outra diz "eu", obviamente esse termo designa pessoas diferentes. No entanto, para Putnam a indexicalidade se estende a termos que não são tão obviamente indexicáveis. No seu entender, os termos de espécie, como "água", tem um componente indexicável inadvertido: "água" é a substância que cumpre determinada relação de similitude com a água de nosso entorno. A água de outro tempo ou outro lugar, para ser "água" deve cumprir essa relação de mesmice com "aquela" água. Se houvesse um mundo no qual se chamasse "água" a uma substância de composição química distinta, alguns poderiam afirmar que a palavra "água" tem o mesmo significado, mas com extensão diferente (como ocorre com a palavra "eu"). Para Putnam, é preferível entender que a diferença em extensão é *ipso facto* uma diferença em significado. Se fosse assim o termo "água"

listras e assim, portanto, o termo "animal listrado" não será, em sua linguagem, um *designador rígido* do objeto "tigre". Mas algumas expressões como, por exemplo, os nomes próprios designarão ao mesmo objeto em todos os mundos possíveis.[11] Esta ideia, no entanto, pode ser estendida além dos nomes próprios, e os mesmos termos que designam espécies naturais apresentam um componente deste tipo.[12]

Neste ponto surge uma questão importante. Se consentirmos com a possibilidade de algum modo de realismo sobre as classes naturais, se aceitarmos que é possível que certas classes sejam algo mais que seu nome e ainda que existam além de toda intenção do sujeito que as menciona, que tipo de *respeito* se deve prestar a essas *classes naturais* para fins do direito? Em relação à limitada área destes parágrafos: se nos convencessem, por exemplo, de que as questões de juros moratórios comerciais integram uma *classes natural* de questões empíricas, isso definiria a decisão jurídica de tratar *todos* os casos individuais implicados do mesmo modo?

---

nesse mundo hipotético, e "água" em nosso mundo, teria dois significados diferentes e poderiam ser tratadas como duas palavras distintas.

11. Pode-se conceber um mundo no qual se chame "Napoleão Bonaparte" a uma pessoa que não seja "nosso" Napoleão Bonaparte, o de nosso mundo. De fato, muitas pessoas, neste mundo, podem chamar-se dessa maneira, mas se enfrentamos uma delas não teríamos dúvidas em dizer que se trata de "outro" Napoleão Bonaparte. Se não fosse um nome próprio, diríamos que a mesma palavra é usada em dois sentidos diferentes, como quando usamos uma mesma palavra, v.g.: "mora", para designar tanto determinados retardos no cumprimento das obrigações, como no feminino de "mouro" (*N.T. Do original espanhol* "mora"). Mas aqui se trata de *uma mesma palavra usada em um mesmo sentido*. Em consequência, se em outro mundo existe "nosso" Napoleão Bonaparte, entenderemos que esse sujeito "é" Napoleão Bonaparte, ainda que seja chamado, nesse mundo, de outra maneira. Se assim fosse, diríamos que "Napoleão Bonaparte" é, a esse respeito, um *designador rígido*.

12. Em sua *teoria causal do significado*, a referência dos designadores rígidos estaria fixada pelos segmentos de realidade que nomeiam, e o uso exitoso desses designadores rígidos depende da existência de cadeias causais que, a partir de um batismo inicial de algum desses segmentos da realidade (conjunto de fatos), transmitiriam histórica e socialmente seu uso e referência. Este uso referencial, com o tempo, chegaria a nós e às mãos dos cientistas; e estes chegariam a uma determinação mais precisa – talvez definitiva – da essência das entidades referidas inicialmente através do emprego de um designador rígido e ordinário. Putnam concorda com essa possibilidade. Sustenta, em sua defesa, que certas relações podem estabelecer-se ainda entre elementos pertencentes a mundos distintos. Assim, a relação de "mesmice" (de "ser o mesmo") se pode estabelecer entre a "água" de nosso mundo e a água que possa existir em outro, entendida como o líquido que apresente a mesma microestrutura (a composição química H_2O). E isto é assim, ainda quando *nesse outro mundo* se denomine "água" a um líquido com outra composição química, e não se chame "água" ao nosso líquido tão familiar formado por moléculas de H_2O. Se as ideias são compartilhadas, logo, não se poderia afirmar que *não exista nada real em certas espécies* nem que as espécies naturais mesmas *sejam uma pura criação* mais ou menos consistente com os fins operacionais de quem as invoque.

Deveria reger uma mesma taxa para todos os casos, ou deveria admitir-se *sempre* a pactuada, ou impor-se algum teto geral, idêntico, à decisão das partes em quaisquer casos individuais?

Provavelmente, o emprego explícito da pergunta leva ao total descarte a resposta afirmativa. Certamente, nem a Platão, nem a Putnam, nem a Kripke, lhes seria equivalente beber um copo de água fria ou um de água quente, pela simples circunstância de que os líquidos contidos integrem, ambos, uma mesma *classes natural*. Se por um lado, pode-se falar racionalmente de algumas *classes naturais*, não se descarta a ideia de que se possa construir outras espécies "artificiais". Se isto é assim, logo, não existe porque pensar que a todos os fins possíveis sejam preferíveis as primeiras às segundas.[13]

Em relação especificamente ao Direito, a questão conceitual (e linguística) anteriormente mencionada, não define a questão referida sobre o sistema normativo. Não a define, claramente, de maneira prescritiva. Esta conclusão parece ser tão verdadeira quanto trivial. Entretanto, pode-se estendê-la: também não define a questão positiva. Se uma norma regulamenta um caso, não há razões conclusivas e definitivas para afirmar que a mesma solução deve ser aplicada em outro caso somente por ambos integrarem uma mesma *classe* de casos. Ainda se coincidíssemos em que é possível falar de "classes naturais"[14] nesta área, e que os poucos casos referidos integram uma mesma classe natural (por exemplo, pelas razões linguísticas de Putnam e Kripke), aos efeitos jurídicos, essa circunstância pode ter escassa relevância. Fundamentar essa afirmação requereria um desenvolvimento mais amplo, mas as razões que a sustenta parecem bem intuitivas. Em primeiro lugar, não há motivos para pensar, de maneira conclusiva, que o sistema jurídico positivo, por cujo marco tenta-se julgar um caso individual, respeite essa corres-

---

13. Em certos setores da linguagem cotidiana pode-se notar uma moda que equipara o "natural" ao "bom". É frequente ouvir quem diz que algo que se aconselha a servir como alimento ou medicação é natural, para justificá-lo. No entanto, não requer muito pensar para preferir qualquer medicamento ou comida rápida padrão, (ambos notoriamente artificiais) do que uma colherada de petróleo ou do que algum fungo venenoso (ambos naturais). Isto ocorre, às vezes, com outros qualificativos ("milenar" – aplicado a uma superstição ou receita curativa, para justificá-la; "original" – a certas manifestações artísticas etc.). No Direito, é racional evitar essa espécie de transposição de significados e promiscuidade de justificações.
14. A réplica mais evidente, talvez, é que "água", "tigre", "ouro" etc., seriam "classes naturais", mas "juros comerciais", "juros moratórios" etc. seriam "classes culturais", "artificiais" ou algo similar. No entanto, talvez seja possível estender as argumentações do novo realismo também a estes casos. Se fosse assim, se poderia sustentar que os juristas e/ou economistas seriam quem teria assinalada a tarefa linguística de definir estes termos. A argumentação que proponho não aceita esta afirmação (nem a rejeita), mas tenta raciociná-la hipoteticamente, *como se fosse aceitável*.

pondência entre classes naturais e a atribuição de consequências jurídicas. Precisamente, os casos que poderiam parecer, *prima facie*, mais facilmente integrados a uma classes *natural*, não sofrem sempre as mesmas consequências nos sistemas positivos, mas admitem distinções internas. Pensemos na espécie de casos nos quais uma pessoa mata a outra: a alguns desses casos individuais se atribui uma pena, mas não a outros. Poderia replicar-se a assertiva, então, no sentido de que a *classe natural* que integra o caso de interesse, não está constituída por todos os casos em que uma pessoa mata a outra, senão por aqueles em que, por exemplo, "um maior de idade, sem emoção violenta, (nem outras condições a, b, e c) mata outro". Mas, existe algum motivo para entender que *esta última* espécie é uma *classe natural* e que não o é a primeira? Certamente, não algum de natureza conceitual, da maneira que Putnam e Kripke o esgrimem. Entender que esta, e não outra, seja a espécie natural implicada parece ser uma solução *a posteriori*. Se a espécie está delimitada – de alguma maneira – por um sistema jurídico positivo, poderia afirmar-se que é uma espécie *nesse sistema*, mas isso não indica que seja "natural", menos ainda no sentido de "necessária", entendida como eterna e invariável. Provavelmente, a única defesa possível da necessidade ou imutabilidade desta espécie, implicaria na sustentação das teses principais do jusnaturalismo, e sem sua defesa exitosa não seria possível triunfar nesse tipo de justificação.

Tratando-se, no entanto, de encontrar classes, não *naturais*, mas *positivas* (definidas – de alguma maneira – pelas regras de um sistema positivo) a questão varia. Em primeiro lugar, este tipo de espécie não é fixo, pode variar com as mudanças do sistema. Logo, as maneiras de definir estas espécies não são únicas, senão que múltiplas, dentro de um mesmo sistema.

O alcance deste capítulo, como sugerido, não se estende a discutir a existência ou possibilidade das classes naturais. Parte, pelo contrário, de uma conjetura: *que os juristas tradicionais frequentemente – ou pelo menos, muitas vezes – dão por certo que determinadas categorias jurídicas correspondem a classes de casos ou situações que são dadas, por alguma necessidade natural ou externa ao Direito positivo, que não se deve transgredir.* A feroz procura por "naturezas jurídicas" que normalmente ocupa os primeiros parágrafos de cada capítulo dos manuais de Direito, por vezes se inscreve nessa linha.[15] Minha suspeita se propaga no sentido de que esse prejuízo provavelmen-

---

15. Assinala NINO, C. S. *Introducción al Análisis Filosófico del Derecho*. 2. ed., 7. reimpr. Buenos Aires: Astrea, 1995. p. 321 y ss., que os juristas dogmáticos (qualidade atribuída à generalidade ou enorme maioria dos civilistas, penalistas etc.), normalmente processam uma implícita fé jusnaturalista que os leva a empregar boa parte de seu tempo procurando por *naturezas jurídicas* das instituições, como se existisse um conceito de "contrato" ou de "delito" transcendente e verdadeiro, além de suas manifestações contingentes. Defende, no entanto, que quando explicam a lei o fazem de uma maneira declaradamente positivista e assumem que suas exposições se apegam estritamente ao Direito vigente, que se pode

te funde, já no tema dos juros, uma tendência a adscrever as mesmas consequências jurídicas a determinados conjuntos de situações considerados "naturalmente" integrados a uma mesma espécie, baseado no mero costume. Segundo a perspectiva que proponho, descartando-se essa maneira restritiva de pensar e admitindo-se, em compensação, *a possibilidade de agrupar com diferentes critérios casos que tradicionalmente são tratados de maneira uniforme, podem ser obtidas soluções preferíveis.*

A seguir, por consequência, me ocuparei somente de alguns casos ou situações de juros e das possíveis maneiras de agrupá-los e tratá-los aos efeitos jurídicos. O estudo tentará identificar critérios para agrupar tais situações que permitam uma atribuição de consequências jurídicas preferível. Assim, a argumentação a seguir, evita tomar partido na discussão sobre a possibilidade da existência de espécies naturais, e assume, simplesmente, um grupo de fracas teses a respeito. Uma delas é que *ainda que se possa falar de classes naturais, a partir o ponto de vista conceitual e/ou linguístico, essa circunstância não força, de maneira geral, a dar a todos os componentes individuais destas espécies o mesmo tratamento a todos os fins operativos, nem de maneira particular, aos fins jurídicos*. Logo, os componentes individuais de uma classe natural podem, aos fins jurídicos, serem reagrupados em outras espécies (ainda que estas entendidas como *classes artificiais*) e esse agrupamento pode ser preferível para os objetivos que interessam à nossa disciplina. Finalmente, esses casos individuais que regem um sistema jurídico podem ser agrupados de mais de uma maneira, podendo ser classificados em classes de casos ou situações que serão mais ou menos adequadas para cumprir com os objetivos que estimemos valiosos em perseguir.

A decisão de tratar as questões de juros com os aspectos particulares de *outras espécies de situações* típicas, mais gerais, não é estranho à doutrina tradicional da matéria. No entanto, frequentemente não são extraídas dessa ideia básica todas as consequências possíveis. Talvez, um resquício em relação a algumas supostas instituições "naturais", marca (para alguns juristas) o limite de sua análise e da regulamentação da matéria, procurarei transgredi-lo.

4. Situações em que existem taxas convencionadas

É possível começar com alguns casos facilmente ilustrativos. Assim, se a questão a ser decidida é o limite juridicamente admissível para os *juros compensa-*

---

escrever de um modo unívoco. Para desviar dessa contradição sustentam, implicitamente, a hipótese de um legislador *racional, imperecível, onisciente, justo, coerente, compreensivo e preciso*, que ditou normas impecáveis em sua estrutura lógica, e ajustadas a essas naturezas jurídicas transcendentes. Sua crítica imputa de maneira fundamental que estes e outros procedimentos levam os juristas a impor seus valores, mas de uma maneira sub-reptícia e solapada, enquanto não deixam explícitas suas valorações subjetivas, nem dão motivos para mostrar porque seriam preferíveis a outras.

tórios convencionais, o pacto de juros pode ser analisado simplesmente como um *dispositivo que contribui em determinar* – parcialmente – *a prestação contratual*. Os juros integram a prestação e por isso o pacto de juros compensatórios constitui uma maneira de convencionar uma parte do débito contratual. Logo, o caso pode se enquadrar dentro desse grupo de situações e ser regido pelas mesmas normas que as regulam.

Outras questões de juros, no entanto, podem ser tratadas de maneira mais adequada se consideradas integradas a outros tipos de situações. No caso dos *juros derivados de mora no cumprimento das obrigações*,[16] por exemplo, é possível entender que sua imposição é um remédio diante do *descumprimento* contratual (em termos mais próximos ao direito anglo-saxão) ou a *determinar a indenização devida por esse descumprimento* (nas palavras da Civil Law). Como tais, podem ser descritas como *um componente do dano ressarcível* em favor do credor desta indenização.[17]

Começarei pelo primeiro grupo de situações. A partir do direito romano primitivo, existem limites ao pacto de juros[18] que se acentuaram com a escolástica e que foram difundidos na generalidade dos códigos europeus.[19] O problema da limitação aos juros pactuados é normalmente relacionado a considerações morais que anexam algum *quid desvalioso* particular à cobrança de juros[20] e, por isso, lhes é imputado um desfavor particular e um conseguinte controle especial.

---

16. Em relação aos juros no caso de danos extracontratuais e sua denominação, PIZARRO, D. Los Intereses en la Responsabilidad Extracontractual. In: RIVERA, J. C. (dir.). *Suplemento Especial de la Revista Jurídica Argentina La Ley. Intereses*, p. 75 y ss., Jul. 2004.
17. Estas afirmações, expostas em termos mais ou menos similares, são geralmente compartilhadas por abundantes doutrinas. Nesse sentido, BARBERO, A. *Intereses Monetarios*. Buenos Aires: Astrea, 2000. p. 19, afirma que o juro compensatório faz parte do *cumprimento*, enquanto o moratório faz parte do *descumprimento*. No entanto, nem sempre se extraem todas as consequências de tais premissas. Neste sentido tento discorrer na continuação.
18. A possibilidade de pactuar juros parece estar mais ou menos restringida segundo os distintos sistemas positivos. No extremo da restrição, nos sistemas atuais, se conta, por exemplo, o art. 242 do Código Civil de Cuba, que dispõe: "(…) 1. Es ilícito pactar intereses en relación con las obligaciones monetarias o de otra clase. 2. La anterior prohibición no rige respecto a las obligaciones provenientes de operaciones con entidades de crédito o de comercio exterior (…)".
19. Na nota ao art. 621 do Código Civil argentino, seu autor assinala "(…) La materia de intereses convencionales se encuentra tratada extensamente en muchos escritores de crédito, que se podrían citar en apoyo del artículo. Regularmente los códigos de Europa son contrarios a la libertad de las convenciones sobre intereses de los capitales (…)". No Código Civil argentino vigente a regra é a possibilidade de pactuar juros livremente (art. 621 e 622, para os moratórios).
20. Assinala Barbero que as "relações morais de sociabilidade" são as que determinam que se considere prejudicial o empréstimo a juros e não se opine o mesmo dos juros de uma

Nos sistemas jurídicos nacionais que não contam com uma norma geral expressa a respeito, mas que – segundo se entende – admitem a possibilidade de reduzir judicialmente as taxas pactuadas, discute-se qual é a via jurídica correspondente para essa finalidade. A jurisprudência utiliza para esse propósito algumas ou várias ferramentas gerais previstas pelo ordenamento. São estas:[21]

a) O vício da lesão.[22]

b) O objeto ilícito do pacto.[23]

---

obrigação diferida. Estas *relações morais de sociabilidade* implicam, segundo o mesmo autor, sentimentos elevados e, também, prejuízos sem fundamento. As considerações sobre os juros estariam localizados, no seu entender, neste último grupo. Fonte: BARBERO, A. E. *Intereses...* cit., 2000, p. 9.

21. A numeração segue o caso argentino, enquanto constitui um sistema típico daqueles nos quais os juristas entendem que é possível reduzir as taxas pactuadas, ainda que não haja uma única norma que se ocupe de modo geral e expresso desse problema. Em consequência, todas as referências das próximas notas de rodapé são a sentenças de tribunais argentinos e a seus códigos. De acordo com sua estrutura institucional, os Códigos Civil e de Comércio têm vigência em todo o território do país.

22. Em relação à lesão, dispõe o art. 954 do Código Civil argentino: "(...) podrá demandarse la nulidad o la modificación de los actos jurídicos cuando una de las partes explotando la necesidad, ligereza o inexperiencia de la otra, obtuviera por medio de ellos una ventaja patrimonial evidentemente desproporcionada y sin justificación. Se presume, salvo prueba en contrario, que existe tal explotación en caso de notable desproporción de las prestaciones. Los cálculos deberán hacerse según valores al tiempo del acto y la desproporción deberá subsistir en el momento de la demanda. Sólo el lesionado o sus herederos podrán ejercer la acción cuya prescripción se operará a los cinco años de otorgado el acto. El accionante tiene opción para demandar la nulidad o un reajuste equitativo del convenio, pero la primera de estas acciones se transformará en acción de reajuste si éste fuere ofrecido por el demandado al contestar la demanda (...)". Tem-se sustentado também que a lesão que – segundo muitos autores – se aplica aos juros excessivos, não é a lesão do art. 954 do Código Civil argentino, mas sim algo parecido à lesão enorme do direito romano clássico. Esta opinião doutrinária se fundamenta pelo fato do artigo mencionado prever duas ações: "nulidade" e "recomposição"; e se escolhida a nulidade devolvem-se as prestações. Mas no caso dos juros, optou-se por misturar as duas opções: se entende que se trata de uma nulidade com o efeito da recomposição, e às vezes aplicável de ofício. BARBERO, A, E. *Intereses...* cit., 2000, p. 161.

23. Dispõe o art. 953 do Código Civil argentino: "El objeto de los actos jurídicos deben ser cosas que estén en el comercio, o que por un motivo especial no se hubiese prohibido que sean objeto de algún acto jurídico, o hechos que no sean imposibles, ilícitos, contrarios a las buenas costumbres o prohibidos por las leyes, o que se opongan a la libertad de las acciones o de la conciencia, o que perjudiquen los derechos de un tercero. Los actos jurídicos que no sean conformes a esta disposición, son nulos como si no tuviesen objeto". Esta norma e o art. 1.071 – sobre o qual me referirei em nota posterior – costumam ser colacionados tanto quando se fala de "objeto ilícito", quanto de "bons costumes", de "ordem pública" ou de "moral". Em referência ao objeto ilícito

c) A contradição com os bons costumes.[24]

d) A lesão da ordem pública.[25]

e) A contradição com a moral.[26]

f) O abuso de direito.[27]

g) O enriquecimento sem causa.[28]

h) A má-fé contratual.[29]

i) A equidade.[30]

j) A redução de cláusula penal (em casos de juros moratórios).[31]

---

do pacto, por exemplo, in re Talaines SA s/ Incidente de revisión en autos Molinari, Julio Víctor s/ Concurso resolutorio. Cámara Civil 2.ª, Sala III de La Plata, 18.06.1992 y Río Branco S.A. c/ Fleyta, Oscar Antonio s/ Rescisión de contrato-Cobro ordinario. Cámara Civil de San Nicolás, 12.12.1991, (Argentina).

24. Sentença: Ortiz, Beatriz L. s/inc. de rev. por Morrone Automotores. Cámara Nacional Comercial (Argentina), Sala A, 31.05.2000, *La Ley*, 2000-E, p. 418 y *Doctrina Judicial*, 2000-3, p. 1175; Atuel Fideicomisos S.A. c/ Levy, Ricardo. Cámara Nacional Comercial (Argentina), Sala A, 22.12.1999, *Doctrina Judicial*, 2000-3, p. 695. En el mismo sentido, Banco Argencoop Coop. Ltdo. c/ Curin, Naldo R. y outra. Cámara Civil y Comercial de Resistencia (Argentina), Sala III, 10.04.1997, *La Ley (Litoral)*, 1998-1, p. 210.

25. Banco de la Prov. de Córdoba c/Lorio, Pablo R. Cámara Civil y Comercial 8.ª de Córdoba (Argentina), *La Ley (Córdoba)*, 1998-859; Meincke, Laura M. c/ Zimerman, Ada B. y Hillmann, Norberto c/Blanzquez, Héctor. Cámara Nacional Civil (Argentina), Sala G, 03.09.1997, *La Ley*, 1988-D, 928.

26. Banco Bisel S.A. c/Textil Tibieza S.A. Cámara Civil y Comercial de Rosario (Argentina), Sala III, 08.07.1999, *La Ley Litoral*, 2000, p. 785; Lloyds Bank c/Vidal, Alejandro. Cámara 1.ª Civil y Comercial de Mar del Plata (Argentina), Sala II, 06.06.2000, *La Ley Buenos Aires*, 2000, p. 1249.

27. O art. 1.071 do Código Civil argentino dispõe: "El ejercicio regular de un derecho propio o el cumplimiento de una obligación legal no puede constituir como ilícito ningún acto. La ley no ampara el ejercicio abusivo de los derechos. Se considerará tal al que contraríe los fines que aquélla tuvo en mira al reconocerlos o al que exceda los límites impuestos por la buena fe, la moral y las buenas costumbres (...)". Vid, Parrella R. c/ Diorio J. s/ Ejecución hipotecaria. Suprema Corte de la Provincia de Buenos Aires, 28.06.1990.

28. Milanesio, Mario R. c/Indurain, Valentín T. Cámara Civil y Comercial de Santa Fe (Argentina), Sala I, 03.08.1999, *La Ley Litoral*, 2000, p. 515.

29. Inmobiliaria Integral S.A. c/ Palomo, Roberto y otros/ Cobro de alquileres. Suprema Corte de la Provincia de Buenos Aires (Argentina), 19.12.1989.

30. Provincia de Córdoba c/Ceven S.R.L. Cámara Civil y Comercial 6.ª de Córdoba (Argentina), 10.05.1999, *La Ley Córdoba*, 2000, p. 57.

31. O art. 656 do Código Civil argentino dispõe que: "(...) Para pedir la pena (refere-se à contida na cláusula penal pactada pelas partes em caso de descomprometo de pelo menos una delas), el acreedor no está obligado a probar que ha sufrido perjuicios, ni el deudor podrá eximirse de satisfacerla, probando que el acreedor no ha sufrido perjuicio alguno.

k) A combinação ou adição de vários institutos.[32]

Além da via que fundamenta a redução, sua aplicação costuma circunscrever-se – unicamente e de maneira abstrata – ao montante de juros ou à sua taxa. Essa maneira de proceder determina que se possam ver reduções judiciais dos juros pactuados diariamente, mas muito poucas vezes, reduções *de preços* nos contratos. Esse resultado pode se mostrar paradoxal, na medida que o mesmo efeito de uma taxa de juros pode ser introduzido, por exemplo, através de um preço. Produz efeito econômico idêntico comprometer-se a pagar $ 10 por um bem, em um pagamento diferido em um mês de prazo mais juros mensais de 10%, que pagar $ 11 sem juros, no mesmo prazo. Mas, expostas ambas possibilidades diante dos tribunais, parece bem mais provável que os juízes venham a intervir na redução da taxa explícita de 10% mensal, do que moderar o preço – diferido e sem juros – de $ 11.[33] O que chama a atenção aqui é que, para as partes, o impacto econômico de ambos os contratos é idêntico. Logo, se houvesse algo *substancialmente injusto*, o mesmo tipo de razões daria fundamento ao Juiz para intervir (ou não) em ambos os casos, tanto naquele em que se pactuaram juros quanto no outro, que não incidiram juros explícitos

---

Los jueces podrán, sin embargo, reducir las penas cuando su monto desproporcionado con la gravedad de la falta que sancionan, habida cuenta del valor de las prestaciones y demás circunstancias del caso, configuren un abusivo aprovechamiento de la situación del deudor". Invocou-se esta regra, por exemplo, em Ciumento, Carmelo Pascual y ot. c/ Salardino, Jose Luis y ot. s/ Cumplimiento de contrato. Suprema Corte de la Provincia de Buenos Aires (Argentina), 21.03.1991.

32. Cita-se, por exemplo, em conjunto os arts. 656, 2.ª parte, 953, 1071, 1137, 1167 y cc., Código Civil nas decisões proferidas pela Suprema Corte de la Provincia de Buenos Aires (Argentina), Bisceglia, Carlos c/ Seijas, Alfredo O. s/ Cobro de alquileres, del 11.12.90 y Cepeda, Eduardo E. c/ Dapino, Roberto Luis s/ Pago por consignación, del 16.07.1991. Consequentemente, tem-se em consideração os arts. 21, 953, 1071, 1198 e cc. do Código Civil, por exemplo, nas decisões: Fanlo, Félix c/ Lopreiato, Isabel. Cámara Nacional Civil (Argentina), Sala G, 19.03.98, La Ley, 1998- F, p. 854; Banco de Galicia y Buenos Aires c/ Vázquez, Pedro. Cámara Nacional Civil (Argentina), Sala G, 03.09.1997, La Ley, 1998-D, p. 928. Qualquer uma das vias é considerada apropriada enquanto presentes os requisitos próprios da instituição. A combinação ou adição de institutos, evidentemente, não resultam sempre possíveis, pelo fato de que os pressupostos ou efeitos destes são contraditórios.

33. Com fins didáticos, recorda o Prof. DEL CUETO, R. *Derecho del Sistema Financiero*. México, 2003. Disponível em: [http://derecho.itam.mx/facultad/temarios/materiales/materiales%20tc/DEL%20CUETO/financiero/APUNTES%20FINANCIERO%20ENEMAY03.pdf]. "(…) los italianos usaban la 'letra de cambio' como medio para evadir la prohibición (de prestar con intereses). Prestaban en una moneda y cobraban en otra plaza o feria en una moneda distinta, pero con un diferencial en el tipo de cambio, equivalente a los intereses (…)". O mesmo tipo de procedimento indireto é muito evidente para qualquer comerciante ou homem de negócios. No entanto, essa relação de equivalência subjacente, não costuma fazer parte da composição mental de muitos juristas na hora de aconselhar normas que rejam esse tipo de questões.

de nenhum tipo. Logo, se houvesse razões substanciais de justiça para intervir em um, as mesmas se repetiriam no outro.

Uma abordagem diferente indicaria o oposto, que uma taxa de elevada magnitude pudesse ser considerada particularmente elevada (segundo qualquer tipo de considerações) poderia ainda ser perfeitamente admissível e irreversível. Do mesmo modo em que não existem fundamentos gerais para determinar que o preço pactuado deva ser reduzido por ser "caro", ou um prazo por ser "comprido", o mesmo ocorrerá com a taxa de juros.

Minha sugestão aqui é que a magnitude de uma taxa de juros nunca será uma razão *autônoma* para intervir judicialmente no contrato. Também não o é do ponto de vista positivo, na falta de uma norma que a autorize expressamente, e que não é conveniente que o seja, do ponto de vista prescritivo (ou seja, que não é conveniente desenhar um sistema que assim a preveja ou a interprete deste modo um sistema vigente).

Pelo contrario, a intervenção judicial deveria incidir no mérito de outro tipo de razões. O primeiro aspecto a ser considerado, nestes casos, é *a validade da estipulação* dessa cláusula de juros, que deveria estar submetida às mesmas considerações gerais do direito contratual. Obviamente, em certas circunstâncias, a magnitude da taxa será um sinal a se ter em conta ao julgar a validade do pacto que a impõe (um elemento que, junto com outros, permita inferir a existência, por exemplo, de algum vicio de vontade), mas nunca um motivo autônomo. Mas, nada é dito de modo geral, sequer nesse sentido. Por exemplo, no hipotético caso de se julgar um pacto de juros incluído em um contrato entre duas grandes companhias, em circunstâncias ordinárias, não se entende porque a magnitude da taxa pactuada deva influenciar na validade do pacto que está inserida. Não indica, em outras palavras, além de uma intenção negocial fundamentada em informação privada das partes (melhor do que a que possuímos certamente) e de modo algum deve ser inferido primariamente um sinal de dolo, violência etc.

Em outros casos, no entanto, esta magnitude poderia disparar a presunção de que certos requisitos de validade estavam ausentes.[34] Em certos casos, ainda, se deve estudar com atenção quando uma taxa de juros é ou não significativamente elevada. Este tipo de problema de magnitude requer uma comparação, do mesmo modo que se faz para saber se uma pessoa é "alta" ou não, se deverá comparar sua altura com

---

34. Estas considerações poderiam integrar-se à interpretação de normas com o art. 2.395 do Código Civil Federal mexicano, que dispõe: "El interés legal es el nueve por ciento anual. El interés convencional es el que fijen los contratantes, y puede ser mayor o menor que el interés legal; pero cuando el interés sea tan desproporcionado que haga fundadamente creer que se ha abusado del apuro pecuniario, de la inexperiencia o de la ignorancia del deudor, a petición de este el juez, teniendo en cuenta las especiales circunstancias del caso, podrá reducir equitativamente el interés hasta el tipo legal".

a média do contexto social. O problema, em relação à taxa de juros, é que muitos operadores jurídicos e juristas carecem de habilidades e conhecimentos para compreender completamente as variáveis em um jogo e suas correlações. É frequente, por exemplo, indicar o uso judicial de determinadas taxas bancárias (muitas vezes, de bancos oficiais), calculadas pelas entidades para serem empregadas segundo determinado modo de capitalização, mas sem essa capitalização, o que determina que o resultado de sua aplicação seja equivalente a uma taxa muito diferente.[35] Nestes casos, não se pode divorciar a taxa empregada de seu sistema de capitalização, visto que se este varia, a taxa equivalente será distinta. No entanto, existe jurisprudência no sentido de que é razoável pensar em *montante da taxa* e *sistema de capitalização* como aspectos independentes. Problemas de outras ordens a este respeito são correntemente inadvertidos em boa parte da análise jurídica tradicional.[36]

Em relação à validade das cláusulas negociais, ainda que tenha começado equiparando o efeito de um preço explícito (sem juros) a outro (com juros), uma observação mais refinada poderia encontrar argumentos para tratar de maneira diferente, ambas as situações. Na doutrina existem estudos que tentam estudar a justificação econômica das usuais regras de limitação de juros. Foi mencionado que explicar a inconveniência econômica dessas limitações é simples; o interessante é encontrar uma justificação a uma regra tal, que pela sua – ao menos aparente – inconveniência, tem-se reproduzido por milênios. Essa persistência – se argumenta – poderia revelar, ao menos, algum componente socialmente valioso em tais restrições.[37]

Sobre bases desse tipo, a busca das razões pelas quais são tão populares as restrições ao pacto de juros, transcorre desde explicações causais vinculadas a circunstâncias históricas particulares, a outras explicações econômicas mais gerais. Dentro destas últimas, por exemplo, se propôs que o empréstimo a juros constituiu uma espécie rudimentar de seguro social e que as leis que proibiam a usura cumpriram diferentes funções através de diferentes momentos históricos e contextos.[38]

Além das razões que tenham justificado em épocas históricas passadas este tipo de restrições, é possível indagar por que, na atualidade, ter-se-ia que distinguir

---

35. Com respeito a este tipo de problemas na aplicação de taxas judiciais, pode-se ver uma interessante demonstração de BIONDO, G. Intereses. Capitalización y Anatocismo. *XXIII Jornadas de Profesores Universitarios de Matemática Financiera*. Buenos Aires, octubre de 2002, referida à –pouco feliz– experiência argentina na matéria.
36. Efetua uma enumeração de alguns fatores a se ter em conta para julgar a magnitude relativa de taxas de juros, RIVERA, J. C. Ejercicio del Control… cit., 2004.
37. GLAESER, E.; SCHEINKMAN, J. Neither a Borrower nor a Lender Be: An Economic Analysis of Interest Restrictions and Usury Laws. *Journal of Law and Economics*, vol. 41, n. 1, p. 1-36, Apr. 1998.
38. Idem.

a estipulação dos juros da estipulação de um preço ou um prazo. Minha sugestão é que as razões para intervir nos pactos de juros não guardam relação com nada intrínseco ao rendimento dos juros, senão que essa possibilidade se habilitará unicamente quando se verifique repercussões de um problema mais geral. Nesse sentido, é muito frequente que os mecanismos relacionados com as taxas de juros e sua capitalização não transmitam uma informação adequada às partes num contrato. Frequentemente, a inclusão de cláusulas de juros distorce as percepções dos contratantes: a fixação de juros é normalmente um mecanismo "opaco" em relação à informação que realmente transmite.[39] Mas, não se trata de uma necessidade teórica, mas meramente de uma possibilidade empírica, verificada em certas condições. Assim, se ocorresse esse tipo de discordância entre as preferências reais de um contratante e o que reflete o texto dos instrumentos contratuais, em termos juridicamente relevantes, surge um fundamento econômico e axiológico atendível em favor da intervenção do juiz no contrato. Os juros e seu montante também não deveriam ser considerados, aqui, *a razão* para intervir, senão que essa seria (chegando à conclusão de que existe) a advertência de uma causa de ineficácia contratual. A inclusão de cláusulas de juros pode ser *um ingrediente* ou um instrumento que leve à ineficácia jurídica de um contrato, como a água pode desempenhar um papel importante na morte de uma pessoa. Mas nem a água é incondicionalmente assassina (ainda que em grande quantidade), nem os juros um dispositivo depreciável (ainda que elevados).

Concluindo em poucas palavras: não parecem existir razões para intervir judicialmente nos pactos de juros baseando-se em considerações autônomas à questão dos juros. Tampouco parecem razoáveis as estratégias que subordinam a intervenção unicamente à magnitude dos juros pactuados. Pelo contrário, é preferível julgar a questão dos juros como somente uma espécie de aspectos mais gerais, como o são – neste campo – as condições gerais de validade das convenções jurídicas.

5. A taxa de juros não pactuada

Fora dos pressupostos anteriores, corresponde analisar os casos nos quais não existe um pacto que reja o rendimento dos juros. Distinguirei, aqui, os seguintes grupos de situações:

---

39. Para um consumidor médio, certamente é mais facilmente perceptível a realidade econômica de seu compromisso, se o preço expressado que deve pagar é de $ 110 (a ser pago em uma data determinada) que, por exemplo, se indicado que é de $ 10 mais uma taxa que, adicionada ao capital, resulte na mesma proporção ($ 110) em igual prazo e faça referência, por exemplo, ao sistema francês. Na última possibilidade deste exemplo, dadas certas condições – não muito incomuns (modalidades de capitalização expressadas de maneira sofisticada, referências a taxas variáveis incrementadas etc.) – provavelmente o devedor perceba estar pagando menos do que o que realmente se compromete.

a) Situações negociais:

Convênios que incluam pactos de juros sem especificação de taxa.

Convênios com pacto de juros e estipulação de uma taxa moratória, mas não da compensatória.

b) Situações não negociais que determinem o rendimento dos juros:

Casos nos quais correspondam o reembolso do valor dos gastos, antecipações de fundos ou investimentos.

Casos de indenizações por danos extracontratuais.

De acordo com a perspectiva proposta, nos casos em que o omitido em um convênio é a magnitude da taxa compensatória (mas não há dúvida sobre a existência do pacto referente ao rendimento dos juros) parece razoável tratar o ponto como *uma particularidade concernente à determinação da prestação*, visto que a entrega dos montantes correspondentes a juros é parte da prestação devida. Esta, por sua vez, é uma subespécie das situações denominadas de *integração contratual*.

No entanto, nos casos em que o ausente é o convênio sobre a taxa de juros moratórios (seja que tenha ocorrido convenção prévia, inclusive uma que incluísse um pacto de juros compensatórios, ou não), a questão implicada *concerne à determinação da indenização por danos por descumprimento contratual*.[40]

Analisarei separadamente cada um dos casos.

Pacto sobre juros compensatórios com omissão de taxa

Como insinuei anteriormente, esta espécie de situação pode ser vista como um caso particular de integração do contrato, ao qual podem ser empregadas as estratégias e regras próprias desse procedimento geral no direito contratual. Os contratos reais são invariavelmente *incompletos* e é razoável que o sejam. É evidente que considerar o efeito de todas as circunstâncias futuras de qualquer transação – detalhando uma por uma dessas circunstâncias – é impossível, e também o é prever todas as contingências possíveis. Mas, ainda mais: considerar mais de um reduzido grupo delas, ainda que seja possível, é exorbitantemente custoso. Por isso, a integração do contrato normalmente não é uma possibilidade estranha e é possível esboçar algumas regras ao respeito.

Nesta matéria, particularmente, a determinação a se efetuar é meramente quantitativa. Pela simples aplicação das regras gerais de integração, podem-se

---

40. Os casos nos quais corresponde o *reembolso de gastos, antecipações ou investimentos*, não pactuados, pareciam mais próximos ao segundo grupo, ou seja, aos casos em que a questão implicada concerne à determinação da indenização de danos. O Projeto Argentino de 1998 os considera desta forma, segundo o surgimento do art. 1.629. Por questões de extensão, não me ocuparei, aqui, desse tema.

obter algumas bases sólidas para a determinação da taxa compensatória omitida. Se as partes não previram nada especial sobre o ponto, e não há norma legal específica que preencha esse buraco, é sensato supor que deixaram implícito em sua representação que a taxa de juros aplicável seria a geral para *a categoria das operações reais* que se esteja lidando,[41] visto que uma previsão especial, distinta do usual, mereceria sua enunciação expressa. A omissão sugere a sujeição ao que *habitualmente* ocorre em situações similares.

Pode-se pensar, também – ainda mais, tratando-se da integração de uma relação de direito tipicamente patrimonial – que não é um objetivo desdenhável que o procedimento de integração conflua com objetivos de eficiência na designação de recursos em uma sociedade, e essa é normalmente a perspectiva normativa usual da AED.[42] No caso, parece possível proceder do modo descrito, sem que existam, além disso, objetivos gerais de justiça (ao menos, evidentes) que se contraponham a essa finalidade.

A apelação ordinária aos "usos", contida em muitas normas legais, tende a possibilitar que o julgador realize uma categorização razoavelmente fina, que inclua a operação feita dentro do segmento relevante para estes fins. Se estas operações análogas (nesse sentido) preveem uma certa taxa, pode-se concluir que essa taxa

---

41. Como está integrada tal categoria? Seria possível estabelecer certas conjecturas sobre como decidir qual *espécie* de operação se concertou em cada caso concreto. Essa apelação à "intenção típica" baseada na "função econômica social" do negócio como regra de interpretação (similar ao "hypothetical bargain" da doutrina norte-americana) é informada pelos inc. 1, 3 e 6 do art. 219 do Código de Comércio argentino. Pressupõe, igualmente, noções bem definidas de realidade dos sujeitos implicados, e problemas que excedem o alcance destes parágrafos. No entanto, sempre é possível encontrar uma espécie mais reduzida dentro de uma espécie maior. Por exemplo, quando um agricultor vende seu cereal. Entende estar vendendo, por exemplo, trigo, ou cereal (genérico) ou estar realizando uma "venda", em geral? A média da taxa de juros para pagamentos diferidos pode variar circunstancialmente entre as operações de cada uma dessas espécies de diferente extensão ("vendas de trigo", "vendas de cereal" e "vendas em geral"). A partir o ponto de vista conceitual, a operação individual integra cada uma das três espécies. Qual escolher? Se a guia (ou uma delas) é respeitar *o que haviam entendido as partes ao respeito*, provavelmente haveria fundamentos para decidir – segundo diferentes condições empíricas – que pensaram em uma destas espécies, e não em outra. Estes problemas se inscrevem nos problemas gerais de "marco" que se referem que um mesmo caso individual pode ser pensado ou descrito de modos diferentes ("marcos") e cada modo determina, às vezes, rotas de ação distintas. Sobre isso, notavelmente, versam KAHNEMAN, D.; TVERSKY, A. (eds.). *Choices, Values and Frames*. Cambridge University Press, 2000, e boa parte da obra de destes autores.
42. Um dos objetivos da teoria econômica do direito dos contratos é, precisamente, prover normas suplementares e procedimentos de integração eficientes. Sobre isso, COOTER, R.; ULEN, T. *Law & Economics* cit., 1997, p. 181 y ss.

é (além da que as partes tem em mente) a do mercado para essa operação. Logo, a aplicação dessa taxa, dadas certas condições conhecidas ao respeito, será eficiente para o gênero de transições que se está tratando.

Determinação de taxa moratória na ausência de pacto: o caso da indenização por danos extracontratuais

Sustentei anteriormente que este tipo de problema pode ser tratado como um caso particular[43] de *indenização por danos*.[44] Aqui, os juros tendem a *compensar a perda de bem-estar* originada pelo passar do tempo entre a produção do dano e a percepção da indenização (idealmente equivalente ao dano). Consequentemente, resultariam aplicáveis ao caso, as regras concernentes à extensão das consequências reparáveis e à quantificação dos prejuízos. Como sugeri anteriormente, existem dois tipos de intervalos temporais a serem considerados. O primeiro é aquele que vai desde o momento que ocorre o dano e o tempo em que se profere a sentença. O segundo, entre o momento que se profere a sentença e o momento que se percebe efetivamente a indenização.

Algumas diretrizes jurídicas tendem a lidar com o problema que aparece no primeiro destes prazos. É usual em alguns sistemas que a indenização deva ser determinada em valores correspondentes à época mais próxima possível à sentença e não a valores do tempo em que se produziu o dano. Contudo, ainda nestes casos, existe um lapso considerável entre a data em que estes montantes estão determinados (poderíamos assumir que o ponto mais próximo poderia ser a sentença de primeira instância) e a data da sentença definitiva transitada em julgado (que poderia ser a de uma instância bem ulterior e a vários anos após aquela). Esse intervalo é comumente coberto por juros, do mesmo modo que o tempo desde a sentença definitiva transitada em julgado até o efetivo pagamento.

A necessidade de impor juros, quando se observa a situação do ponto de vista da AED, é muito fácil de perceber. Se o causador do dano devesse pagar uma quantia nominal, seria equivalente ao que ocorreria se enfrentasse uma indenização incompleta: seus incentivos de prevenção seriam inferiores aos ótimos e isso incrementaria inapropriadamente o custo social. Mais ainda: o mesmo ocorreria se a taxa de juros não incluísse (além do custo "puro" do dinheiro) o efeito inflacionário.[45]

---

43. A taxa moratória não convencionada aplicável às obrigações contratuais pode ser tratada da mesma maneira. No entanto, existem certas complicações para tratar unificadamente os danos contratuais e extracontratuais, pelo que – e em busca de simplicidade – me referirei unicamente a estes últimos.
44. ACCIARRI, H.; GAROUPA, N. On the Judicial Interest Rate: Towards a Law and Economics Theory. *Journal of European Tort Law*, 3.1, 2013.
45. SHAVELL, S. *Economic Analysis*...cit., 1987, p. 141 y 157.

O problema prático sobre o assunto é que, longe de existir um "custo do dinheiro" objetivo, o mesmo difere enormemente para agentes diferentes e para diferentes tipos de operações nos mercados reais. Ou seja, não há uma taxa de juros única que reflita este custo para todos os sujeitos e para todos os casos. Para decidir qual taxa deve ser aplicada a este tipo de processo (nos que, por definição, não há pacto a respeito) os sistemas jurídicos positivos normalmente vão desde um extremo em que se deixa livre à ponderação judicial a taxa de juros aplicável em cada caso, até outro pelo qual se impõe um taxa legal para todos. Sistemas como o argentino, ainda que com certas exceções, se aproximam mais à primeira possibilidade. Contudo, os tribunais são resistentes em julgar o assunto concretamente e preferem decidir pela aplicação geral de uma mesma taxa a grandes grupos de casos. A decisão oscila entre a taxa que pagam os bancos oficiais (chamada "taxa passiva", por ser passiva a posição do banco, que é devedor nestas operações) e a que cobram ("taxa ativa"). A diferença entre ambas é obviamente o "spread" financeiro, muito relevante pelas ineficiências financeiras de alguns sistemas bancários.

O interessante é que a opção entre ambas as possibilidades (aplicar a taxa passiva ou ativa) é decidida, às vezes, pela base de espécies cuja observância leva a resultados inadequados. Neste sentido, alguns dos tribunais mais importantes do país decidiram pela aplicabilidade geral da taxa passiva para as obrigações civis, dentre as quais se nota a indenização de danos e prejuízos.[46] E reservaram

---

46. Cámara Nacional Civil (Argentina), en pleno, Vázquez, Claudia Angélica c/ Bilbao, Walter y otros s/ daños y perjuicios. *La Ley*, 1993-E, p. 126; CHRISTELLO, M. Tasa activa o tasa pasiva, la eterna cuestión. *La Ley Buenos Aires*, 2003, p. 186; OTERO, M. ¿Agoniza el plenario 'Vázquez v. Bilbao'?. (2000). *Jurisprudencia Argentina*, 2002-IV, p. 1477. Esta doutrina se reafirmou mais recentemente durante a vigência do regime de Emergência Pública, disposto a partir da Lei 25.561, com uma nova falha plenária, *Alaniz, Ramona Evelia y otro c/ Transportes 123 SACI interno 200 s/ daños y perjuicios*. Disponível em: [www.lexisnexis.com]. Acesso em: 23.03.2004. Nesta falha plenária pensou-se, diante da nova situação de emergência econômica estabelecida pela Lei argentina 25.561, se seria oportuno continuar aplicando a taxa passiva, nos casos de ausência de convenção sobre a taxa de juros moratórios e de leis especiais (doutrina do plenário "Vázquez, Claudia Angélica c/ Bilbao, Walter y otros s/daños y perjuicios"). A maioria se inclinou pela resposta afirmativa, argumentando que não existiam motivos para mudar o critério, pois a taxa passiva refletia as variações no valor da moeda provocadas pela inflação e, "sob estes parâmetros, a taxa passiva cumpre sua função de reparar o dano padecido pelo credor pelo retardo do devedor no cumprimento da obrigação, pois procura compensar o que presumivelmente teria obtido se tivesse recebido o capital em tempo próprio, o lucro perdido, ao não poder aplicar esse capital em um investimento que gerasse a renda pertinente, que no caso dos particulares está constituída pela taxa nomeada". No entanto, a minoria se inclinou pela resposta negativa, argumentando, em termos gerais, que a taxa passiva não constituía uma reparação adequada do dano causado pelo descumprimento; pois, precisamente, o dano causado pelo descumprimento consiste (na generalidade dos casos) na necessidade do credor de acudir ao sistema financeiro

a taxa ativa para as obrigações comerciais.[47] Com esse temperamento, a Câmara Nacional Comercial sustentou que "o dano nos créditos pecuniários consiste na necessidade do credor em se abastecer do equivalente à prestação descumprida no circuito financeiro. Portanto, a aplicação da taxa passiva condenaria o credor a receber somente o fruto do que se tem, enquanto que aqui se trata de compensá-lo por aquilo que, pelo descumprimento do devedor, não tem, e há de alcançá-lo do modo explicado".

O fundamento exposto por essa Câmara Comercial parece razoável para um amplo gênero de obrigações. O que não fica claro (e certamente, não é imputável a esse tribunal) *é que o seja somente para obrigações de gênero comercial e não para obrigações civis* (mais ainda, quando esta distinção tende a ser amplamente superada em doutrina e projetos legislativos).

A discussão pode ser direcionada, em síntese, a debater se a qualidade de civis ou comerciais das obrigações implicadas tem alguma relevância, ou se, pelo contrário, deve-se ter em consideração *outras circunstâncias*. Aqui se observa claramente a utilidade da perspectiva da análise que venho propondo. Se entendermos que a determinação da taxa de juros moratórios não pactuada pode ser tratada, mais adequadamente, como um capítulo da *determinação dos danos causados*, é forçado implicar que as regras próprias dessa instituição, mais geral, serão aplicáveis.

Nessas condições, não é razoável adotar como única a taxa passiva. Nem ainda, como solução transacional, que privilegie a poupança de custos administrativos próprios da generalidade sobre a exatidão da consideração caso por caso (assumindo

---

para tomar um crédito, na falta da entrega do dinheiro pelo devedor. E, ao realizar esta operação, o credor deverá enfrentar o pagamento da taxa que cobram os bancos pelo empréstimo do dinheiro (taxa ativa).

47. *La Ley*, 1994-E, p. 412. O mesmo critério sustenta, por exemplo, a Câmara de Apelações do Civil e Comercial de Bahía Blanca (Argentina), que entende aplicável às obrigações civis (como taxa moratória judicial) a passiva e, no entanto, às comerciais, a ativa, por aplicação extensiva do disposto pelo art. 565 do Código de Comércio argentino para o mútuo ou empréstimo de dinheiro comercial ("Mediando estipulación de intereses, (...) se presume que las partes se han sujetado a los intereses que cobren los bancos públicos y sólo por el tiempo que transcurra después de la mora (...)"). Parecia, no entanto, que a aplicação extensiva do art. 565 do Código de Comércio poderia resultar um pouco forçada, já que o mesmo se refere unicamente aos casos de mútuos ou empréstimos de dinheiro nos quais "mediando estipulação" de juros não se pactuou a taxa. A Suprema Corte da Provincia de Buenos Aires (Argentina), por sua vez, faz interpretação estrita do artigo, como norma excepcional (por exemplo, no critério da maioria em, "Hueter, Juan Alfonso y otros c/ González, Roberto Omar. Ejecución Hipotecaria", del 14.03.2001. Ainda assim, em Banco de la Nación Argentina c/ Pilaftasidis, Carlos. Ejecución Hipotecaria, del 13.08.1991, Banco de Crédito Provincial c/Onofre Nilda E. y otros. Cobro Ejecutivo, del 23.12.1991 etc.).

o custo de tolerar certas injustiças em alguns casos particulares). Quando se decide que é preferível a generalidade, se exige, pelo menos, que a regra seja consistente com relação à maioria das situações que reger. No contexto social em que operavam essas sentenças, pelo contrário, parece possível supor que a maioria dos implicados pela justiça não dispunham de capacidade de poupança permanente. Sendo assim, mostra-se razoável sustentar que o que se deve indenizar, geralmente, *não é a indisponibilidade temporal de um excedente que se destinaria à poupança*, mas sim *a privação de uma porção da renda que se teria destinado ao consumo*. A privação dessa porção foi financiada com a obtenção de um empréstimo (explícito ou implícito). Isto pode ser considerado previsível, por exemplo, para a generalidade (estatística) das pessoas físicas.[48]

Para as empresas que não estiveram enquadradas dentro dessa categoria majoritária de agentes sem capacidade de poupança, a taxa de benefício dos valores perdidos que se tenta perceber pelo conceito de indenização (por exemplo, por destruição ou dano de um bem de capital), *será a gerada pela sua atividade*. Esta deve ser, presumidamente, maior que a taxa passiva – caso contrário, em longo prazo, deixariam de produzir para investir em depósitos bancários ou quebrariam.

O exposto ilustra que, quando se confere funções instrumentais às determinações de juros dentro de instituições jurídicas mais abrangentes, e se aplicam essas regras gerais em correlação com o contexto implicado, pode-se obter algumas conclusões satisfatórias. Concretamente, admitindo-se estas bases, pode-se pensar que a aplicação judicial da taxa passiva aos pressupostos em análise (de modo abstrato e uniforme) implica numa inconsistência estrutural. Essa forma de determinar juros não é consistente com nenhuma maneira razoável de qualificar a indenização pelas *consequências ressarcíveis* do descumprimento que se deve reparar. A aplicação da taxa ativa, no entanto, parece – ao menos geralmente – uma decisão *mais* ajustada.[49] Contudo, fica por definir-se se convém distinguir subcategorias, ou espécies mais específicas, em relação à posição da vítima-credora (baseada em sua rentabilidade e emprego presumível dos valores em questão) ou se, pelo contrário, é conveniente concluir o tema pelo nível de generalidade apontado.

---

48. Um leitor suspicaz poderia encontrar uma inconsistência entre esta explicação e as diretrizes habituais da AED na matéria. Aqui, fixo a mira na vítima, enquanto que os incentivos de prevenção (pelo menos nestas explicações simples) situam-se prioritariamente ao lado do causador do dano. No entanto, o custo diferencial do dinheiro para cada vítima opera de uma maneira similar à diferença de situações (por exemplo, diferença de renda) entre a espécie das vítimas. Essas diferenças resultam em uma distribuição de probabilidades que compõe um cálculo mais preciso do valor esperado das indenizações que serão enfrentadas pelos causadores do dano, e regem seus incentivos.
49. Esta solução foi votada por unanimidade no despacho da Comisión de Obligaciones das *XIX Jornadas Nacionales de Derecho Civil*, Rosario, Argentina, 2003.

Aponta-se aqui um típico problema de subcategorização, que já foi insinuado. Incrementar a quantidade de categorias (distinguindo categorias cada vez mais específicas, até chegar a tratar do problema caso por caso) incrementa os custos de determinação. Por outro lado, incluir todas as situações possíveis em uma só espécie gera, necessariamente, distorções em alguns ou muitos casos nos quais a solução geral se torne inadequada. Diante desse visível *trade-off*, a solução que melhor atenda o custo social parece claramente subordinada a considerações empíricas, próprias do contexto. Se estas considerações convergem a uma categorização ampla e tem-se em mãos somente estas duas possibilidades (taxa ativa e passiva), parece ser indubitavelmente mais adequada, para estes casos, a primeira do que a segunda. Contudo, não há porque considerar que esta opção seja a melhor possível, nem que outro parâmetro arbitrário (como, por exemplo, uma taxa legal de 9%, ou outras) resulte em uma solução conveniente, ou que atenda da melhor maneira possível o custo social.

6. Como conclusão

As ideias mínimas e as mais lapidadas diretrizes apontadas nos parágrafos anteriores se referem unicamente a alguns grupos de situações nas quais surjam problemas relacionados com os juros. Minha intenção geral, mais do que definir completamente as guias para resolvê-las do modo mais consistente com a designação de recursos em uma sociedade, é demonstrar a inconveniência de adscrever inadvertidamente a categorias supostamente "naturais", atemporais, gerais e fixas, acima de qualquer reflexão sobre as relações econômicas implicadas e o contexto social vigente. Descartar a submissão a esse tipo de categorias consuetudinárias possibilita uma aproximação diferente a um tema cuja reflexão, às vezes, parece cristalizada, seja por repetição de posições doutrinárias, seja pelo jogo de decisões legislativas que somente por serem antigas parecem razoáveis.

Os juros das obrigações de dinheiro, contudo, diferentemente de outras questões mais árduas (como podem ser a determinação do dano moral ou a abordagem das relações de causalidade), é uma matéria suscetível de uma aproximação econômica relativamente simples e intuitiva. E uma das chaves para sua consideração parece ser o caráter primariamente instrumental e relativo deste dispositivo. Não há um número mágico que faça uma taxa de juros *em si* muito elevada ou imoral. Não existe uma categoria de obrigações ou ramo do direito que deva associar-se a certa taxa até o fim dos tempos. Não implica em transgressão a princípio moral alguém tentar estudar estas questões com liberdade.

Esse tratamento modesto deixa muitas questões interessantes relacionadas aos juros fora do alcance deste capítulo. Ao menos, uma delas irá me ocupar mais adiante. No próximo capítulo, referente à fase processual do litígio por danos, tentarei demonstrar que os juros também têm uma incidência importante na área do processo.

Capítulo IX
O PROCESSO DE DANOS: A TAXA DE JUROS JUDICIAL E SUA INFLUÊNCIA NA DEMORA DO PROCESSO*

1. Introdução

Além das consequências substanciais concernentes ao Direito de Danos, o processo judicial que tende a determinar uma indenização (ou também, uma medida cautelar ou final de cessação de uma atividade danosa) implica custos sociais. Este custo tem um componente público derivado do funcionamento do sistema judicial e outro privado, integrado pelos gastos nos serviços profissionais, investimento de tempo e outros custos explícitos e implícitos atinentes às partes envolvidas.

A duração dos litígios é uma variável que influi nesses custos. Além do aumento nos custos explícitos – aqueles mais aparentes – a demora imprópria no processo pode provocar outros efeitos.

Tem-se como exemplo, a situação em que a vítima não recebe a compensação oportunamente, ou a deterioração e perda dos elementos de prova de que tentem utilizar, ou desestimular que as partes reclamem quando sofrem um prejuízo.

Todas estas circunstâncias, ainda que à simples vista possam parecer alheias à matéria resultam, do ponto de vista econômico, em fontes importantes de geração de custos sociais.

Existe uma abundante literatura que estuda a temática da demora no processo, a partir de diferentes pontos de vista. Alguns trabalhos se encarregam, por exemplo, da destinação de recursos à administração da justiça ou da variabilidade desneces-

---

* O conteúdo deste capítulo reproduz livremente ideias expostas nos seminários Tipo de Juros Judiciais e Custos Sociais das Demandas de Danos, ministrados na Univerdidad Autonoma de Madrid e na Universidad Carlos III de Madrid, em fevereiro de 2003. Também, na apresentação A Taxa de Juros Judicial e a Demora dos Processos, realizada nas XVIII *Jornadas Nacionais de Direito Civil* em coautoria com Pamela Tolosa e Matías Irigoyen Testa; Taxa de Juros Judiciais e Custos Sociais das demandas por Danos. Um modelo de incentivos para a demora, trabalho apresentado na XXXVII *Reunião Anual da Associação Argentina de Economia Política*. San Miguel de Tucumán, Argentina, de 13 a 15.11.2002.

sária das sentenças.[1] Não obstante, a influência de outros fatores, aparentemente naturais aos processos e – talvez por isso – considerados inócuos a este respeito, tem passado quase despercebida.

A taxa de juros judicial, neste contexto, não foi um daqueles fatores tradicionalmente percebidos como problemáticos enquanto sua influência sobre o problema da demora. Não obstante, algumas conjunturas históricas colocaram em relevo um aspecto específico do problema.[2] Nesse sentido, se atribuiu às taxas judiciais demasiadamente baixas um efeito no alongamento impróprio dos juízos. A racionalidade implícita é muito simples: se supusermos que a parte da demanda pode de algum modo influenciar na duração do processo (para atrasá-lo ou não), sem que isto lhe acarrete outras consequências que o estabelecimento de juros,[3] de forma que os mesmos corram na taxa passiva, se incrementarão as probabilidades de que se faça o possível para atrasá-lo. O atraso, aqui, significa algo semelhante a contratar um empréstimo a juros muito baixos.

Este problema se mostra notório no campo das demandas por danos não contratuais. Quando as controvérsias versam sobre contratos, as partes possuem a possibilidade de pactuar de forma antecipada a taxa que vigeria no caso de mora, e frequentemente o fazem. Ao contrário, quando se trata de litígios sobre indenizações por danos extracontratuais, não existe – por definição – pacto algum entre os litigantes, anterior ao fato, que preveja a taxa a ser aplicada. Apresenta-se, nesse caso, um âmbito de discricionariedade para o juiz, que lhe permite escolher entre diversas possibilidades.

Chamaremos *taxa judicial*, a taxa de juros que o juiz decida aplicar nessas condições.

Quando a taxa judicial é igual à taxa passiva dos bancos oficiais, essa conclusão antes exposta – que a vincula à demora dos processos – pode parecer evidente.

---

1. PINTOS AGER, J. *Baremos...* cit., 2000.
2. Concretamente, as linhas jurisprudenciais sustentadas a partir da posição adotada pela Corte Suprema de Justiça Argentina no caso *Y.P.F. c/ Província de Corrientes* (03.03.1992, publicado em *La Ley Córdoba*.1992, p. 519), decidia-se pela aplicação da taxa de juros dos bancos oficiais (aquela que os bancos oficiais pagam por depósito, mais baixa que as taxas para empréstimos) a todo tipo de processo. Além dos posicionamentos em torno da justiça ou da injustiça deste temperamento, se começou a tornar-se popular a conclusão de que esta solução judicial determinava incentivos para a demora dos processos. Nesse sentido, cf. POCALVA LAFUENTE, J. C. Abandono de la tasa pasiva, comentário ao caso Banco Sudameris c/ Belcam S.A. y ots. *La Ley*, 1994-C.
3. Evidentemente, há uma dilação que pode gerar mais consequências adversas que o mero curso dos juros, o que aconteceria, por exemplo, o direito às custas por incidentes perdidos, ou pela imposição de sanções. No entanto, também está claro também que há uma possibilidade de dilação que não chega a este umbral.

Chama-se taxa passiva aquela que rege nos bancos para suas operações passivas (os depósitos, em que o banco é o devedor) e que se mostra inferior à ativa (os empréstimos, nos quais o banco é credor).[4]

Não obstante, uma opinião como a anterior, constitui melhor um parecer circunstancial, mais ou menos acertado, que uma conclusão baseada em uma teoria suficientemente explicativa do problema.

A intenção, a partir das linhas que se seguem, na sequência, é construir um marco teórico geral, que permita analisar o problema de modo orgânico.

Para começar, partirei da suposição de que a duração excessiva dos processos é indesejável pelo ponto de vista normativo. Entenderemos que existe uma duração ótima dos processos, e chamaremos "demora" à sua duração abaixo deste ponto ótimo.

Assentado este primeiro pressuposto, é possível formular duas perguntas para guiar o estudo:

Que fatores devem ser considerados para estudar os incentivos que uma determinada taxa de juros cria a respeito da demora judicial?

Depois, assumindo que a demora é indesejável, é possível encontrar uma única taxa de juros aplicável a toda classe de demandas que constitua um incentivo ou desincentivo geral às partes para atrasar os processos?

Sustento, não obstante, que a intenção é inscrever na análise a este respeito particular em um marco mais geral que o inclua. Em consequência disto, exporei a seguir o modelo *standard* de análise econômica do processo judicial. A seguir, faremos referência à relação existente entre demora dos processos e o incremento de custos sociais. Em seguida, delinearei as pautas que permitirão construir um modelo consistente e atribuível a este mais geral e que sirva para explicar o aspecto particular do qual nos preocupamos. Finalmente, extrairei algumas conclusões básicas derivadas da análise.

2. A análise econômica do processo judicial por danos

Aponta Miceli que o interesse da economia no processo judicial se deve, a princípio, a três razões. A primeira se refere ao custo de operação do sistema judicial e ao efeito que possui sobre este, a forma como são resolvidos os processos. A segunda obedece que a teoria econômica é útil para explicar e prever como litigantes racionais podem resolver disputas e, em seguida, oferecer sugestões para reduzir o custo dos processos. Considera, por último, que a forma de reso-

---

4. A diferença entre ambas pode-se denominar de "spread", respeitando sua denominação inglesa em países de língua hispânica (NT: idioma original desta obra).

lução das disputas tem implicações na estrutura das regras e, por sua vez, afeta os investimentos futuros.[5]

O objetivo geral da análise econômico do processo judicial é, usualmente, a minimização de custos sociais, cuja expressão mais simples combina custos administrativos[6] (custos diretos do processo, que surgem da utilização de diferentes instrumentos) e custos de decisões judiciais erradas (na aplicação do direito substantivo). Este modo de analisar o problema parte da hipótese da existência de um direito *substantivo* "perfeito". Isto é, em termos econômicos, um sistema de normas tal que tenda, no campo substancial de que se trate (danos, contratos, direitos de propriedade etc.) a melhor relação possível entre custos e benefícios sociais. Se o sistema processual (direito *adjetivo*, em termos jurídicos) leva a decisões incorretas por não ajustar-se ao direito substancial, então, esta relação de custos e benefícios sociais sofrerá distorções que se traduzem em custos sociais. Esse é o significado dos denominados "custos de erro".

Quanto à relação entre *custos de erro* e *custos administrativos*, pode-se esperar que à medida que se investe mais no processo e aumentam os custos administrativos (até certo ponto) se reduz a probabilidade de adotar uma decisão judicial errônea. Depreende-se dessas ideias, então, a existência de um ótimo que admitirá um valor positivo de custos administrativos e de custos de erro.

Uma questão essencial a ser atendida à luz deste objetivo é explicar porque uma determinada proporção das disputas se resolve diante de um acordo extrajudicial, enquanto que as controvérsias restantes são dirimidas através de um juízo. Os modelos mais simples que tratam esta questão mostram que se as partes atuam racionalmente e com informação perfeita, estabelecerão um acordo e não chegaram, em nenhuma hipótese, ao juízo.

Para explicar a existência de processos judiciais sem invocar irracionalidade por parte dos agentes, é necessário relativizar a pressuposição de informação perfeita e assumir a incorporação de custos de transação positivos.

A intenção de conseguir um melhor ajuste com a evidência empírica tem levado ao desenvolvimento de modelos mais sofisticados que tratam de explicar o rol da instância judicial na resolução de uma disputa.

Na literatura pode-se distinguir dois enfoques: um baseado nas diferenças de percepção dos agentes (*differing perceptions model*), que estabelece que se chega à instância judicial quando ao menos uma das partes e *otimista* sobre sua posição a

---

5. MICELI, T. J. *Economics of the Law: torts, contracts, property, litigation.* Oxford University Press, 1997.
6. Também se tem denominado esses custos administrativos como "terciários" CALABRESI, G. *The Costs of...* cit., 1970. Não obstante, manterei aqui a terminologia utilizada no texto.

respeito do caso, e outro baseado na existência de informação assimétrica (*asymmetric information model*), que explica a via judicial no fato de que o demandado não possui a mesma informação que o autor.

Concretamente, a assimetria de informação é o elemento que prevê uma explicação alternativa às diferenças de percepção dos agentes.

A versão mais simples desses modelos[7] considera a existência dos agentes que atuam racionalmente: o autor (a) e o demandado (d). O primeiro reclama ao segundo uma compensação por danos que alega haver sofrido. A princípio, as partes iniciam uma negociação esperando chegar a um acordo que produza um pagamento $S \geq 0$ para o autor. Se esta instância fracassa, a resolução da disputa deverá ser levada a juízo. Aqui, então, se introduz a diferença de percepção que as partes possuem sobre o resultado do juízo, definindo-se pela probabilidade de ganhar do autor, o monto da indenização correspondente que tem cada um dos agentes:

P_a = probabilidade de ganhar percebida pelo autor;

J_a = percepção da indenização a ser cobrada do autor;

P_d = probabilidade de que o autor ganhe, percebida pelo demandado;

J_d = percepção da indenização a pagar do demandado;

Adicionalmente, se define o custo administrativo do juízo e do acordo extrajudicial para ambas partes; formalmente:

C_a e C_d = representam o custo administrativo do processo judicial para o autor e para o demandado, respectivamente;

R_a e R_d = representam o custo administrativo do acordo extrajudicial para cada uma das partes. Supõe-se que $C_j \geq R_j \quad j = a, d$, devido a que o custo do juízo inclui o custo da negociação prévia;

---

7. A versão que empregarei corresponde à que se apresenta na obra: MICELI, T. J. *Economics of the Law...* cit., 1997. O modelo originalmente foi desenvolvido por GOULD, J. The Economics of Legal Conflicts. *Journal of Legal Studies*, 2 (2), p. 279- 300, 1973. LANDES, W. An Economic Analysis of the Courts. *Journal of Law & Economics*, 14, p. 61-107, 1971. Também é possível encontrar versões similares em SHAVELL, S. Suit, Settlement, and Trial: a Theoretical Analysis Under Alternative Methods for the Allocation of Legal Costs. *Journal of Legal Studies*, 11 (1), p. 55-81, 1982. COOTER, R.; RUBINFELD, D. Economic Analysis of Legal Disputes and Their Resolution. *Journal of Economic Literature*, 27 (3), p. 1067-1097, 1989.

Supõe-se que os agentes são neutros frente ao risco e que procuram maximizar sua riqueza esperada. O valor esperado do juízo para o autor é:

$$VEJ_a = P_a J_a - C_a$$

Enquanto o valor do acordo é:

$$VA_a = S - R_a$$

O autor estará disposto a aceitar o risco do acordo se:

$$S - R_a \geq P_a J_a - C_a$$

ou se

$$S \geq P_a J_a - (C_a - R_a) \quad (1)$$

Analogamente o demandado calculará o custo esperado da demanda:

$$VEJ_d = P_d J_d + C_d$$

O custo do acordo:

$$VA_d = S + R_d$$

E lhe será conveniente chegar a um acordo extrajudicial se:

$$S + R_d \leq P_d J_d + C_d$$

$$S \leq P_d J_d + (C_d - R_d) \quad (2)$$

Combinando as inequações (1) e (2) se pode concluir que se alcançará um acordo caso se cumpra a condição:

$$P_a J_a - P_d J_d \leq (C_a - R_a) + (C_d - R_d) \quad (3)$$

Claramente se pode observar que se $P_d = P_a$ e $J_a = J_d$ sempre é possível estabelecer um acordo. Ou seja, se as partes coincidem no valor esperado como resultado da demanda, sempre é possível conseguir um acordo devido a que o custo da demanda é maior do que o do acordo.

Se, ao contrário, existem diferenças de percepção por parte dos agentes, somente será possível alcançar um acordo quando a diferença entre os valores esperados da demanda para o autor e para o demandado sejam menores que a soma do diferencial de custos entre demanda e acordo de ambos.

Uma perspectiva analítica complementar se apresenta com os modelos que explicam a existência de processos judiciais com base na existência de informação assimétrica dos agentes.[8] Esse tipo de análise se diferencia do modelo precedente

---

8. É possível observar uma apresentação detalhada desse tipo de modelos em MICELI, T. J. *The Economic Approach to Law*. California: Stanford University Press, 2004. p. 248.

em que prevê um fundamento às diferenças de percepção das partes envolvidas. Supõe-se que os demandantes possuem informação particular sobre a probabilidade de ganhar a lide, e que podem existir dois tipos de demandantes: um com alta probabilidade de ganhar e outro com baixa probabilidade. Os demandados, por sua parte, não podem observar o tipo de demandante que enfrentam, mas conhecem que porção da população corresponde a cada tipo. Assim, pode-se estabelecer diferentes estratégias por parte do demandado ("pooling strategy" e "separating strategy") que conduzem a resultados que diferem levemente dos alcançados no modelo apresentado mais acima.

3. A demora dos processos e seus custos sociais

O modelo precedente situa o centro de gravidade de sua preocupação na decisão individual dos agentes de empreender uma lide ou concretizar um acordo voluntário. A partir do ponto de vista do custo social, uma visão ingênua deste problema geral poderia fazer pensar que sempre é indesejável a existência de lides, ou – em outras palavras – que a litigiosidade é sempre, em si, um dispêndio social.

Não obstante, igualmente ocorre em outras áreas da Análise Econômica do Direito, observando-se muito facilmente que a alternativa a este presumido dispêndio não é gratuita. Quando se assume a existência de custos de transação, chegar a acordos extrajudiciais demanda, em alguns casos, custos proibitivos ou, ao menos, superiores, aos que demandem o melhor processo possível, que defina a mesma controvérsia. Por isso, como parece fácil de entender, trata-se de uma opção entre cenários imperfeitos.

O alinhamento ótimo de incentivos, em consequência, requereria que os incentivos privados dos potenciais litigantes confluam a fim de levar adiante uma lide somente, enquanto o custo social do processo seja inferior ao seu benefício social, e quando, também, esse custo seja inferior ao que demanda um acordo alternativo assimilável.

Se assumimos, consequentemente, que podem existir lides socialmente preferíveis aos acordos voluntários equiparáveis, disto se infere que é desejável que a comparação que determine sua preferibilidade seja feita entre as melhores (menos custosas) lides possíveis, e os melhores acordos que possam ser celebrados em cada caso, entendidos estes conceitos computando custos de transação e em termos de custo social. Se, ao contrário, algum fator adicional (e evitável) incrementasse o custo das lides, acima do custo social das "melhores lides possíveis", então, ao menos em um campo se produziriam ineficiências evitáveis. Isto é, naqueles setores em que uma lide (a melhor possível) fosse melhor que um acordo, o incremento de seu custo social faria com que, se as partes o elegeram (porque seus incentivos privados assim o aconselharam), estariam escolhendo uma alternativa que é agora mais custosa – também aqui, falando em termos sociais. Se, ao contrário, esse incremento de custos sociais se voltasse sobre as partes como custo privado, em condições tais que determinassem que as partes preferissem um acordo, igualmente esta última alternativa seria socialmente preferível que esta melhor lide a que não se chegou em virtude do incremento de custos analisado.

A demora injustificada nos processos pode ser tratada dentro dos fatores que introduzem incrementos de custos deste tipo. Se, como se viu, o custo social dos processos está determinado pelos custos de erro e custos administrativos, *parece plausível pensar que ambos são função do tempo de duração do processo*. Um litígio judicial que durasse somente minutos seria, talvez, barato quanto a seus custos administrativos, mas levaria a um custo de erro muito relevante. Igualmente, um processo que durasse demais, talvez minimizasse o erro (suponhamos que isto ocorresse desta forma), mas geraria excessivos custos de administração. Consequentemente seria possível supor, e assim vamos fazer, que existe um tempo ótimo de duração dos processos. Se a duração excede esse prazo ótimo, em consequência, suporemos – como parece razoável – que esse tempo adicional carrega um excesso de custos, que encarece indevidamente os processos a que afeta e que, portanto, introduz uma distorção no mercado das lides e acordos, enquanto é suscetível modificar a conduta dos agentes com respeito à decisão entre essas alternativas.

Igualmente ao que ocorre com respeito ao custo do erro judicial, resulta também difícil encontrar um modo de estabelecer o tempo ótimo do processo. Uma alternativa possível é supor que os tempos determinados pelas normas legais se aproximam deste ponto. Se assim for, existe abundante evidência empírica sobre o excesso desses limites.[9]

Pode-se imputar a este tipo de referências que os prazos legais não têm porque serem os adequados. A modalidade de produção das leis processuais raramente estabelece prazos com base a outras considerações que a mera repetição de outras leis, outros argumentos tradicionais ou de autoridade, ou a mera intuição do legislador, e por isso, não é muito seguro que estes prazos legais se aproximem de algum modo aos ótimos a partir do ponto de vista social.

Não obstante, ainda reconhecendo as dificuldades demonstradas, pode-se pensar que existe algum prazo razoavelmente adequado para minimizar esta soma de custos de erro e custos administrativos. Assim, ainda que seja difícil precisar, pode-se inferir que, dadas certas condições existirão incentivos privados para alguma das partes, que a impulsionem a tentar atrasar o processo mais além de seu prazo socialmente preferível, seja qual for este.

Quando se tentava estudar as causas da demora, se observava que esta é uma função de diferentes variáveis. Algumas delas dependem do órgão judicial e outras,

---

9. Em BERIZONCE, R. *Derecho Procesal Civil Actual*. Buenos Aires: Abeledo-Perrot, 1999. p. 171 (e ss.), por exemplo, mostra-se um estudo de campo que mostra esse parâmetro.

das partes. A mesma evidência empírica mostra que a demora vinculada a estas últimas se dá de modo significativo em algumas etapas do processo. Por exemplo, em um estudo realizado por Berizonce[10] sobre o funcionamento do sistema judicial, se afirma que a notificação da demanda às partes demora mais de dois meses a partir do início; no período de prova, mais de oito meses (ainda que, neste caso, a demora seja função também da atividade dos órgãos jurisdicionais) e algo similar se observa no trâmite de execução da sentença. 69% dos processos consultados haviam estado detidos quase 300 dias sem que existam razões aparentemente fundadas, o que representa um total de 23% da duração total média das lides. Esta demora, de fato, era imputável em 36% à omissão de impulso pelas partes (105 dias), 44% à demora de uma decisão judicial (130 dias) e o restante, a outras causas.

Ainda com certa abstração dos dados concretos, parece razoável pensar que, ao menos em certos setores, as partes contribuem voluntariamente e de modo significativo com a demora dos processos. Como dissemos, é difícil encontrar um prazo ótimo de duração de cada lide, mas, a seguir, procurarei demonstrar que no marco do processo são gerados incentivos para que as partes tenham interesse em atrasá-lo tanto quanto possível, excedendo, consequentemente, qualquer prazo de duração que possa ser estimado como socialmente adequado. Referi-me, concretamente, à influência da taxa de juros sobre a conduta dos potenciais – e atuais – litigantes.

4. A taxa de juros judicial e a decisão de atrasar o processo

Na segunda sessão deste capítulo, expus um modelo que instigava as partes de uma disputa a escolher entre alcançar um acordo ou empreender a uma lide. A seguir, introduzirei, além disso, a possibilidade, para cada uma delas, de atrasar ou não o processo. Deste modo, a eleição inicial entre dois termos (acordo ou lide), passa a desdobrar-se, no último termo, em duas novas sub-possibilidades, bastante particulares. Se a alternativa entre processo e acordo segue vigente, o valor esperado do processo não é único. Pelo contrário, se considerados a decisão de cada parte isoladamente, (como farei agora), cada uma poderá escolher entre o valor de um processo demorado ou um sem demora, a fim de estabelecer o valor subjetivamente mais conveniente.

A este respeito, incorporarei aos pressupostos do modelo geral, os seguintes:

Ambas partes possuem a mesma potencialidade para dilatar o processo. Considerarei somente uma alternativa binária: a possibilidade de "atrasar" ou "não atrasar";

Que esta dilação não acarreta outras consequências para as partes que a observância de interesses;

---

10. BERIZONCE, R. *Derecho Procesal*... cit., loc. cit., 1999.

Para simplificar, suporei que uma vez iniciado o litígio, não se pode optar por um acordo.[11]

Graficamente, a árvore da decisão inicial ficaria modificada, para cada parte, ao introduzir-se novas ramificações, que a deixariam agora do modo que segue:

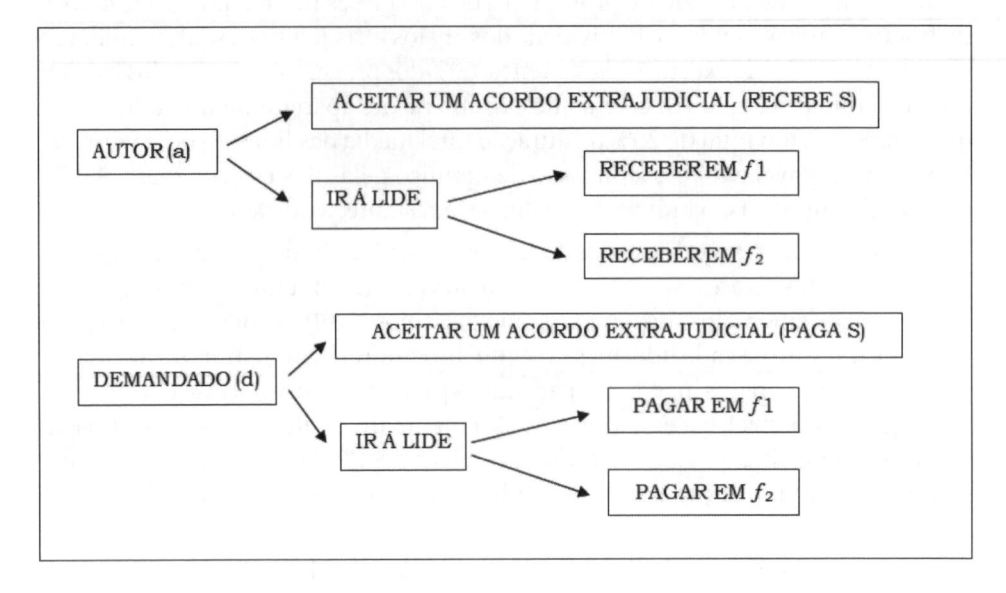

```
AUTOR (a) ──► ACEITAR UM ACORDO EXTRAJUDICIAL (RECEBE S)
          └─► IR À LIDE ──► RECEBER EM f1
                        └─► RECEBER EM f2

DEMANDADO (d) ──► ACEITAR UM ACORDO EXTRAJUDICIAL (PAGA S)
              └─► IR À LIDE ──► PAGAR EM f1
                            └─► PAGAR EM f2
```

Cabe esclarecer que a sequência lógica da decisão também variará segundo esta nova configuração. A primeira instância de decisão, em consequência, irá determinar a atitude a ser tomada frente ao processo, para determinar o valor que se espera ser mais conveniente e depois compará-lo ao valor de um acordo alternativo. Para isto, se definem dois momentos no horizonte temporal relativo à finalização do processo, que corresponderão à primeira, a *lide sem demora*, e o segundo ao *mesmo processo com demora* e que ficariam definidos pelas seguintes variáveis:

f_1 : data de pagamento da indenização sem demora;

f_2 : data de pagamento da indenização com demora;

$f_2 - f_1$ período da demora.

Se nos concentrarmos neste momento da decisão, veremos que o autor compara o valor esperado da lide em f_1 com o correspondente a f_2, considerando que

---

11. Esta situação pode ser modificada sem problemas, "abrindo a árvore" toda vez que se produzam condições de acordo. A partir do ponto de vista teórico, apenas repete a mesma decisão. Intencionalmente, e para simplificar a análise inicial também se sufocam alternativas como a mediação e arbitragem, que merecem uma análise própria.

se recebe em f_1 pode empregar os recursos recebidos e obter uma rentabilidade definida por seu custo de oportunidade[12] do capital entre $f_2 - f_1$.

As taxas de juros judiciais, como *custo de oportunidade*, resultarão aqui relevantes somente na sua vigência no período da demora, dado que em sua aplicação à lide, até o momento f_1 ficariam fora do domínio das partes. Por isso, seja qual for a magnitude para este período, as consideraremos absorvidas pelo valor esperado da lide.

Com relação ao período que nos cabe, então, os valores esperados do autor, em cada momento, são:

$$VE_{a1} = P_a J_a$$
$$VE_{a2} = P_a J_a (1+r)$$

Onde r é a taxa de juros judicial.

Nessas condições, lhe seria conveniente atrasar o processo se:

$$P_a J_a (1+r) \geq P_a J_a (1+o_a)$$

Ou se:

$$r \geq o_a \quad (4)$$

onde o_a é o custo de oportunidade do capital para o autor.

Quanto ao demandado, seus valores esperados em cada momento são:

$$VE_{d1} = P_d J_d$$
$$VE_{d2} = P_d J_d (1+r)$$

Será conveniente atrasar o processo se:

$$P_d J_d (1+r) \leq P_d J_d (1+o_d)$$

Ou se:

$$r \leq o_d \quad (5)$$

---

12. Poderia ocorrer que tanto o autor quanto o demandado fossem demandantes ou ofertantes do mercado financeiro. Se fossem demandantes, estritamente, se deveria falar de "custo de capital" e se fossem ofertantes, de "custo de oportunidade". Não obstante, equipararemos os dois conceitos sob o rótulo de "custo de oportunidade".

Onde O_d é o custo de oportunidade do capital para o demandado.

Considerando (4) e (5), define-se que, para eliminar os incentivos para a demora do processo, a condição necessária é:

$$o_d \leq r \leq o_a$$

Este pequeno teorema implica que *a possibilidade de determinar uma taxa como a buscada, (que não incentive a nenhuma das partes do processo para atrasar), somente existirá quando o custo de oportunidade do autor for maior o igual ao custo de oportunidade do demandado*. Se outra for a relação *não existirá possibilidade de encontrar uma taxa que imponha sempre a geração de incentivos para que uma outra parte prefira atrasar o processo*.

Supus, até aqui, conforme expressei, que a decisão de atrasar não traria outra consequência para as partes que o curso dos juros. Não obstante, poderia se pensar que a demora modifica também a probabilidade de ganhar ou perder um litígio ou o montante do capital da condenação. É possível pensar que, com o passar do tempo (em certas condições) se incentiva o risco de que o demandado se torne insolvente – de modo real ou fraudulento – ou que se percam novas provas. Analiticamente, estas possibilidades podem ser incluídas afetando a probabilidade, ou também, como "primas do risco" que afetam o valor real da taxa de juros, a partir de sua magnitude nominal.

Pode parecer que esses fatores geram riscos unidirecionais ao menos de magnitude diferente para ambas as partes: operam nesse sentido, na maioria das vezes, a favor do demandado e contra o autor. *Definitivamente, quando se inclui na análise o jogo desses fatores, a taxa "real" a ser utilizada se distanciará da nominal*. Isso justifica que, na maioria das vezes, a parte interessada em atrasar a lide seja o demandado porque, ainda que aparentemente a taxa de juros judicial (nominal) supere seu custo de oportunidade, o jogo dessas primeiras (que sempre opera a seu favor), *reduzirão a taxa real que deva confrontar, por baixo de seu valor nominal*.

Finalmente, cabe tratar o problema da interação entre as decisões individuais e seu reflexo nos custos sociais. Até agora vim analisando as decisões das partes isoladamente. Não obstante, se uma delas tem a possibilidade de atrasar por si mesma o processo, e decide fazê-lo, *isto trará consequências para ambas*, já que não se considera a possibilidade de que sua contrapartida possa "acelerá-lo", ou sequer opor-se, de modo suficientemente eficaz, a esta demora. Se fosse assim, então, a decisão inicialmente pleiteada entre *acordo* e *lide* (*demorado* ou *não demorado*, segundo a conveniência de cada um dos participantes), passará a ser unicamente entre *acordo* e *lide demorada*, quando esta última alternativa – a demora – convenha a somente uma das partes, qualquer que seja e com independência da posição da restante. Nesse cenário, *sua contrapartida deveria limitar-se a essa única decisão*, seja qual for o valor esperado que lhe represente a lide demorada, e computando para fins de determinar este valor, o jogo da taxa de juros judicial aplicável.

Como parece evidente, isto se reflete em uma forte inclinação a resultados ineficientes, seja porque a disputa chegue a acordos mais custosos que as lides menores, ou em lides igualmente mais custosas que essas hipotéticas mais benéficas, em termos sociais.

5. Comentários finais

A taxa de juros que se aplica nos processos de danos é considerada "natural" a todos os sistemas jurídicos. Essa naturalidade, possivelmente fez desconsiderar sua função respeito à demora nos processos e o conseguinte incremento dos custos sociais do sistema judicial, nas análises que ocupam o assunto. Não obstante, diante de variações extremas das condições sociais (como as que caracterizaram o sistema argentino da última década, ou mesmo as que se vive na crise mundial deflagrada a partir de setembro de 2008) esses problemas podem receber diferentes visibilidades. Além dessas contingências, o relevante aqui é tornar explícito que não são as circunstâncias empíricas extremas as que determinam esta influência, senão que a mesma existe de modo generalizado e pode ser estudada mediante procedimentos convencionais e consistentes com a análise econômica do processo *standard*. Independente da magnitude das taxas aplicáveis, o problema pode ser analisado através de um marco teórico que o explique. Esse marco é válido ainda quando a taxa que se decida impor seja nula (não se aplique juros algum) ou, pelo contrário, se recorra a taxas muito altas.

O que interessa para compreender o problema é o efeito bilateral de taxa e a diversidade das partes: a mesma taxa que paga uma parte é a que recebe a restante, mas o custo de oportunidade de uma não deve aproximar-se que sua contrária.

Nesse sentido, as categorias jurídicas básicas (*autor-demandado; lides civis-comerciais* etc.), tampouco podem ser as mais aceitas para captar *classes de agentes com custos de oportunidade assimiláveis*, ainda que de forma presumida. Isto determina que existem poucas esperanças de encontrar uma taxa generalizável, que sequer minimize os incentivos para atrasar a lide, dado que um mesmo par de sujeitos pode, em processo particular, adotar as categorias jurídicas de autor-demandado e, em outro, categorias inversas, pelo qual uma mesma taxa, geral, não poderá funcionar adequadamente em ambas situações.

Do mesmo modo, a identificação das "primas do risco", mais ou menos explícitas dentro das taxas nominais aplicáveis, explica que, em geral, as taxas judiciais determinam incentivos para que o demandado atrase a lide. Ainda assim, o recurso de replicar as taxas dos bancos oficiais – ainda as ativas – ou de títulos públicos, importa incentivos na mesma direção, dado que podem situar-se no piso do mercado de crédito, pelo qual poderiam localizar-se abaixo do custo de oportunidade do demandado em um grande conjunto de casos.

Quanto às percepções populares sobre os incentivos para atrasar a lide, pode concluir-se que essas são corretas em um aspecto: as taxas *passivas* de bancos oficiais, efetivamente geram incentivos para que o demandado atrase, em muitos casos. Não obstante, não o são somente em outro: as taxas *ativas* dos mesmos bancos, provavelmente não modificarão esses incentivos, pelos motivos já explicados. Essas taxas, superiores às anteriores, não são tão altas quando se computa o conjunto das *primas do risco*, ao que me referi anteriormente, e que separam a taxa real da taxa nominal. Para ser (descontadas as primas) suficientemente altas, tanto como para ultrapassar o custo de oportunidade da maioria dos demandados, deveria adotar uma magnitude tal que provavelmente – ao menos, em um considerável grupo de casos – determinasse incentivos para atrasar a lide pela parte dos autores.

Da análise que recapitulamos nos breves parágrafos antecedentes, se podem extrair algumas conclusões claras:

Em primeiro lugar, parece incontrastável que a taxa de juros aplicável no processo é um fator de relevância quando se tenta analisar os incentivos das partes para atrasar o processo ou não fazê-lo.

Depois, é possível demonstrar analiticamente – nas condições anteriormente expostas – que não existe uma taxa de juros que, com independência dos dados empíricos concretos e em todos os casos, seja consistente com o objetivo social de minimizar a demora desnecessária (e ineficiente) nos processos, enquanto esta dependa – em qualquer medida – da atividade das partes do mesmo.

Concretamente, quando o custo de oportunidade do capital para o demandado seja superior ao custo de oportunidade do autor, não existe analiticamente uma taxa judicial que não incentive a alguma parte a atrasar a lide.

Consequentemente, tendo como base as questões destacadas, pode-se afirmar que seria possível estabelecer uma taxa que não gere incentivos para que nenhuma das partes tenha interesse em atrasar o andamento processual, somente dadas certas condições particulares de fato (bastante exigentes, decerto).

Os incentivos para atrasar o processo, derivados da taxa de juros aplicável, não dependem exclusivamente do seu valor nominal, senão também do jogo de fatores que fazem que a *taxa real* se separe da *taxa nominal*. Esses fatores, em geral, tendem a que a primeira seja reduzida em relação à última, inclusive até adotar valores negativos. E as partes farão suas previsões tendo por base a primeira (a taxa de juros que efetivamente esperem pagar ou receber).

A insuficiência geral da *taxa real* esperada, ainda a altos valores de *taxas nominais*, determinada pelos fatores apontados, é consistente com o dado empírico de que sejam os demandados quem majoritariamente tentem dilatar o processo.

Das conclusões do estudo, portanto, poderiam derivar algumas sintéticas recomendações normativas.

Em primeiro lugar parece razoável assumir a inconveniência de tentar empregar uma taxa generalizada – e independente da conduta das partes –, com a finalidade de resolver ou minimizar a demora dos processos.[13] O problema dos incentivos para atrasar a lide, não se resolve mediante a aplicação da taxa ativa dos bancos oficiais a todas as lides (nem de nenhuma outra taxa geral).

As subcategorizações de processos (por exemplo, entre civis e comerciais aplicando uma taxa a uns e outros aos resultantes) tampouco servem para melhorar esse resultado. O mecanismo de estabelecer categorias jurídicas pode ser explicado a partir do ponto de vista econômico como um instrumento para minimizar custos de transação. Quando se tenta intervir em certo problema (por exemplo, informação assimétrica nos contratos) e se observa que quem ocupa certa posição, *frequentemente* sofre essa assimetria (em algum aspecto), então pode decidir-se aplicar o mecanismo corretivo com relação a todos os sujeitos incluídos nessa categoria, ainda que, de fato, não sejam afetados por essa condição. A explicação é simplesmente, que o custo social de investigar caso por caso a existência dessa assimetria é muito superior ao derivado de fechar o debate sobre o ponto, julgá-la de modo geral, e sofrer a fuga de eficiências derivada das condições de fato minoritárias. Isso explica, a partir do ponto de vista econômico, a elaboração jurídica de categorias como "trabalhador"; "consumidor"; "hipossuficiente" etc.[14]

A partir do ponto de vista empírico, estas categorias podem aparecer melhor ou pior delineadas e reguladas. No que nos concerne, o problema é que as categorias jurídicas gerais e vigentes do processo (sejam as mencionadas "autor-demandado" ou processos "civis-comerciais" ou lides executivas – de conhecimento etc.), não guardam nenhuma correspondência com agentes de custos de oportunidade de capital assimilável e, portanto, não servem para estabelecer soluções diferenciadas com sentido econômico. Um agente pode ser, em um processo, demandado, e em outro, autor. Pode participar em um processo civil, e também em outro, comercial. Ainda, obviamente, pode ser parte em um litígio de execução e em outro de conhecimento. No entanto, o seu custo de oportunidade sempre será o mesmo e esse fator nunca será apreciado para ser incluído em uma ou outra categoria (que, evidentemente, estão elaboradas sobre outras bases e para outros fins). Por isso, se a taxa se determinasse, por exemplo, pelo tipo de processos, o sujeito também

---

13. Vejam-se também sobre o tema, ACCIARRI, H. e GAROUPA, N. On the Judicial Interest Rate: Towards a Law and Economics Theory. *Journal of European Tort Law*, 3.1, 2013.
14. ACCIARRI, H. Las Consecuencias Económicas del Derecho de Contratos. Principios, Instrumentos y Objetivos Particulares de Política Normativa. *Revista de la Facultad de Derecho de la Universidad de Granada.*, 3.ª época, n. 3, p. 79-99, Granada, Espanha, 2000.

se verá submetido a diferentes taxas, as quais o incentivarão, ou não, a atrasar o litígio, conforme o caso.

Sustentei que, nos fatos, há casos nos quais seria possível encontrar taxas que não incentivem a demora, e que isso aconteceria se o custo de oportunidade do autor fosse igualado ou superasse o custo de oportunidade do demandado. Esta conclusão seria um motivo a mais para desqualificar a posição que prefere aplicar uma única taxa a todo tipo de litígios, quaisquer que sejam as causas das reclamações entre as partes. Se os juízes podem decidir pela aplicação da taxa segundo as circunstâncias do processo, seria possível consentir na conveniência social de uma taxa situada entre os custos de oportunidade das partes (superior à do demandado e inferior a do autor) se isso fosse, além disso, adequado segundo o contexto geral do processo.

Não obstante, tais condições e a possibilidade de identificar claramente um nível de custo de oportunidade para as partes são provavelmente excepcionais. O geral, então, é o incentivo para atrasar o processo tanto quanto seja possível. A instrução, aqui, seria minimizar a margem de demora possível para as partes. Todos os sistemas possuem sanções para a atividade processual desleal ou, especificamente, para a atividade procrastinatória. Não obstante, na maioria das jurisdições o critério judicial para sua aplicação costuma ser pouco rígido. Talvez um órgão judicial, responsável uma boa parte da demora, pode ser muito mais complacente também com as demoras das partes.

O processo civil vigente na maioria das jurisdições é eminentemente dispositivo, o que significa que seu impulso depende da atividade das partes. Esse caráter estrutural do litígio o torna muito vulnerável à demora voluntária da parte que tenha interesse privado em estender a duração do litígio.

É possível dar duas respostas a esta margem de discricionariedade das partes. Uma é o estabelecimento de prazos ligados às cargas processuais. Isto se reflete na existência de prazos legais para o cumprimento das diligências que, caso se excedam, tornam perdido o trâmite do que se trata para a parte. Outro mecanismo seria voltado diretamente para a realização da atividade pelo órgão jurisdicional.

No primeiro, se observa um problema que já foi analisado, que se resume à existência de estudos sobre a eficiência dos prazos, especialmente, quanto ao momento de instituí-los legislativamente. Adiciona-se a este problema a ineficácia dos mecanismos para tornar efetiva essa perda de faculdades. Se diante da demora de uma das partes, em um trâmite cuja perda lhe geraria um escasso prejuízo, se prevê um mecanismo pelo qual sua contrapartida deve solicitar dito enfraquecimento, devendo-se trasladar esta petição, respondê-la e depois decidir. No entanto, há que destacar que esta solução é passível de recurso (e, consequentemente, deve utilizar a notificação em todas as fases do processo), vendo-se com claridade que os custos derivados deste mecanismo (ainda medidos nos próprios termos da demora) superam a contrapartida dos benefícios de obter o enfraquecimento da medida que introduziu a demora, razão pela qual decidirá tolerar a demora e prosseguir.

Num segundo aspecto, toda a possibilidade de reforma fica atada a uma reformulação mais geral do processo. À primeira vista, parece fácil afirmar que é mais barato, em termos sociais, que cada uma das partes cumpra certa atividade (por exemplo, confeccionar cédulas de notificação[NT1]) e não que a mesma seja cumprida pelo órgão judicial, com o consequente incremento dos custos administrativos. Não obstante, esta conclusão nem sempre é clara. Pode ser possível que a demora admissível (nos fatos) para as partes, para cada um dos trâmites a seu encargo, exceda em seu custo social marginal à realização dessas diligências pelo órgão judicial, dado certo estado da tecnologia.

Tudo isto, entendido somente em relação com um aspecto particular, mais integrado ao complexo contexto de circunstâncias cuja combinação determina como resultado sistemas judiciais lentos e ineficientes, como os que caracterizam a realidade latino-americana (e talvez, global) na atualidade.

NT1 Trata-se de um exemplo do direito processual argentino e de outros países latino--americanos.

Capítulo X
APLICAÇÕES NA LEGISLAÇÃO: OS CRITÉRIOS DE EFICIÊNCIA COMO FUNDAMENTO PARA A REFORMA DO DIREITO PRIVADO NA AMÉRICA LATINA*

1. Introdução

Aos fins do século XX, em vários países latino-americanos se pleiteou a necessidade de reforma de seus códigos de direito privado. Como concretização dessa tendência, na Argentina se pensou um projeto integral de reforma e unificação dos Códigos Civil e Comercial elaborado por uma comissão honorária integrada por alguns dos mais destacados juristas do país.[1]

---

* Algumas das ideias contidas nesse capítulo reproduzem de forma livre algumas que foram expostas na exposição Análise econômica da Responsabilidade Civil: A obrigação tácita de Segurança no Projeto de Reforma do Código Civil Argentino de 1998 apresentada na *XXXIV Reunião Anual da Associação Argentina de Economia Política*. Rosário, Argentina, de 10 a 12.11.1999. Disponível em: [www.aaep.org.ar/espa/anales/pdf_99/acciarri_castellano_barbero.pdf] e também na exposição "Os critérios de eficiência como fundamento para a Reforma do Direito Privado na América Latina", apresentada na *VI Conferência Anual da Alacde (Associação Latino-americana e do Caribe de Direito e Economia)* e, ainda, no *5.º Congresso Anual AMDE (Associação Mexicana de Direito e Economia)*, que ocorreu na Cidade do México D.F. nos dias 27 e 28.10.2000, ambas em coautoria com Andrea Barbero e Andrea Castellano; e nos trabalhos A obrigação de segurança, capítulo do livro *Instituciones de Derecho Privado Moderno* (Juan Martin Alterini – coordenador) e Os Critérios de Eficiência como fundamento para Reforma do Direito Privado na América Latina, na *Revista de Responsabilidad Civil y Seguros*, da editora *La Ley*, ano II, n. 1, p. 26-42, Buenos Aires, 2001.

1. Depois de vários desentendimentos na Comissão inicial, a apresentação final foi assinada por Héctor Alegría, Atilio Aníbal Alterini, Jorge Horacio Alterini, Maria Josefa Méndez Costa, Julio César Rivera e Horacio Roitman. O texto completo do projeto pode ser consultado em: [www.infoleg.mecon.gov.ar/codigos.proycodciv-19998.doc]. Este projeto, cabe dizer, é o penúltimo de uma escola que se iniciou com o Anteprojeto de 1987. Várias décadas atrás, no século XX, existiram anteprojetos de Reforma do Código Civil e do Comercial. Em 2012 um novo projeto foi apresentado ao Parlamento: pode ser consultado em: [www.nuevocodigocivil.com/].

Dentro do imenso âmbito que abarca um Código geral de direito privado, o propósito desses parágrafos é analisar brevemente a introdução explícita de fundamentos de eficiência dentro das razões que justificam o desenho do novo sistema. A questão toma relevância na medida em que a legislação dos países latino-americanos tem sido, até o momento, pouco permeável a esta classe de fundamentos, ao menos no que concerne ao coração do direito privado.

Ainda que neste projeto de referência seja levado em conta este tipo de razões no escopo amplos setores a que se destina regular,[2] este capítulo buscará mostrar sua influência no delineamento de uma instituição singular, a qual é chamada de obrigação tácita de segurança. Meu propósito é unicamente expor, de modo conciso, as particularidades próprias do instituto tal qual é concebido na literatura jurídica tradicional para depois ingressar ao novo delineamento projetado e tentar analisar seus aspectos mais relevantes.

2. A obrigação tácita de segurança no novo contexto do sistema tradicional de responsabilidade civil

O sistema de responsabilidade por danos vigente na Argentina, desde a promulgação do Código Civil, no século XIX, tem raízes comuns com todo o direito continental europeu. Nesta matéria, a influência básica proveio do Código Civil francês, e a evolução de sua jurisprudência é, consequentemente, altamente relevante para compreender as funções e as razões que originaram a esta instituição que pode ser denominada como "obrigação" ou "dever" tácito ou implícito de segurança.

No campo da responsabilidade civil, a visão convencional dos juristas argentinos atuais unifica dois setores que tradicionalmente se desenvolveram de forma separada: a responsabilidade por atos ilícitos e a responsabilidade pelo não cumprimento do contrato. Ainda que sua aparição e tratamento tenham corrido por caminhos próprios, ambas as áreas possuem um núcleo comum, constituído pelo fenômeno danoso. Na responsabilidade por atos ilícitos, uma pessoa deve indenizar a outra, a quem não está unida por nenhum vínculo jurídico específico, pelo fato de lhe haver causado um dano. Alguém destrói ou deprecia um bem ou a pessoa de outro, e lhe deve compensar. Portanto, a relação entre vítima e causador do dano nasce a partir do dano e não antes dele. No campo contratual, a situação é diferente: alguém promete proporcionar a outro uma coisa ou serviço, e desde este momento nasce um vínculo específico entre ambos, isto e, a relação contra-

---

2. É possível observar que o mesmo Projeto levou em consideração este mesmo tipo de argumentos, por exemplo, para a determinação das cargas probatórias, tema que excede as pretensões deste trabalho. Faço uma breve referência à questão no artigo Distribución eficiente de cargas probatorias y responsabilidades contractuales, *La Ley*, T. 2001-B, p. 663-672.

tual. Depois, na hora de cumprir essas obrigações contraídas, o obrigado não o faz, ou faz de modo defeituoso, e esse comportamento ocasiona um dano como contrapartida. O prejudicado, ao contratar, havia adquirido um direito a receber algo que depois não recebe ou recebe de modo incompleto ou inadequado. Essa depreciação ou prejuízo ocasionado pela diferença entre o devido e o recebido, é concebida, em termos jurídicos, também como um dano, mas de fonte contratual.

Não obstante, essa unidade geral de efeitos não obstava, em muitos países, a uma diferença de regulação muito importante entre ambos setores. Chegar a uma indenização para a vítima de um ato ilícito, por um dano produzido por um estranho, requeria a prova de certos pressupostos bastante exigentes.

O pressuposto básico era a culpa do causador do dano. No direito tradicional do século XIX existia uma máxima que se expressava como "Não há responsabilidade sem culpa", que, ainda que não fosse de todo verdadeira, refletia muito bem o pensar dos juristas de então. Isto é, os sistemas de responsabilidade não eram pensados em relação aos seus efeitos econômicos gerais e sim como meros instrumentos de uma singular justiça corretiva. Este pensamento estava na consciência jurídica dominante, que além do dano causado, deveria exigir um elemento reprovável no agente (ao menos sua culpa, ou sua intenção em causar o dano) para autorizar o deslocamento patrimonial que representava uma indenização. Faltando este elemento, o ato deveria ser considerado uma simples desgraça, ou um infortúnio (como a queda de um raio ou meteorito), mas sem consequências para as relações jurídicas entre os indivíduos: ninguém devia compensar nada a ninguém.[3]

Esta visão era compatível com um mundo, como o pré-industrial, de atividade econômica pouco complexa e basicamente agrária. O advento do maquinismo e da industrialização, ao contrário, modificou a apreciação deste tipo de atos. Assim, as máquinas e a produção industrial introduziram novos riscos no mundo e geraram um incremento considerável na magnitude e quantidade de atos danosos. Nesse novo cenário, o sistema de responsabilidade por atos ilícitos vigentes deixava sem compensação muitos e graves danos, motivo pelo qual começou a parecer insuficiente, ao menos no que tange a sua estrutura tradicional. Demonstrar a culpa das empresas era, em muitos casos, muito difícil e, em outros, diretamente impossível,

---

3. Este trabalho tenta refletir o olhar clássico do tema, de forma geral à doutrina dos países latino-americanos e de modo mais estendido, à literatura dos países de *Civil Law* de raiz francesa. A respeito, há uma excelente e sintética referência: VINEY, G. *Introduction a La Responsabilité*, volume integrante do *Traité de Droit Civil*, dirigido por GHESTIN, J. Paris, 1995. Por outro lado, a visão ortodoxa da evolução da matéria nos países de *Common Law* pode ser muito diferente e até mesmo oposta. A esse respeito, POSNER, R. A Theory of Negligence. *Journal of Legal Studies*, 29-34; 36-48, 1972. Talvez, ambas as linhas de evolução são menos divergentes do que sugerem suas generalizações e isso se observa quando se particulariza a análise, comparando casos assimiláveis.

segundo as formas clássicas. As novas atividades mostravam um número elevado de casos nos quais os novos maquinários de então (caldeiras, automóveis, trens e etc.), ainda que pudessem ser vigiados e mantidos com toda a acuidade que prescrevem as regras da arte vigentes, ainda produziriam muitos e graves infortúnios. Esta novidade determinou diferentes tentativas de superação.

No campo da responsabilidade por atos ilícitos, o avanço mais notório foi a objetivação da responsabilidade. Através de distintos caminhos (inversão do ônus da prova, presunção de culpa em casos em que fosse impossível prová-la diretamente etc.), se chegou a um estágio ulterior e diferente. Ao menos em determinados setores, alguém podia ser obrigado a indenizar os danos causados por certas atividades ou por intervenção de certos tipos de coisas, sem que fosse relevante, a seu respeito, que houvesse incorrido em alguma culpa.

Mas essa evolução não foi linear e nem simples, mas em seu transcurso coexistiram diferentes instrumentos empregados para corrigir o sistema clássico.[4] É assim que, em alguns casos se "estreitou" o conteúdo do contrato, para incluir no mesmo prestações implícitas, que ainda não estavam literalmente pactuadas pelas

---

4. A obrigação de segurança, no plano contratual, formou parte de uma gama de elaborações que na fase extracontratual (sua contrapartida e complemento dentro de uma mesma linha de evolução) levaram à reinterpretação do artigo 1384 do Código de Napoleão, plasmada na linha marcada pelos já clássicos casos "Teffaine c/ Orille" (Corte de Casación, 16.07.1896, *Dalloz Periodique*, 1897, 1.ª parte, p. 433). *Bessiers c/Cie. De Voitures L'abeille* (Corte de Casación, 24.07.1924, *Dallowz Periodique*, 1925, a1 parte, p. 5) e "Jeand'herure c/ Les Galeries Belfortaises" (Corte de Casación, 12.02.1930, em *Dalloz Periodique*, 1930, 1.ª parte, p. 57). Na simples observância das datas das sentenças procedentes e daquela que deve ser qualificada como o marco fundacional da doutrina da obrigação tácita – e contratual – de segurança (*Shidi Hamida Bem Mahmoud c. Gral. Transatlántica*, Corte de Casación, 1911) e mais ainda, se for completado o panorama com a ausência, à época, dos estudos de René Demogue, sobre as obrigações de meios e de resultado, é possível formular algumas conjecturas. Em primeiro lugar, parece razoável pensar que se tratou de um dos recursos interpretativos que se tentou e que teve sucesso. Depois, trata-se de que surgiu em meio a um ambiente doutrinário e jurisprudencial instável, o qual "forçou" seu caminho autônomo, como solução específica para um tipo de problemas definidos dentro de um âmbito igualmente cotado, ainda que seja portadora de algum aspecto de fundo que constituía uma manifestação particular da tendência comum no direito da responsabilidade, que recentemente se vislumbrava. Esta autonomia, coadjuvante na sobrevivência da instituição, também gerou algumas dificuldades de coordenação com o resto do sistema que se prolongaram no tempo. Isto se vê acrescentado a que, no século XXI, sistemas jurídicos como o argentino não contam ainda com uma regulação positiva geral que defina normativamente a instituição. Tudo isso, em uma época em que se existem outros mecanismos que possam confluir e até concorrer para a regulação das mesmas situações para as quais foi, e ainda é, útil recorrer a esta ferramenta.

partes, eram entendidas como existentes na mente pelos contratantes no momento de celebrar o negócio, como prometidas e aceitas tacitamente.

O efeito desta reinterpretação foi o "descobrimento" de novas obrigações contratuais (ocultas ou implícitas), com a consequência prática de pôr à disposição da vítima um instrumento mais simples para compensação, como eram os remédios legais para o não cumprimento do contrato e, especificamente, a responsabilidade contratual. Nesse sentido, em certas atividades, como o contrato de transporte, de espetáculo, em relações desenvolvidas em locais comerciais pouco abertos ao público etc., começou-se a interpretar que os contratantes não somente prometiam o evidente, (por exemplo, transportar o contratado de um lugar a outro ou permitir-lhe ver um espetáculo), mas também, que a atividade se desenvolveria de modo tal que não causasse danos ao transportado, ao que assiste a apresentação ou ao ingressante do local, em sua pessoa ou em seus bens.

Verificado, em consequência, um dano motivado pelo desenvolvimento de ditas atividades, o prestador do serviço se situava na posição de quem não cumpre um contrato e a vítima na situação (muito favorável) de quem simplesmente exige o cumprimento da promessa, com todas as facilidades que isto significava para reclamar o ressarcimento.

A evolução seguiu ainda mais longe e chegou, em alguns casos, a impedir ao prestador do serviço a prova de sua "não culpa". Entendia-se que essa obrigação de "segurança" consistia não mais em procurar a segurança de seu cliente, mas de garanti-la a todo custo, devendo-se indenizá-lo no caso de que ela se visse afetada. A consequência prática dessas ideias e das sentenças que as acolheram foi, concretamente, que por esta via (um pouco tortuosa) muito mais vítimas obtiveram indenizações às quais não haveriam chegado com o sistema clássico, que deixava as hipóteses em questão no campo meramente extracontratual.

Este desenvolvimento histórico do instituto é altamente significativo para entender algumas particularidades do delineamento teórico em curso. Quando aparece a "obrigação tácita de segurança", para expressá-lo graficamente, nasce como uma tentativa de equilibrar o número de casos com indenização com a quantidade (e qualidade) de casos que deveriam ser indenizados segundo um certo sentido social de justiça, que se supunha vigente. No entanto, este mecanismo de engrossamento do "indenizável" surge em concorrência a outros como as já mencionadas tentativas de objetivação da responsabilidade extracontratual.

Hoje, a realidade é que a maioria dos sistemas jurídicos prevê claramente setores nos quais a responsabilidade é objetiva.[5] A pergunta é, então, se há sentido em

---

5. Qualificarei como "objetivo" a qualquer sistema de compensação que não exija a culpa de um responsável entre os pressupostos necessários para a procedência da indenização.

persistir em uma instituição que serviu para finalidades que podem ser cumpridas por meio de outras ferramentas.

A resposta do Projeto sobre este ponto é uma certa reviravolta a respeito do fundamento histórico do instituto: deixa-se de circunscrever-se unicamente ao campo contratual, a partes que antes estavam ligadas por um contrato no momento do ato danoso, e o estende como um dever de conduta de ampla aplicabilidade.[6]

Por outro lado, toma expresso partido pelo caráter subjetivo ("por culpa") deste dever, mas a definição do que seja a culpa, passa a distanciar-se da reprovação moral, para definir-se com base em elementos econômicos.

A este respeito, a Comissão Redatora dos "Fundamentos" do projeto assinala:

"Caso se atribua a obrigação tácita de segurança a quem executa uma atividade, se serve e obtém proveito dela, se a atividade, ou um serviço prestado em razão daquela, pode resultar um danos para as pessoas que participam da atividade ou recebem o serviço, ou a seus bens: e se, além disso, pode prevenir esse dano de maneira mais fácil ou econômica que se realiza a vítima. Essa fórmula foi prevista atendendo aos critérios de eficiência: se trata da ideia do 'cheapest cost avoider', isto é, a de exigir um determinado comportamento a quem, com custos mais baixos, pode evitar o dano."

Já no momento de legislar, o texto normativo do projeto dispõe:

"Art. 1.668. Obrigação tácita de segurança. Quem realiza uma atividade, e se serve e obtém proveito dela, tem a seu encargo a tácita de segurança:

a) Se da atividade ou de um serviço prestado em razão dela, pode resultar um dano para as pessoas que participam da atividade ou recebem o serviço, ou de seus bens.

b) Se, além disso, pode impedir o dano de maneira mais fácil ou econômica que se faz à quem sofreu o dano."

Como pode ser visto, a ideia de "cheapest cost avoider" é claramente uma diretiva proveniente da Análise Econômica do Direito.[7] A regra que impõe o dever de prevenir a parte que pode fazê-lo de modo mais fácil ou econômico, precisamente, explica o conteúdo dessa diretiva.

Numa caracterização rápida, seria possível dizer que essa norma do projeto recorta e concretiza uma parte da genérica e clássica responsabilidade por prejudicar de forma culpável a outro, definindo, com crescente precisão, que se incorre em dita culpabilidade quando se dão alguns fatores quantificáveis e relativamente diferenciais para o causador do dano e a vítima, e que esta construção tem por objetivo atender

---

6. Observe-se que a condição inicial de aplicação é simplesmente que "alguém realize uma atividade de que possa resultar danos a outrem", seja cocontratante ou estranho.

7. Guido Calabresi es, de hecho, el autor de esa denominación ("cheapest cost avoider").

a critérios econômicos de eficiência. Em consequência, cabe analisar os virtudes e defeitos desse modo de legislar, circunscrevendo-os ao marco mais amplo de uma concepção geral do direito de danos e do Direito em geral.

As ideias que tentei expor nos capítulos anteriores buscam servir de marco instrumental de referência para analisar, com a minuciosidade que seja necessária, esse tipo de questões, em cada um dos setores particulares do Direito de Danos.

3. Conclusões

O debate sobre o delineamento de uma obrigação genérica de segurança como a incluída no projeto comentado pode ser considerado começado. Não obstante, o caso prove um exemplo paradigmático de certos núcleos de debate para pensar na modernização e evolução do Direito na América Latina. Além do estudo particular de uma instituição mais concreta (como a que ocupou as linhas precedentes) é interessante ver o caso como a manifestação de um fenômeno mais geral, que se pode analisar e compartilhar ou desprezar.

No momento de legislar no âmbito latino-americano, duas posições ideais extremas podem revelar as tendências em concorrência. Uma que reverencia as instituições ou, ao menos a certos princípios, provenientes da tradição jurídica local e seus antecedentes romanistas (transmitidos pela tradição europeia). Esta posição vê com desconfiança toda inovação que não resulte de uma mera derivação de ditos princípios, com escasso lugar para a ponderação de suas consequências empíricas.

A outra posição, partindo da ideia da instrumentalidade da regulação jurídica, desentende-se com toda a necessidade de harmonização entre a nova produção normativa e a antecedente.[8] Se o direito é um instrumento para motivar condutas, pode ocorrer (nesta ordem de ideias) que não haja outros obstáculos para observar além da consistência com os objetivos que se tenham em mente.

A primeira posição veria como um alarme a qualquer introdução alheia ao sistema e seu legislador ideal seria a combinação de um lógico com um historiador. A segunda, ao contrário, pensaria em cada questão jurídica como um problema isolado e seu legislador arquetípico se aproximaria de um engenheiro.

O ponto ótimo parece aproximar-se de uma balança que pondere as condições idiossincráticas da sociedade de que se trate, mas que tenha em conta claramente certo conjunto de consequências socialmente valiosas. Nesse sentido, as crenças, os saberes compartilhados, os valores e as restrições informais, não são circunstâncias que possam ser modificadas instantaneamente e sem resistência por um *Fiat*

---

8. Esta tendência pode manifestar-se em matérias específicas e não é comum no que for relativo à regulação de matérias gerais de direito privado.

legislativo, mas parte dos dados do problema, com diferentes graus de elasticidade em sua resposta às reformas legais.[9]

Não obstante, se (de qualquer modo) o Direito deve atender a suas consequências práticas, se não for um jogo de gabinete, parece inegável que suas relações com a destinação de recursos na sociedade importam e que se deve tentar empregar algum método idôneo para prever suas consequências empíricas. Para este fim, não pode limitar-se a adotar meras opiniões, nem argumentos de autoridade, nem reiterações, a não ser que se requeira uma metodologia de análise racional que possa ser explicada, transmitida, julgada e contraditada. Nesse aspecto, a Análise Econômica do Direito possui parte no jogo. Como toda modalidade de análise, pode ser criticada, refinada e até repensava integralmente, até em suas mais profundas hipóteses e conclusões. Mas não parece razoável destacar sua utilidade com base nos prejuízos, nem em pareceres precipitados.

---

9. A esse respeito conferir: BUSCAGLIA, E. Mecanismos de sostenibilidad de las reformas legales y judiciales en países de desarrollo: Principios y lecciones aprendidas a través de la experiencia internacional. *Lexis-Nexis Jurisprudencia Argentina*, número especial monográfico sobre Derecho e Economía. Buenos Aires, 19.02.2007. *Lexis* n. 003/013742.

Capítulo XI
APLICAÇÕES JURISPRUDENCIAIS: A *FÓRMULA DE HAND* E O *CHEAPEST COST AVOIDER* NO DIREITO DE DANOS ARGENTINO*

1. A sentença

A Sala II da Câmara Cível e Comercial de Apelações de Bahía Blanca (Argentina) condenou um consórcio de propriedade horizontal a indenizar os danos sofridos por uma mulher que, quando descia as escadas do edifício, tropeçou e caiu. Acontece que, no episódio, houve a participação causal de um deficiente sistema de iluminação. Especificamente, havia um sistema cujo botão não era visível no escuro.

O juiz, Dr. Leopoldo Peralta Mariscal, considerou, citando a jurisprudência da Suprema Corte de Justiça da província de Buenos Aires, que uma escada não é, em si, potencialmente produtora de danos em grau relevante, entendendo que não é *perigosa por sua natureza* senão quando adquire tal qualidade somente por circunstâncias acidentais como as derivadas de más condições de conservação, carência de corrimão etc. Dentre ditas condições incluiu a existência de um deficiente sistema de iluminação que caracterizava a escada.

A esse respeito, destaca em sua sentença que "(...) a demandada devia pôr um adequado sistema para iluminar o caminho e escadas do edifício. Além disso, o custo dos botões iluminados que pudesse evitar o acidente de autos é mínimo em comparação com o enorme dano que sua ausência possa causa (...)".

Ainda que enquadre a situação – inicialmente – no campo da responsabilidade objetiva, adverte também uma concorrência de fatores de atribuição. Nesse sentido, expressa-se, sobre o seguinte ponto: "(...) *Compreendo que a autora, quando tentou se abaixar as escuras, seguramente tomando as maiores precauções que pôde nas circunstâncias, as que não foram suficientes em virtude não somente do risco da escada nas condições em que se encontrava (o que se mostra suficiente para julgar-se*

---

* Em coautoria com Melisa Romero. Publicado originalmente em *La Ley* Buenos Aires, año 14, n. 5, jun. 2007, p. 517-526). Ao final do artigo se transcreve integralmente a sentença objeto do comentário.

esta desde causa o prisma do art. 1.113 – 2.ª parte do 2.º parágrafo do Código Civil) mas também pela concreta culpa por omissão do consórcio em colocar um adequado sistema de iluminação de botões (art. 1.109 do mesmo diploma legal), o que, por outro lado, é extremamente econômico, pelo menos em comparação aos danos que pode evitar (...)" (grifo nosso).

Além da menção incluída neste parágrafo, em ao menos outros reitera a referência a um balanço entre o custo do sistema de iluminação (que entende ter sido adequado e cuja instalação fora omitida pelo consórcio), e o custo dos danos esperados ou efetivamente sofridos pela vítima.

Neste sentido e – com referência ao detalhe de medidas de segurança – assinala:

(...) O 'detalhe' que, segundo confessa o consórcio demandado, aumentaria a segurança, não é um descobrimento novo nem muito menos aquilo que não existe no mercado há muitas décadas e se mostra francamente acessível, máxime – como se diz – em comparação aos danos que pode evitar (...).

Entende-se, ainda, que:

(...) É verdade que não lhe era exigível que gaste grandes somas de dinheiro em sofisticados aparelhos de iluminação. É verdade que não lhe eram exigíveis sensores que acedessem a luz ante o movimento das pessoas (ainda que fosse uma regra boa de vizinhança a sua instalação), mas, os humildes botões luminosos para acender a luz eram definitivamente exigíveis. Não porque era uma norma concreta que as impunha senão, quanto menos, porque não colocá-las aumentou notoriamente o risco dos visitantes do edifício, risco com o qual deve arcar por não tê-lo diminuído – ou eliminado – sendo que, razoavelmente, poderia tê-lo feito.

O resultado desse balanço, precisamente, leva-o a sustentar a existência de culpa por parte do consórcio que foi relutante em assumir esse custo.

Ainda que no caso a determinação da culpa apareça de modo conjunto com a verificação de outro fator de atribuição (risco criado), e cada um dos mesmos tivesse bastado, por si só, para a responsabilização da parte demandada, resulta relevante o critério empregado para ter por configurada a culpa na questão. Tal critério e sua integração às motivações da sentença serão o objeto deste breve comentário.

2. A fórmula de Hand, o "cheapest cost avoider" e o conceito econômico de culpa

Para o direito tradicional, a responsabilidade por culpa ou subjetiva (utilizaremos como sinônimas ambas as denominações) determina a responsabilidade do causador de um dano somente se sua ação não respeitou um certo *standard* de precaução exigível para o caso. Dito de outro modo, a partir de algum nível de cuidado ou diligência, em concreto, avançou esse umbral, e se a resposta é afirmativa se conclui que *não foi culpável e*, portanto, (por não configurar-se um requisito necessário para isso) carece de responsabilidade de direito privado.

Para a elaboração de tais *standards* – é bem sabido –, vários sistemas recorrem a modelos abstratos definidos por remissão à conduta que desenvolveria algum personagem ideal ("bônus pater famílias", "bom comerciante" etc.) em transe. As bases do sistema argentino, a este respeito, podem ser consideradas algo particular, enquanto atendem às circunstâncias das pessoas, do tempo e do lugar dos anteriores.[1] O que importa aqui é que, em todo o caso, e por referência a bases mais ou menos evolutivas e flexíveis, usualmente se constrói algum *standard*, empregando-o para contrastar as condutas individuais sob julgamento. Não obstante, a adaptação de tais *standards* podem ser problemáticos e controversos.

A Análise Econômica do Direito, em sua versão convencional (em sua faceta normativa), define um critério que procura cumprir com duas condições: uma principal e uma acessória. Em primeiro lugar – e basicamente – exige-se que o resultado de sua aplicação seja consistente com objetivos de eficiência. Logo, e *para* o anterior, que leve em conta (de algum modo) aspectos quantitativos.

O desenvolvimento destes critérios pode apresentar-se mediante a referência dois marcos. A denominada *Regra de Hand*, em primeiro lugar, constitui uma intenção jurisprudencial de oferecer uma definição econômica (mas algébrica) da culpa[2] e foi formulada pelo juiz Learned *Hand* no caso "United States vs. Carrol Towing Co".[3] Diante da decisão de determinar se houve ou não culpa de uma das partes, no caso submetido a sua decisão, o magistrado afirmou com o alcance geral que existe culpa na causa de um fato danoso, *quando o acusante pôde preveni-lo investindo em precaução menos que o valor esperado dos custos desse evento danoso, e não o fez*.

Assim, os fatores relevantes para determinar a culpa (e sua contrapartida, a diligência devida) neste entendimento são três:

Probabilidade de que ocorra o dano: P;

Magnitude do dano: L (em inglês "*loss*", perda);

---

1. Como é sabido, através da aplicação extensiva da regra própria das obrigações contidas no art. 512 do Código Civil argentino.
2. Cabe advertir que as relações básicas vinculadas a estas determinações podem refinar-se indefinidamente aos fins analíticos. Para uma versão mais explicativa, mas com referência ao direito argentino ACCIARRI, H. A.; CASTELLANO, A; BARBERO, A. Daños, Instituciones e Inentivos. Hacia un modelo unificado de responsabilidad civil contractual y extracontractual. *Anales de la Asociación Argentina de Economia Política* (2001). Disponível em: [www.aaep.org.ar/anales/works/works2001/acciarri_castellano_barbero.pdf]. Para as obras fundamentais sobre a matéria, as remissões e referências de este último trabalho.
3. *United States v. Carrol Towing*, 159 F.2d 169 (2d Cir.1947).

Custo da precaução necessária para evitar o dano: B (pelo termo em inglês "burden", entendido como aquele cujo ônus – aqui no sentido e "custo" –, se assume).

Desde este ponto de vista, haverá culpa, então, si o custo da precaução omitida é menor que a probabilidade de que a probabilidade de que ocorra o dano por sua magnitude, no caso de que se suceda. Caso contrário, obviamente, a ação ou atividade do causador do dano se considerará não culpável. Estas ideias se resumem na fórmula:

$B < P \times L$

É bastante simples advertir a confluência deste critério com noções de eficiência. Sua aplicação induz aos potenciais causadores de danos (em realidade, todos o somos) a adotar comportamentos eficientes, enquanto a precaução, sempre que não for tomada, deixa-os (nos) expostos a sofrer uma condenação indenizatória superior à montante derivado de sua omissão. Por outra parte, a recusa em adotar demasiadas precauções, que seriam – para este modo de ver a questão – dispendiosas, enquanto importam em mais custos que os que evitam.

A ideia de que "o que com menos custo se pode evitar"[4] é pensada na mesma linha. Mas não se trata já de uma noção de origem jurisprudencial, senão de um termo introduzido pela literatura dessa área de conhecimento – especificamente, por Guido Calabresi –[5] que denota uma diretiva política de alcance mais geral. Tenta expressar uma meta desejável (sempre, desde este ponto de vista) a qual deveria ajustar-se o conjunto de instrumentos institucionais que se empregam para alcançá-la. Pode resumir-se na aspiração normativa que indica que *deve evitar os custos decorrentes dos danos, a parte que esteja em condições de fazê-lo a menor custo*. Com essa finalidade em mente, é possível adotar a decisão social acerca de qual seja o instrumento (um sistema administrativo de compensações etc.) que melhor a cumpra, e também, ajustar os contornos – a "sintonia fina" – de cada um desses instrumentos.

As referências à *fórmula de Hand* são moeda corrente na jurisprudência norte-americana na hora de decidir sobre a existência de culpa nos processos de danos. Do mesmo modo, também são habituais as remissões à ideia do *menor custo que se poderia evitar*. Ao contrário, na legislação e jurisprudência dos países de tradição romana, o surgimento de ditos termos pode ser excepcional.[6]

---

4. A tradução literal no castelhano ("evitável a custo mais barato") ou ("evitável a custo mais econômico") resulta, por certo, bastante cacofônico e talvez, pouco claro. A ideia que denota a terminologia, no obstante, é facilmente compreensível: faz referência à pessoa que pode evitar um dano com o emprego de menor quantidade de recursos para essa ação de prevenção.
5. CALABRESI, G. Some Thoughts... cit., 1961, p. 499. *The Costs of...* cit., 1970.
6. Uma notável exceção constitui a exposição de motivos do Projeto de Código Único Argentino de 1998, que a inclui expressamente e a identifica como fundamento de algumas de suas disposições. Ao respeito, o capítulo anterior.

Nestas circunstâncias parece interessante investigar se, mais adiante das palavras empregadas, as bases conceituais que aqueles termos denotam, formam parte (o não) dos critérios que empregam os juízes argentinos na hora de decidir sobre a existência de culpa nos assuntos individuais submetidos à sua decisão.[7]

No caso comentado poderíamos começar pela fórmula de Hand e supor que julgamos unicamente a incidência da culpabilidade do causador de dano (o consórcio de outrora), deixando – pela hipótese – fora a avaliação da conduta da vítima. Nestes termos, o custo de aquisição dos artefatos dos danos que sua ausência determinaria. Isto é: ainda que a probabilidade de produção de danos seja pequena, o valor total do prejuízo presumível (aquele que poderia sofrer uma pessoa ao rolar por uma escada), determinaria um valor (conjugado) superior ao modesto custo de aquisição dos interruptores luminosos.

Não obstante, poderia pensar-se que a chave, aqui, consiste no descobrimento, em concreto, do *cheapest cost avoider*: em encontrar *quem dos sujeitos implicados poderia haver prevenido esse dano de um modo mais barato*. Aqui, a bilateralidade (potencial ou *prima facie*) parece clara: ainda que o consórcio pudesse haver tomado medidas de prevenção a um custo razoável e com isso cumpriria – unilateralmente – com a fórmula de Hand, também poderia ter prevenido a vítima por sua conta. Neste sentido, poderia se pensar que se a vítima tivesse envidado seus esforços para se deslocar cuidadosamente na escuridão, poderia ter evitado seu próprio dano, do mesmo modo no que houvesse feito um incremento de precauções por parte do consórcio. Poder-se-ia sustentar, na síntese, que esse incremento de esforço pela vítima também é barato, tanto (ao menos) como o é adquirir os interruptores luminosos.

Duas observações podem efetuar-se a este raciocínio. Em primeiro lugar, o fato de que a vítima não deva desembolsar dinheiro, não implica que sua ação de prevenção seja gratuita. A ideia contida no termo "cheapest" não se resume *ao menor custo monetário explícito*, mas também, ao contrário, relaciona-se frequentemente com *esforços*, ainda que não haja uma avaliação monetária direta. Aquilo que é mais fácil, em termos econômicos pode descrever-se como mais barato. Logo, é decisivo que o esforço de prevenção consistente na aquisição de interruptores não deveria se alinhar com a prevenção individual de um sujeito que desça a escada, mas com *a soma de todos os esforços de prevenção* que deveriam por *todos os indivíduos que transitaram pelas escadas, durante o período de vida útil desses interruptores*.

---

7. Na jurisprudência argentina concernente ao Direito dos Danos, é conhecido o critério que integra as diretivas de decisão que se entenderam relevantes na famosa sentencia Torres c/ Província de Mendonza, *Corte Suprema de Mendonza*, (Argentina), sentencia 04.04.1989, A Lei, 1989-C,514 e DJ 1990-1, 1991, com comentário de Juan Carlos Cassagne. Sobre os critérios de decisão subjacentes nas palavras empregadas nas sentenças e sua avaliação, em geral, De GEEST, G. Law & Economics y Derecho Comparado... cit., 2006, p. 63.

Neste sentido, parece razoável concluir, não somente que o custo de adquirir os omitidos interruptores luminosos é barato *com relação ao valor esperado do dano que tivessem prevenido* (e por isso se cumpriria a fórmula de *Hand*), mas também o é com relação ao esforço que deveria despender o outro polo da relação, globalmente considerado (todos aqueles que transitaram as escadas) pelo qual o consórcio se haveria constituído, em concreto, o *evitável pelo custo mais barato* do risco que desencadeou no dano. Por este motivo, seria correto responsabilizá-lo, em termos econômicos.

3. A título de conclusão provisória

Certamente seria arriscado concluir que o tipo de raciocínio brevemente esboçado nos parágrafos anteriores subjaz nos critérios que empregam *todos* os juízes argentinos (ou sequer, a maioria) para decidir acerca da verificação ou não de culpa no campo da responsabilidade subjetiva, ou que critérios deste tipo constituem a diretiva básica em questões relacionadas com a responsabilidade por danos, para nossa jurisprudência. Não obstante, resulta pelo menos, interessante, advertir que estas ideias *efetivamente têm* alguma *incidência na motivação de algumas decisões dos tribunais locais, atualmente.*[8]

Às vezes, essas considerações se integram aos seus critérios de decisão de um modo implícito e de maneira intuitiva. Outras como a sentença em comentário, de um modo muito mais explícito e central. Em qualquer caso, parece que o estudo deste tipo de relações *faz parte, em alguma medida do conhecimento do direito positivo argentino e* dista de ser um mero passatempo teórico ou um campo alheio do Direito vigente.

---

8. Ainda que em alguns casos, como o que motiva este comentário e antes o referido *Torres c/ Provincia de Mendonza*, esta afirmação resulta mais evidente, existe um bom número de sentenças de onde se pode rastrear um pano de fundo confluente com as mesmas ideias. A compilação das mesmas excede este brevíssimo comentário. Veja-se El Análisis Económico del Derecho como criterio de decisión vigente en la Jurisprudencia Argentina. *Jurisprudencia Argentina*, 2010-I. *número especial sobre Derecho y Economía*, p. 93.

Revisão e diagramação eletrônica:
Textos & Livros Proposta Editorial S/C Ltda.
CNPJ 04.942.841/0001-79

Impressão e encadernação:
Edelbra Indústria Gráfica e Editora Ltda.
CNPJ 87.639.761/0001-76

A.S. L8100